创新为帆 敢闯会创

北京林业大学创新创业优秀论文及典型材料选编

黄国华/主编

中国林业出版社
·北京·

图书在版编目(CIP)数据

创新为帆 敢闯会创：北京林业大学创新创业优秀论文及典型材料选编／黄国华主编.
— 北京：中国林业出版社, 2020.12
ISBN 978-7-5219-0949-4

Ⅰ.①创… Ⅱ.①黄… Ⅲ.①大学生-创业-文集 Ⅳ.①G647.38-53

中国版本图书馆CIP数据核字(2020)第264716号

策划编辑：杜 娟　　　　责任编辑：杜 娟　赵崎旎
电　　话：(010)83143553

出版发行	中国林业出版社(100009 北京市西城区德内大街刘海胡同7号)
经　销	新华书店
印　刷	中林科印文化发展(北京)有限公司
版　次	2020年12月第1版
印　次	2020年12月第1次印刷
开　本	787mm×1092mm　1/16
印　张	11.75
字　数	300千字
定　价	80.00元

未经许可，不得以任何方式复制或抄袭本书之部分或全部内容。

版权所有　侵权必究

编委会

主　　任：骆有庆
副 主 任：黄国华
编　　委：(按姓氏笔画排序)

于　斌　　王云琦　　王毅力　　尹大伟　　田　浩
冯　强　　兰　超　　母　军　　刘　松　　刘笑非
孙　楠　　张柏林　　张　蓓　　陈来荣　　郑　曦
宗世祥　　胡明形　　徐基良

编写组

主　　编：黄国华
副 主 编：于　斌
编　　者：张　蓓　　李蒙慧　　周春光　　杜　若　　向　燕
　　　　　　卫慧平　　徐桂娟　　李研豪　　张　颖　　邓志敏
　　　　　　赵红梅　　马晓亮　　田　慧　　王心蕊　　金　蓉
　　　　　　张　正
执行编辑：张　蓓

前　言

深化高校创新创业教育改革是党中央、国务院对拔尖创新人才培养做出的重要部署，是落实习近平总书记关于教育重要论述的行动实践。2015年《国务院办公厅关于深化高等学校创新创业教育改革的实施意见》发布，标志着国家层面推进高校开展创新创业教育改革的全面实施。

2018年，北京林业大学全面贯彻落实党的十九大精神特别是习近平新时代中国特色社会主义思想，站在全国高校推进创新创业教育工作取得重大进展的新阶段，在现有基础和成绩起点上再出发，全面部署创新创业教育改革，制定了学校《关于进一步深化创新创业教育改革的若干意见》《关于进一步深化创新创业教育改革实施方案（2018—2020）》，并积极推进实施。

学校以"林业+"绿色创新创业教育为特色，建立广谱式、融入式、精准式"三层次"金字塔式创新创业教育人才培养模式，打造"教育—实践—孵化"有序衔接的"三阶段"创新创业教育生态系统；通过搭建创新创业实践平台，完善教学管理制度和课程体系、创新创业学分积累与转换制度、健全创新创业保障体制等措施，整合资源，建立校内实验教学平台、实验教学示范中心、科技园、示范性校内创新实践基地，鼓励学生参与创新创业项目、学科竞赛，形成系统的创新创业支撑与服务，着力培养学生创新精神创业意识和创新创业能力。

各教学单位坚持以学生发展为中心，同教务处一起积极采取系列措施深化创新创业教育改革，不断完善人才培养方案，将创新创业教育与课堂教学、实习实践、课程设计、毕业论文以及创新创业活动等紧密结合；强化思想政治教育、通识教育、专业教育与创新创业教育有机结合，开设了一批精品在线开放课、视频公开课、资源共享课和特色课程；鼓励教师开展研究性教学，大力推进研讨式、案例式、启发式等创新教学方式，改革考核方式，加强创新创业教学研究；在国家级—北京市级—校级三个层次的大学生创新创业训练计划支持体系基础上新增设立院级项目，每年投入专项经费资助学生开展创新创业项目研究及社会实践、参加高层次学科竞赛和科技竞赛，确保了深化创新创业教育改革有抓手、有重点、有成效。

在深化创新创业教育改革过程中，通过各教学单位和广大教师的不断探索研究，在一批又一批学生成长受益的同时，总结出一系列凝聚教师实践智慧的教育研究论文及学生参与创新创业实践的典型材料。在我校2020年创新创业教育论文及典型材料评选中，获奖的优秀论文成为本次论文集的主要来源文章，展现了我校师生在深化创新创业教育改革中取得的成绩。

当前，我校深化创新创业教育改革成效初显，这离不开学校领导的深切关怀，离不开各教学单位及广大教师的辛勤付出，离不开相关部门的支持配合。面向未来，教务处将坚守立德树人根本任务，积极主动作为，努力提升拔尖创新人才培养能力，深入推进创新创业教育改革，为建设扎根中国大地的世界一流林业大学而奋斗。

黄国华
2020年10月

目 录

前言

创·有为：敢勇当前

3 　多措并举，深化创新创业教育改革
　　　——北京林业大学创新创业教育工作总结
　　　　　　　/ 于　斌　张　蓓

5 　"互联网+"大学生创新创业大赛的变化及启示
　　　——基于大赛通知的文本分析
　　　　　　　/ 杜艳秋　张　蓓　于　斌

10　人文地理学思想在水保专业大学生科技创新项目中的应用
　　　　　　　/ 吴秀芹　刘　倩

15　大力发挥公益创业在大学生创新创业教育中的作用
　　　　　　　/ 王忠平

19　大学生创业激情问题与教育对策研究
　　　——基于北京学院路高校的调研
　　　　　　　/ 李华晶　刘思彤　史晓蓉

26　大学生创新创业训练计划项目指导现状与发展对策研究
　　　　　　　/ 邓　晶

30　大学生创新创业训练项目实施中提升学生自主性的探索
　　　　　　　/ 杨　阳　孙世月　雷秀雅　金灿灿　田　浩

35　大学生科研创新能力培养的策略研究
　　　——以北京林业大学农林经济管理专业为例
　　　　　　　/ 姜雪梅　李　强

40　北京林业大学食品学科本科生科研创新能力培养探索与实践
　　　——以果酒酿造研究团队为例
　　　　　　　/ 朱保庆　杨航宇　王晓楠　汪　涛　高　琼
　　　　　　　　张柏林

45　在科研的单行路上塑造自我
　　　　　　　/ 冯久格　高俊琴

49　有关大学生创新训练项目选题的几点思考
　　　　　　　/ 米　锋

53	当代大学生创新创业教育新体系构建方法探索	/ 王明天　陈建成　薛永基
57	2014—2018年法学类大学生科技创新计划实施情况及存在问题	/ 魏　华
62	关于提升大学生科研参与度的探讨	/ 申　磊　席本野　曲橙橙
66	依托野外台站开展课程实习提高学生创新能力 ——以北京林业大学"荒漠化防治工程学"为例	/ 高广磊　丁国栋　赵媛媛　张　英　于明含
70	高校创业慕课教学模式探究 ——以商业模式画布为架构	/ 李华晶　庞雅宁　李璟琦
75	案例开发在创新创业教育中的实践	/ 刘雯雯　侯　娜　张　洁　郝　越
81	教育部"百校百题"赛事回顾与思考	/ 周　莉　李辰颖　胡冬梅　张　岩
88	基于大创项目的大学生科研素养能力培养与提升	/ 高俊琴
92	基于虚拟仿真实验教学的创新创业教育探索与实践	/ 薛永基　苏　跃
97	基于实践项目运作的大学生创新创业教育研究	/ 李小勇　罗媛媛　籍仕第　曾　鹏　郑　傲 马雪莹　高　溪
104	新时代背景下关于大学生创新的研究	/ 冷　懿　田　园　周可柔　余　月　胡浩然 赵广瀚
110	融合专业教育的大学生创新创业教育途径探讨 ——以北京林业大学电子商务专业为例	/ 樊　坤

创·青春：敢闯勇创

117	大学生创新实践能力培养模式的探索与实践	/ 张　东
122	从大学生创新训练项目到数字媒体技术专业课程体系构建的方法探讨 ——以基于细节沙画模拟算法典型案例为例	/ 杨　猛　丁　曙　杨　刚

129　为科研努力，筑建食品梦
　　　——北京林业大学大学生创新创业训练项目心得感悟
　　　　　　／李莹灿　杨航宇　朱保庆

132　自然之旅
　　　——北林校园昆虫科普走过的四季
　　　　　　／黄佳璐　李　涛　李颖超

139　创业实践经历分享
　　　——以植优思为例
　　　　　　／张倩维

142　绍阳和他的失败学鸡汤
　　　　　　／杨航宇　王绍阳　朱保庆

148　源于大创　凝为产品
　　　——北京林业大学绿像素工作室育人模式的探索与实践
　　　　　　／韩静华　王巨文　尹思源

创·理念：敢为人先

155　北京林业大学关于进一步深化创新创业教育改革的若干意见
158　北京林业大学关于进一步深化创新创业教育改革实施方案（2018—2020）

创·智汇：敢想敢为

165　北京林业大学大学生科技创新学分管理办法（修订）
167　北京林业大学"大学生创新创业训练计划"项目管理办法（修订）
172　北京林业大学大学生创新创业训练计划项目经费管理办法（修订）

创·有为：敢勇当前

2020

多措并举,深化创新创业教育改革

——北京林业大学创新创业教育工作总结

学校全面贯彻落实党的十九大精神,特别是习近平新时代中国特色社会主义思想,站在创新创业教育发展的新阶段、新起点上,制定了《关于进一步深化创新创业教育改革的若干意见》《关于进一步深化创新创业教育改革实施方案(2018—2020)》,提出了4类17项任务举措,从创新创业组织领导、创新创业教育、创新创业实践、创新创业孵化、创新创业保障等方面综合发力,深入推进学校创新创业教育改革,不断增强学生的创新精神、创业意识和创新创业能力,为国家及北京市全力培养富有创新精神、具备创业素质、勇于投身实践的创新创业人才。现将学校创新创业教育有关工作总结如下。

一、强化思想政治教育、通识教育、专业教育与创新创业教育有机结合,着力建设创新创业教育优质课程

学校不断完善人才培养质量标准,在专业教育基础上,进一步更新创新创业教育理念、教育目标、教学方案、教学内容和课程设置,深耕第一课堂,推进创新创业教育与思想政治教育、通识教育、专业教育的有机结合,建设满足大学生创新创业需求的人才培养体系,加快修订完善人才培养方案,健全创新创业教育课程体系,面向全体学生开发开设思想文化引领、研究方法、学科前沿、创业基础、就业创业指导等方面的必修课和选修课,纳入学分管理,推行学分互认。

北京林业大学以"林业+"绿色创新创业教育为特色,以学生成长成才为中心,以完善政策和条件保障为支撑,建立"三层次"金字塔式创新创业教育人才培养模式,即面向全体学生开设"广谱式"创新创业课程、面向已有创新创业构思的学生开展"融入式"大学生创新创业训练活动、面向具有创业实践意愿的学生进行"精准式"定向扶持、促进成果转化;打造"教育-实践-孵化"的"三阶段"创新创业教育生态系统。形成分层次培养、分阶段实施,集课堂教学、自主学习、结合实践、指导帮扶、文化引领为一体的创新创业教育工作格局。

目前,学校开设有创新创业教育优质课程105门(含51门暑期课程),年度选课学生共计29882人次。其中必修课14门,选修课91门;线下课程91门,线上课程14门。课程富有北林特色,优势明显,涉及哲学、经济学、法学、文学、历史学、理学、工学、农学、管理学、艺术学10个学科门类。另外,学校已将创业基础课程列入人才培养方案各专业必修课程。

二、打造"金课",推动课堂改革与创新,形成一批有代表性的北京林业大学品牌课程

为推进优质资源共享,构建新型的教与学,推动课堂教学革命,创新人才培养模式,发挥学校特色优势,为学生提供多元化选择,有效提高学生独立思考能力、科研能力以及综合素质,培养一大批拔尖创新人才,学校以学生成长与发展为中心,开展精品在线开放课程、精品课程建设。学校打造了线上线下相结合的专业教育模式,通过与多家慕课平台合作,鼓励教师开展混合式教学,促进专业教育与创新创业教育的有机结合,打造更多具有北林特色的专业课程。目前在国内3个平台上线50余门课

程，校内外选课人数超过 25 万人次。

为推动创新创业课程资源共享，激发广大师生投入创新创业教育的积极性，学校制定了《北京林业大学本科生校外课程学分认定办法（试行）》《北京林业大学本科生创新创业学分管理与应用办法》，建立了创新创业学分认定、积累与转换机制。

三、深入落实创新创业教育要求，着力提升创新创业教育能力

学校将教师承担创新创业教育任务纳入人事制度，引导广大教师积极投入创新创业教育。2017 年来，学校对职称评审、岗位聘用等人事文件进行了全方位修订，明确岗位聘任与业绩考核对教学工作的基本要求，完善教师将主要精力积极投入本科人才培养的引导与激励体系，将指导大学生创新创业训练项目、指导学科竞赛写入职称评审条款，将承担创新创业教育写入教师、学院聘期任务，将创新创业业绩写入本科人才培养奖励体系，全面落实创新创业教育要求和本科教学基础地位。

学校有计划、有规模地组织教师参加校内外各类专题培训，着力提升教师创新创业教育能力。2017 年至今，学校共组织三次校内专题培训，累计培训本校教师 997 人次，其他高校教师 6 人次；支持教师参加校外专题培训 14 次，累计培训教师 68 人次。校内专题培训，包括举办第十一次本科教学工作会议，系统总结五年多来本科教育教学的推进情况、研判教学工作新形势，聚焦新问题，研究部署下一阶段教学工作；举办本科教育理念与人才培养创新论坛，邀请国家级教学名师等校内外 9 名知名专家做报告，为培训合格教师颁发了证书；举办"梁希实验班"创办十周年总结及系列研讨会，分享"梁希实验班"创办十年成果经验，研讨下一步拔尖创新人才培养。参加的校外专题培训包括全国高等农林院校教育教学改革与创新论坛、全国高校创新创业教育高峰论坛、中国高等教育学会"高校教师教学能力专业化发展经验报告会"、北京市高校创新创业教育师资专项培训等高质量专题培训。

四、助力乡村振兴战略，着力开展青年红色筑梦之旅活动

为引导大学生扎根中国大地了解国情民情，在创新创业中增长智慧才干，在艰苦奋斗中锤炼意志品质，学校根据教育部、北京市教委统一部署，充分发挥学校特色优势，积极开展青年红色筑梦之旅活动，助力乡村振兴战略，开展脱贫帮扶，把活动作为一堂生动的思想政治教育实践课，促进学生成长成才。

北京林业大学充分发挥农林特色学科的优势，以接受思想洗礼、学习革命精神、传承红色基因，开展脱贫帮扶为目标，鼓励将我校林学、农林经济管理、水土保持与荒漠化防治、家具设计与工程等优势专业同创新创业相融通，结合扶贫当地的实际情况，在全校范围内组织遴选有坚定理想信念、专业知识扎实、具有创新创业能力、德才兼备的有为团队赴四川省凉山彝族聚居地、内蒙古自治区磴口县、河北省阜平县开展项目对接活动。

北京林业大学以学生发展为中心，以完善机制和政策保障为支撑，全面深入开展创新创业教育改革，形成了科学的教育理念、高效的管理体系、卓有成效的人才培养模式，培养了一大批"有梦想、有能力、有担当"把论文写在祖国大地上的高素质农林人才。今后学校将紧密围绕建设世界一流林业大学的目标，持续深化创新创业教育改革，努力打造全链条实践教育体系，提升创新人才培养质量，共同谱写新时代"替山河妆成锦绣，把国土绘成丹青"的北林篇章。

（执笔人：于斌　张蓓）

"互联网+"大学生创新创业大赛的变化及启示

——基于大赛通知的文本分析

杜艳秋　张　蓓　于　斌

（北京林业大学教务处，北京　10083）

摘要：全国"互联网+"大学生创新创业大赛历经五个年头，从最初的300个项目入围总决赛到第五届的1200个，其参赛人数和参赛类别不断增加，赛道日益多样。本文通过对五年大赛通知的文本分析，发现历届赛事主题始终与时代发展同频共振，与高等教育改革发展大环境相契合，大赛目的与任务逐步深入与扩展，大赛奖励设置日益多样性，启示我校大赛培育项目要突出办学特色，体现扎根中国大地办教育的实践，将"青年红色筑梦之旅"赛道作为金银奖的突破点，重点支持"涉林爱林"项目深入贫困地区在乡村振兴、乡村治理、生态建设、精准扶贫中精准发力。

关键词：创新创业教育；"互联网+"；大学生创新创业大赛

2015年5月4日，为进一步推动大众创业、万众创新，国务院办公厅印发《关于深化高等学校创新创业教育改革的实施意见》，深化高等学校创新创业教育综合改革，着力破解地方和高校对创新创业教育不重视、理念滞后、与专业教育结合不紧、与实践脱节，教师开展创新创业教育的意识和能力欠缺、教学方式单一、针对性实效性不强、实践平台短缺，指导帮扶不到位等问题。

为了贯彻落实该意见，同年5月教育部下发了《关于举办首届中国"互联网+"大学生创新创业大赛的通知》。自此，中国"互联网+"大学生创新创业大赛登上历史舞台，成为我国大学生创新创业大赛的传统赛事，并于2016—2019年连续举办4届。除首届的大赛周期是5月—10月外，其余均为3—10月，从春季开始持续到秋季，历时8个月，充分显示了"互联网+"大学生创新创业大赛(以下简称"'互联网+'大赛")的分量之重。

五年来"互联网+"大赛有什么变化，又将走向何方，对我校下一步参赛项目的培育有什么启示？本文拟通过对五年大赛通知的文本分析来简要回答上述问题。

一、"互联网+"大赛的主题变迁

见表1所列，历届主题始终与时代发展同频共振，与高等教育改革发展大环境相契合。首届以"'互联网+'成就梦想　创新创业开辟未来"为主题，将"互联网+"的产业生态与创新创业相融合，借大数据、云计算、物联网等产业东风，充分利用信息技术的发展，指出了创新创业对于未来的开辟作用。之后的两年，在首届的基础上继续冠以"互联网+"，逐步突出了大学生在创新创业领域的主体作用。党的十九大之后的第四届和第五届则进一步

作者简介：杜艳秋，北京市海淀区清华东路35号北京林业大学教务处，助理研究员，duyq17@bjfu.edu.cn；
　　　　　张　蓓，通讯作者，北京市海淀区清华东路35号北京林业大学教务处，实习研究员，zhangbei_1995@163.com；
　　　　　于　斌，北京市海淀区清华东路35号北京林业大学教务处，副研究员，yubin@bjfu.edu.cn。
资助项目：北京市本科教学改革创新项目"以学生为中心的新时代农林人才培养"(201910022003)。

扩展了视阈，主题中不再带有"互联网+"字符，而是分别以"勇立时代潮头敢闯会创　扎根中国大地书写人生华章"和"敢为人先放飞青春梦　勇立潮头建功新时代"为主题，这一方面说明大赛成功举办三年后，已经形成了一定的知名度，即使主题中不再带有"互联网+"，高校与社会各界也已深刻理解了此时段举行的赛事就是"互联网+"大赛，另一方面显示出在大赛中融入了思想政治教育元素，赛事的育人功能更加显性，创新创业教育被纳入"课程思政"之列，鼓励和引导青年学生将青春挥洒在中国大地，用青年人所特有的激情与活力为新时代的社会发展、产业转型建功立业，大赛不再局限于"互联网+"，而是以此为基础，拓展出不同的创新创业赛道，将更多的创新创业项目吸纳进赛事。

表1　历届"互联网+"大赛主题

届别	主题
第一届	"互联网+"成就梦想　创新创业开辟未来
第二届	拥抱"互联网+"时代　共筑创新创业梦想
第三届	搏击"互联网+"新时代　壮大创新创业生力军
第四届	勇立时代潮头敢闯会创　扎根中国大地书写人生华章
第五届	敢为人先放飞青春梦　勇立潮头建功新时代

二、"互联网+"大赛目的与任务的拓展

历届大赛在"目的与任务"中均指出大赛旨在深化高等教育综合改革，激发大学生的创造力；促进"互联网+"新业态形成，以创新引领创业、创业带动就业；引导各地各高校主动服务创新驱动发展战略，创新人才培养机制，切实提高高校学生的创新精神、创业意识和创新创业能力，最终达到以赛促学、以赛促教、以赛促创。

在共同目的与任务的基础上，从五年通知文本分析中还可以发现，按照时间序列，大赛的目的和任务逐步深入与扩展。从首届大赛"推动赛事成果转化"到第二、三届明确提出了"产学研用紧密结合，创新创业融入人才培养"，第四届又在前几届的基础上增加"鼓励青年扎根中国大地了解国情民情，在创新创业中增长智慧才干，在艰苦奋斗中锤炼意志品质，把激昂的青春梦融入伟大的中国梦，推动创新创业教育与思想政治教育紧密结合，与专业教育深入融合"，再到第五届明确增加"开展课程体系、教学方法、教师能力、管理制度等方面的综合改革，以大赛为牵引，带动职业教育、基础教育的教学改革，全面推进素质教育"，可以说大赛的目的与任务一步步从笼统走向精细，从抽象走向具体，从局限于高等教育走向更宽口径的教育。从开始的成果转化到产学研结合，大赛不仅是创新创业项目的展示舞台，还为项目提供了产业投资的洽谈机会，以更好地促进创新创业项目落地发展，最终扶持为实实在在的发展型创业企业，增加就业机会，提高高校毕业生就业质量；从仅限于对高等教育的影响扩大到职业教育甚至基础教育，创新创业教育的理念日渐深化，形成了在不同学段和不同类型的教育中加强创新精神、创业意识和创新创业能力培养的可喜局面；从关注创新创业项目的成长到关注学生个体的成长，大赛的育人功能凸显。

党的十九大以后我国进入中国特色社会主义建设的新时代。新时代的教育新在哪儿呢？其中最主要的就是更加关注扎根中国大地办教育，鼓励学生了解国情、社情、民情，以此为出发点来发展教育；更加强调以学生为中心，关注学生学习、学生发展和学习效果；更加体现个人梦与中华民族伟大复兴的中国梦的一致性，引导广大青年学子将自己的青春梦想融入伟大的中国梦。在全国高等院校甚至整个教育界影响巨大的"互联网+"

大赛，其目的与任务深刻彰显了时代特征，诠释了教育"为人民服务，为中国共产党治国理政服务，为巩固和发展中国特色社会主义制度服务，为改革开放和社会主义现代化建设服务"的宗旨。

三、"互联网+"大赛奖励设置的多样性

大赛历经五年发展，其赛道的多样性日益显现，伴随而来的奖励设置也呈现多样性的特征，见表2所列。作为试水的第一届，共有300个项目进入全国总决赛，其中100个项目进入现场决赛，产生金奖30个，银奖70个；第二和第三届两届之间保持稳定，与第一届相比，进入全国总决赛的项目数是第一届的两倍，进入现场决赛项目数与第一届大体持平，略有增多，其中金奖30个保持不变，银奖由70个增加至90个；从第四届开始，单独设立港澳台项目和"青年红色筑梦之旅"赛道，其中港澳台项目20个进行现场决赛，决出金奖5个，银奖15个，"青年红色逐梦之旅"赛道200个项目进入全国总决赛，40个项目进入现场决赛，决出金奖10个，银奖20个；而到了第五届赛道多样性体现得更加淋漓尽致，在第四届的基础上又增加了职教赛道、国际赛道和萌芽赛道，其中职教赛道200个项目进入全国总决赛，60个项目进入现场决赛，决出金奖15个，银奖45个；国际赛道进入全国总决赛不超过300个，决出金奖15个，银奖45个；萌芽板块200个进入全国总决赛，60个项目进入现场决赛，20个创新潜力奖和若干单项奖。

表2 历届"互联网+"大赛项目奖励情况

届别	进入总决赛团项目数	奖励设置	备注
第一届	300个	金奖30个，银奖70个，铜奖200个	100个项目进入现场决赛，决出金银奖
第二届	600个	金奖30个，银奖90个，铜奖480个	120个项目进入现场决赛，决出金银奖
第三届	600个	金奖30个，银奖90个，铜奖480个	120个项目进入现场决赛，决出金银奖
第四届	主赛道600个；港澳台项目单列；"青年红色逐梦之旅"赛道200个	主赛道：金奖50个，银奖100个，铜奖450个 港澳台项目：金奖5个，银奖15个，铜奖另定"青年红色筑梦之旅"赛道金奖10个，银奖30个，铜奖160个	主赛道：150个项目进入现场决赛，决出金银奖 港澳台项目：20个项目进入现场决赛的，决出金银奖"青年红色筑梦之旅"赛道：40个项目进入现场决赛，决出金银奖
第五届	高教主赛道：600个 港澳台项目单列；"青年红色筑梦之旅"赛道200个；职教赛道：200个；国际赛道：不超300个；萌芽板块：200个	高教主赛道：金奖50个，银奖100个，铜奖450个 港澳台项目：金奖5个，银奖15个 "青年红色筑梦之旅"赛道金奖10个，银奖30个，铜奖160个 职教赛道：金奖15个、银奖45个、铜奖140个 国际赛道：金奖15个，银奖45个，不超过240个 萌芽板块：20个创新潜力奖和若干单项奖	主赛道：150个项目进入现场决赛，决出金银奖 港澳台项目：20个项目进入现场决赛的，决出金银奖"青年红色筑梦之旅"赛道：40个项目进入现场决赛，决出金银奖 职教赛道：60个项目进入现场决赛，决出金银奖 国际赛道：60个项目进入现场决赛，决出金银奖 萌芽板块：60个项目进入现场决赛

从赛道设置和奖励变化来看,大赛的规模逐步扩大,受众面在逐步增加,大赛对教育政策和时事的回应更加密切。与思想政治教育密切相关的"青年红色筑梦之旅"赛道,引导广大青年助力精准扶贫、乡村振兴和社区治理;职教赛道落实《国家职业教育改革实施方案》,推进职业教育领域创新创业教育改革,组织学生开展就业型创业实践;国家赛道充分发挥教育的国际交流功能,促进创新创业教育国际融合发展,打造大赛国际平台,提升大赛全球影响力;萌芽版块推动形成各学段有机衔接的创新创业教育链条,发现和培养创新创业后备人才,引导中学生开展科技创新、发明创造、社会实践等创新性实践活动。

四、对我校"互联网+"大赛参赛项目培育的启示

截至目前,在全国"互联网+"大赛中我校仅有一项项目获得铜奖,即入围全国总决赛,但并未进入最后现场决赛阶段,这不得不说是我校在此赛事的遗憾。全国"互联网+"大赛金银奖的获奖情况进入今年教育部国家拔尖创新人才培养基地的数据采集之列,也就说它与其他国家级教学奖励,如国家级教学成果奖、国家级教学名师、国家级精品课等具有同等重要的指标意义,都体现了高校教育教学的办学水平和发展质量。因此,我校应有针对性地对参赛项目进行培育。

在大赛赛道如此多样性的形势下,作为一所林业特色院校,如果我们的项目在高教主赛道绝对优势不明显的话,那么则可以发挥比较优势的作用,在生态文明建设已经上升至国家战略的大背景下,充分展现我校人才培养"替山河妆成锦绣,把国土绘成丹青"的豪情壮志,体现扎根中国大地办教育的实践,将"青年红色筑梦之旅"赛道作为金银奖的突破点,重点支持"涉林爱林"项目深入贫困地区,在乡村振兴、乡村治理、生态建设、精准扶贫中精准发力,并对项目的有效性和持续性进行追踪研究。

参考文献

[1]国务院办公厅关于深化高等学校创新创业教育改革的实施意见(国办发〔2015〕36号).[EB/OL]http://www.gov.cn/zhengce/content/2015-05/13/content_ 9740. html. 2015-05-04/2018-09-25

[2]教育部关于举办首届中国"互联网+"大学生创新创业大赛的通知(教高函〔2015〕4号).[EB/OL]http://www.moe.gov.cn/srcsite/A08/s5672/201506/t20150602_ 189532. html. 2015-05-06-02/2019-09-10

[3]教育部关于举办第二届中国"互联网+"大学生创新创业大赛的通知(教高函〔2016〕4号).[EB/OL]http://www.moe.gov.cn/srcsite/A08/s5672/201603/t20160323_ 234807. html. 2016-03-14/2019-09-10

[4]教育部关于举办第三届中国"互联网+"大学生创新创业大赛的通知(教高函〔2017〕4号).[EB/OL]http://www.moe.gov.cn/srcsite/A08/s5672/201703/t20170316_ 299808. html. 2017-03-08/2019-09-10

[5]教育部关于举办第四届中国"互联网+"大学生创新创业大赛的通知(教高函〔2018〕2号).[EB/OL]http://www.moe.gov.cn/srcsite/A08/s5672/201803/t20180309_ 329447. html. 2018-03-08/2019-09-10

[6]教育部关于举办第五届中国"互联网+"大学生创新创业大赛的通知(教高函〔2019〕8号).[EB/OL]http://www.moe.gov.cn/srcsite/A08/s5672/201904/t20190408_ 376995. html. 2019-03-17/2019-09-10

[7]葛慧林."互联网+"大学生创新创业教育的对策[J].教育现代化,2019,6(13):18-20.

[8]宋懿花,周作建,胡云.关于"互联网+"大学生创新创业大赛的思考[J].教育教学论坛,2018,(36):4-5.

Changes and enlightenment of Internet + college students' innovation and entrepreneurship competition: Text analysis based on competition notices

Du Yanqiu   Zhang Bei   Yu Bin

(Teaching Affairs Office of Beijing Forestry Universtiy, Beijing Forestry Universtiy, Beijing   100083)

Abstract   The national "Internet +" College Students' innovation and entrepreneurship competition has gone through five years. From the initial 300 entries to the 1200 entries of the fifth finals, the number of entries and categories continues to increase, and the track becomes more diverse. Through the text analysis of the notices of the five-year competition, this study analyzes the change and development trend of the competition in the past five years, as well as the enlightenment to our school's participating projects.

Keywords   Innovation and Entrepreneurship Education, "Internet +", College Students' innovation and entrepreneurship competition

人文地理学思想在水保专业大学生科技创新项目中的应用

吴秀芹　刘倩

（北京林业大学水土保持学院，北京　100083）

摘要："山水林田湖草是生命共同体"及"两山论"等新理念的提出对我们当代的水土保持教学与实践工作也提出了新的需求，要求我们必须突破单要素思维，从资源利用、运作效率和可持续性的整体维度进行思考，在以人为本，以防为主，在区域生态承载力的基础上科学防治水土流失与荒漠化。本文立足现代生态文明对水土保持工作的需求，从人文地理学科体系中关于人地关系、文化传承、人文关怀三个方面探讨了大学生创新项目设计和实施中水土保持中人文地理学思路的融合和应用，为丰富水土保持文化内涵及正确处理好生态建设与经济社会发展、当前与长远、开发与保护的关系提供了研究视角与实现途径，将促进我国逐步实现生态、经济、社会协调共进、良性循环和可持续发展。

关键词：水土保持；人文地理学；人地关系；文化传承；人文关怀

不同的地域文化，造就了不同的风土人情。同样，在治理水土流失问题上，各个地区特色各异。水土保持开展较好的国家有美国、奥地利及日本等。其中，美国水土流失曾经比较严重，其水土保持工作经过宣传准备，大规模土壤侵蚀研究和水土流失防治后，已进入全面治理和提高阶段，并从地块流失的治理转向了小流域综合治理，并着重强调与自然的和谐，包括村镇美化、人类生活环境改善和农村生态环境的整体改善等。欧洲以奥地利为代表，早在500多年前就开展了荒溪治理工作，并逐渐完善了荒溪治理体系，成为林业发展与治山结合的典范。而多山的日本水土流失也曾非常严重，其效仿奥地利，将治山与林业发展有机结合起来，在雨滴溅蚀机理和坡面侵蚀机理方面的研究较为广泛。但由于日本有高度发达的经济基础，因此在进行水土保持时更注重生态效益而对于经济效益不太重视。

我国的水土保持工作起步较晚，但早在古代，诸学者即在保护土地和水力资源方面提出了很多独到的见解，认为"土地为本，地德为首"；在水土资源问题上，提出"儆山泽、养山林"等。这些理念都体现了中国古人对自然的敬畏，都是当代水土保持工作可传承和学习的。我国水土保持学科的泰斗——关君蔚先生也曾说过："绿色是大地的魂，而大地的魂掌握在人的手里"。党的十九大报告明确提出建设生态文明"既要创造更多物质财富和精神财富以满足人民日益增长的美好生活需要，也要提供更多优质生态产品以满足人民日益增长的优美生态环境需要"，这是中国向全世界做出的中国建设生态文明的庄严承诺。十九大报告对于生态文明建设和绿色发展的高度重视，既让水土保持专业教学和实践迎来新的战略机遇，也同时遇到了新的挑战。新时代的水土保持教学与实践要求要在达到既要"绿水青山"，又要"金山银山"的发展目标的同时还要兼顾经济增长及人类福祉，必须注重人文情怀，关注人的情感的复归，最终达到三生共赢的可持续发展发展目标。

作者简介：吴秀芹，北京市海淀区清华东路35号北京林业大学水土保持学院，教授，wuxq@bjfu.edu.cn；
　　　　　刘　倩，北京市海淀区清华东路35号北京林业大学水土保持学院，学生，18101308326@163.com。
资助项目：北京林业大学校级教改项目"与课程教学同步的连续性考核模式研究——以'人文地理学'课程为例"；
　　　　　北京林业大学校级教改项目"基于'综合自然地理学'的'学习研究发现'科教融合方式探索"。

一、水土保持建设中的人地关系演变

人地关系在地理学中即为人类社会和人类活动与地理环境的关系，人是指在一定生产方式下从事各种生产活动和社会活动的人，地是指与人类活动有密切关系的、在空间上存在地域差异的地理环境，人地和谐是指人类与自然环境之间的和谐共生，是人地关系的最高境界。

（一）水土保持中的原始型人地关系

我国劳动人民很早以前就注意到水土流失的问题，并已产生了水土保持措施的萌芽。据史料记载，西周时期我国农业采用休耕办法，主要通过土地的自然恢复解决地理耗竭问题，战国时期由于人口增加引起的土地需求的增加，使劳动人民开始改造自然，出现了改河造地，扩大耕垦范围等行为。西汉之前，水土流失已经存在但尚不严重，水土保持已初具形态，出现了一系列蓄水保土的措施，形成了最早的沟洫治黄论。这个时期的人地关系正处在原始型人地关系时期，人们对自然的态度是敬而畏之，思而动之，对自然面貌的改造并不明显，水土保持措施仍处于与自然界相对和谐的阶段。

（二）水土保持中的掠夺型人地关系

西汉之后，统治阶级开始大规模以技术手段对大自然进行改造，而这种改造以掠夺的方式造成资源耗竭环境恶化，土壤侵蚀进一步加剧。据史料记载，由于水土流失，北宋和明清时期黄河下游决溢灾害，几乎每两年就发生一次，给百姓的生活带来很大的影响。此时人地关系的突出矛盾导致了土壤加速侵蚀。在这个时期，虽然农民创造了区田，梯田等既能保持水土又能增加产量的措施，但由于水土保持的思想并未系统形成，因此，破坏土地的现象日趋严重，处在掠夺型人地关系时期，人地矛盾十分显著，人类过于强调自身主体地位，忽略了自然的反馈。因此，水土流失严重影响了人民生活，阻碍了社会进步。

（三）水土保持中的和谐型人地关系

20世纪中叶，土壤侵蚀防治工作受到重视，与此同时，人类开始认识到先污染后治理的路是行不通的，必须寻求人与自然和谐发展的道路，水土保持成为实现人地和谐的重要手段，水土保持事业也在曲折中艰难前进。到20世纪80年代，水土保持也从基本农田建设为主转向小流域综合治理。而家庭联产承包责任制在农村的普遍实施，调动了农村千家万户治理水土流失的积极性。21世纪以来，水土保持生态修复需以人与自然和谐相处为指导，因地制宜地将人工辅助措施与自然界固有的再生能力相结合，从"人类中心主义"转向了"人与自然和谐发展"的价值观念。在生态文明建设加速推进的今天，水土保持被认为是生态建设的主体，是实现人与人，人与自然和谐发展的基础。

二、水土保持中的文化传承

文化传承对社会发展所起的作用是不言而喻的，文化环境潜移默化影响着每一个社会中的人。本土文化是一个民族或地区文化沉淀的焦点，是当地历史的载体。在地方文化鲜明的地区，尤其是历史悠久的古村落和少数民族地区，开展水土保持工作要充分利用本土文化要素，适应当地景观。

（一）水土保持是景观传承的重要基础

水土保持工作的开展是推动生态文明和美丽中国建设的重要保证。习近平总书记曾提出，山水林田湖草是生命共同体，其实质是土地与景观的综合体，因此，为保证景观系统的完整性和一致性，进行水土保持是十分关键的。水土保持措施的有利配置，能起到烘托主景，强化主景美感的作用，进而达到景观传承的目的。我国内蒙古地区以草原为主要特色景观，划区轮牧、围栏封育等水土保持生态修复技术对于改善草原生态环境，保护生态屏障有重要作用。我国西北地区以沙漠型景区为特色，人工方格网障、沙生植物种植等工程措施与生物措施相结合，有效控制了生态环境的继续恶化，为沙漠生态系统维护带来了帮助。而遍布各地的整山造地、修建塘坝，水库，谷坊等工程措施与生物措施的双管齐下使这些已有的物质文化遗产得以完好地保存与传承。与之相反，古楼兰由于水土流失和沙漠化永远消失于黄沙之下。对于自然景观而言，它生于自然，存于自然，自然环境的破坏必然导致其风景文化不复存在，水土保持成为景观传承的重要基础。

（二）水土保持中文化的导向作用

文化在维持社会发展水平和社会进步方面具有积极的导向作用。以内蒙古长调名歌为例，其发展历程与保护水土的理念是相辅相成的。远古时期，我们的祖先通过舞蹈、音乐表达对自然的崇拜，这种崇拜正是他们保护山水的动力，也是水土流失尚不严重的原因。苗族木鼓舞要求动作脚踏实地，压制轻飘的舞蹈意向，这也是苗族重视土地的土地观的体现。这种舞蹈对于今天的破坏土地、开山造田的行为仍有一定的教育意义。这种舞蹈的传承不仅仅是民族文化的传承，更是祖先的生态观、水保观的传承。

（三）本土文化元素在水土保持中的应用

在外来文化的不断冲击下，传承本土文化是一个挑战。为了给当地民众带来归属感和可亲性，在水土保持中要尊重当地生活方式与行为习惯，以适应本土文化。水土保持工作的开展需要群众的支持与共同参与，而当地文化即为水土保持和群众之间联系的桥梁。龙南水保局曾推出过一个微电影宣传影片《水土情》，它用通俗的客家民歌，串起水土保持宣传工作。以亲切的方言将水土保持理念传播。以治理好的青山，碧水为大背景，把一座座塘坝，谷坊，蓄水池等水土保持设施穿插在画面里，用本地群众可以接受的方式来进行水土保持。这也正体现了水土保持与民族文化是密不可分的，唯有唤醒并传承本民族文化，才能唤醒人民群众的水保精神。

三、水土保持专业大创项目中人文地理学思想的体现

人文地理学的核心是人地关系，考虑问题将"以人为本"作为主要的出发点。具体表现为关注人的生存和发展，尊重人的个人利益，包括物质的利益和精神的利益。大学生在进行水土保持专业方面的大创项目架构和设计中要充分发挥群众的积极性和创造性，充分考虑到水土保持工程的文化适宜性及对人类福祉的影响。关君蔚教授曾指出"治理水土流失要水土保持效益，经济效益，社会效益同时实现"。因此，在进行水土保持专业方面的大创项目申请和实施时，不能光考虑水保等工程生态效益和经济效益，也要兼顾社会效益。

（一）水土保持中的美学价值

本科大学生大学生创新创业项目的设计中所涉及的水土流失防治工程不要囿于传统的理论，而应该顺应时代发展的潮流，强调与地域化化相协调的美学价值，兼顾人的情感和体会，达到改善生态环境、美化环境、提高环境质量的要求。如，浆砌片石护坡是一种传统的防护工程，但是在环保意识和审美意识提高的今天，这是一种与自然极度不协调的形式，给人以枯燥乏味之感。日本在防砂工程中注重美丽景观的创造，将过去混凝土为主的结构物改用自然石等结构物，为居民创造了可亲的环境，实现了更高的美学价值。现阶段，国内实施该类工程时，可以采用拱形或网格状护坡加以本土植物防护的形式，既可以起到防护作用又可以美化环境。

（二）水土保持中的地域特色

不同的城市有不同的历史文脉和战略定位，水土保持专业大创新项目的开展应重视这些背景，体现当地特色。20世纪80年代，吕梁地区未经过试栽，从河南引进大量钻天榆栽种到吕梁山区的山梁上，这些植物未能存活，不仅带来了直接的经济损失，也加重了水土

流失。而一些乡土植物的应用如能将水土保持与地域文化结合起来，即可增加人的归属感和亲切感。同样是吕梁地区，可选择栽种沙棘等特色乡土植物，不仅可以治理水土流失，也节省了引种植物的经济成本，并且还有一定的经济收益。目前，在干旱地区推行的集雨截灌型治理模式也是具有干旱地区特色的水土保持措施之一。大学生们要充分意识到，水土保持事业在长期的发展中，已从单纯的治理水土流失发展到现在的集水土流失功能、环境保护功能、审美功能于一身，这是水土保持事业向人性化迈进的一大步，也是人文地理学思想在水土保持事业融合中的体现。因此，大学生在设计大创项目的选题时要充分考虑到研究区的地域特色并体现以人为本的情怀。

（三）关注民生的水土保持措施

水土保持的根本出发点和落脚点在于人民，水土资源是民生的基础，水土保持要与群众脱贫致富相结合，将生态改善融合于生计提升中。关君蔚先生曾在贫困山区扎根治山治水，他说过，自己最宝贵的财富就是和山区人民"金不换"的感情。现代大学生要深刻领悟关先生在水土保持工作中对民生的关注的。我国的粮食安全是政府一直非常关注的重大课题之一，土壤、水分、养分是粮食生产的三个必要条件，因此水土保持是粮食安全的重要保障。首先，保土措施可减少表面土壤的侵蚀，保留水分养分，增加土壤肥力。其次，各类蓄水工程都能够有效拦截降水，为干旱地区的农业生产提供保证，有效解决粮食生产的水荒问题。而且，水土保持能够增加地表植被，改善土壤团粒结构，增加土壤孔隙度和有机质含量，提高土壤肥力，从而促进粮食稳产、高产，为人民创造保水保肥的高产农田。习近平总书记提出"绿水青山就是金山银山"，因此，可在水土保持广泛开展的过程中充分注重人文地理学中地域文化的融合，通过区域整体环境的改善，带动第三产业的发展，辅助实现地区经济转型，优化产业结构。水保专业大学生在进行项目设计时要挑选将经济效益，生态效益，社会效益结合较好的措施，使水保设施在发挥自身水土保持功能的基础上，作为斑块景观，发展旅游业，开辟了生态观光的功能，将绚丽的民族文化传播到世界。

四、结语

水土保持不单是一项工程措施，更是一种精神，是对家乡山水土地的热爱和保护，是山水林田湖草系统治理的综合体现。目前世界各国开展水土保持工作大多通过建坝，修谷坊，梯田等各种措施为手段或者通过立法来强制保持水土，这些措施的重要性不言而喻。但是在这些措施实施的同时，应该关注人的情感，尤其是唤醒水土流失地区居民的情感。对于中国而言，水土流失经常发生在贫困边远山区，即使大力进行水土保持建设，也常发生边治理边破坏，再治理再破坏的恶性循环。其原因除了自然因素外，更多的是人们水土保持意识的薄弱，农民过度开垦土地所追求的是经济利益，丢失了祖先对土地的热爱，对自然的敬畏。如果忽略农民的价值观和情感归属，他们对经济利益的渴望将使水土保持工作陷入上层治理下层破坏的艰难局面。大学生的创新项目要充分考虑到和水土保持学与人文地理学的交叉融合，根植于脚下的土地，对自己身边的山水产生自觉的珍惜并保护，则一代水保人"黄河流碧水，赤地变青山"的美好愿景将更快实现。

参考文献

[1] 刘孝盈，汪岗，陈月红，等．美国水土保持的特点及对我国的启示[J]．中国水土保持科学，2003，(2)：102-107.

[2] 王礼先．奥地利的荒溪治理[J]．北京林学院学报，1982，(1)：92-102.

[3] 张科利，彭文英，张竹梅．日本近50年来土壤侵蚀及水土保持研究评述[J]．水土保持学报，2005，(2)：61-64，68.

[4] 许启贤. 中国古人的生态环境伦理意识[J]. 中国人民大学学报, 1999, (4): 47-52.
[5] 王斯敏, 关君蔚: 青山作证[N]. 光明日报, 2006-04-16(5).
[6] 黄贤金. 生态文明建设与国土空间用途管制[J]. 中国土地, 2019, (11): 9-11.
[7] 申玉铭. 论人地关系的演变与人地系统优化研究[J]. 人文地理, 1998, (4): 34-38.
[8] 水土保持科学的发展及21世纪展望[A]. 中国科学技术协会. 科技进步与学科发展——"科学技术面向新世纪"学术年会论文集[C]//中国科学技术协会, 1998: 6.
[9] 张荣旺. 库布其沙漠前沿水土保持对生态环境的影响[J]. 内蒙古水利, 2009, (3): 35-36.
[10] 刘伟. 试论文化遗产保护的生态环保功能[D]. 郑州: 郑州大学, 2012.
[11] 刘毅. 龙南利用客家山歌宣传水土保持法[J]. 中国水土保持, 2014, (12): 68.
[12] 陈明致. 日本河川治理考察简述[J]. 东北水利水电, 1995, (2): 3-15.
[13] 梁象武, 任秉歧. 浅谈因地制宜在水土保持工作中的应用[J]. 山西水土保持科技, 1993, (2): 25-27.
[14] 李永静, 黄家旭. 一代良师——贺关君蔚先生80华诞[J]. 北京林业大学学报, 1997, (S1): 37.
[15] 余新晓. 水土保持生态服务功能评价方法[A]. 中国水土流失与生态安全综合科学考察领导小组办公室, 中国小流域治理管理项目指导委员会秘书处, 中国水土保持委员会秘书处.
[16] 吴赛, 生态文明的文化价值探析[J]. 大连干部学刊, 2019, 11: 12-17.

Application of human geography in innovation projects of students in water and soil conservation discipline

Wu Xiuqin　Liu Qian

(School of Soil and Water Conservation, Beijing Forestry University, Beijing　100083)

Abstract　"Mountain, water, forest, cropland, lake and grassland life community" and "two mountain theory" put forward new requirements for our teaching and practice of soil and water conservation, which requires us to break the single factor thinking, and to think from the overall dimension of resource utilization, operation efficiency and sustainability based on humanity-oriented, prevention oriented and regional ecological carrying capacity. On the basis of scientific prevention and control of soil erosion and desertification and based on the needs of modern ecological civilization for soil and water conservation, this paper discusses the integration and application of human geography ideas in the design and implementation of innovative projects for college students from three aspects of human land relationship, cultural heritage and human care in the discipline system of human geography, so as to enrich the cultural connotation of soil and water conservation and properly handle the ecological construction and economic and social development. The current and long-term relationship between development and protection provides a research perspective and a way to achieve it, which will promote the gradual realization of ecological, economic and social coordination, a virtuous cycle and sustainable development in China.
Keywords　Soil and Water Conservation, Human Geography, man-land relationship, Cultural heritage

大力发挥公益创业在大学生创新创业教育中的作用

王忠平

（北京林业大学经济管理学院，北京 100083）

摘要：公益创业作为创新创业的新途径，不仅有利于帮助高校大学生解决就业问题，而且对于促进社会创新具有积极的作用。本文首先介绍了高校开展公益创业的内涵，并就北京林业大学积极响应国家大学生创新创业号召所做实践详加介绍。最后，对推进大学生公益创业实践提出建议。

关键词：公益；创业教育；创新

2019 年是《国家中长期教育改革和发展规划纲要（2010—2020 年）》颁布实施的第八年，围绕提高质量这一核心任务，高校在教育计划中实施了一系列有关创新创业教育改革主题的活动，推动了高等教育改革的发展。2015 年，国务院总理李克强在政府工作报告中提出"大众创业、万众创新"，国务院办公厅印发《关于深化高等学校创新创业教育改革的实施意见》，鼓励科技人员和大学生创业，对高校创新创业教育改革进行谋篇布局，成为高校开展创新创业教育的行动指南。自 2013 年以来，高校毕业生就业创业人数连续四年实现双增长。2017 年，在全国公布本科生自主创业的 576 所高校中，本科生毕业总数约 200 万人，其中约 1.47 万人选择继续创业，全国平均自主创业率为 0.7%，同时其带动就业 3 万人，创业培训 2 万人。创新创业教育是一项长期工程，不能一步到位，立竿见影。加强大学生创新创业教育，提高学生的创新创业意识与能力，对于促进高等教育的健康发展、经济进步与社会就业具有重大的现实意义。

一、公益创业，创新创业的新途径

创业教育是指通过培养人的创业意识、创业思维和创业技能等各种综合素质，最终使被教育者拥有一定创业能力的教育体系。而创新是创业的基础，是创业教育至关重要的前提条件，教育部《关于大力推进高等学校创新创业教育和大学生自主创业工作的意见》从我国高等教育的现实状况和中长期教育发展目标出发，将创新教育与创业教育相结合，提出了"创新创业教育"的表述，对高校创业教育具有十分重要的指导意义。

创新创业教育不是创新教育与创业教育的简单糅合，它是教育理论、教育机制和教育实践的有机结合。公益创业是我国新兴的创新创业方式，相比之下，公益创业在国外已有 20 余年的发展历程，是解决社会问题的有效关键手段和方法。其本质特征为具有显著的社会目的和使命，重点是创造社会价值，具有明显的创新性，它主要集中在社会问题较多的领域，如教育、医疗、环保等方面。同传统创业方式相比，其以社会公益为方向，创业门槛低，为大学生参与创新创业提供了较为便利的条件。根据《2017 年中国大学生创业报告》，在覆盖的 52 所高校中，有九成大学生考虑过创业，26% 有较强的创业欲望，较 2016 年上涨 8 个百分点。调研显示，有 59.1% 的青年创业者，将"追求自由""回报社会"作为自己主要的创业动机，数据呈逐年递增趋势，大学生通过创业实现自我价值，同时缓解社会

作者简介：王忠平，北京市海淀区清华东路 35 号北京林业大学经济管理学院，副教授，wangzhongping@hcvcchina.com。

就业压力。公益创业大学生是主体，本科及以上学历达到74.2%，表明随着社会经济的发展，我国众多高校已经在教学中不断纳入与公益活动和志愿服务相关的课程内容，学生在课堂中能够接触与公益创业相关的基本知识，同时也将培养大学生的公民素质和公益素养纳入学校人才培养体系之中，其公益性、专业性、服务性和实践性的公益创业理念与高校培养德才兼备创新创业型人才教育目标高度契合，课堂之外举办创业大赛为学生提供理论与实践相结合的运用机会，用实际行动来解决社会问题。

二、北京林业大学公益创业新探索

北京林业大学作为知名211院校，国家首批世界一流学科建设高校，在深化高校创新创业教育中一直不懈努力。为大力推进创新创业，以创新带动创业、创业促进就业，北京林业大学响应国家大学生创业大赛的号召，已连续多年举办"梁希杯"大学生创业大赛，该大赛每两年举办一次，已成为学校中高质量品牌活动，激发起全校师生的创业激情与创业活力，累计带动全校师生近1万人参赛。创业大赛作品申报有以下三类：创业计划类、创业实践类和公益创业类。公益创业类在2014年被单独作为一种可申报类型，其时代性与重要性不言而喻。

公益创业的目标是运用专业知识通过公益性服务来解决社会问题。学生通过自主组队进行公益创业，在前期调研过程中了解社会现状，之后通过承接企业公益活动、与社会组织共享资源、与合作第三方开展以服务换服务等商业运作模式，寻求项目资金支持和运营保障，开展公益创业项目。学生在过程中体验、感受和思考，寻求解决社会问题的有效方法，这一过程培养了学生的专业素养，提高了创新能力和实践能力。

在学校的大力支持下，指导老师和学生一起在项目中体验、感受与思考，以公益思路拓展创业思维，在服务活动中自我感悟、自我认知、自我升华。老师在项目管理、团队建设、运营模式等方面给予专业性指导。学校也会对在整个过程中取得优异成绩的项目团队给予表彰与奖赏，激发学生开展创业活动的积极性，提升创新创业能力。

北林佼酵者是一个将浪费的水果资源变成环保酵素的公益创业团队，在2016年"京津冀晋蒙青年环保公益创业大赛"中获实践赛银奖，创业团队通过将水果鲜垃圾发酵来制作环保酵素产品，一方面减少环境污染，另一方面增加农户收入，带动贫困县绿色产业链的发展。在第四届中国"互联网+"创业大赛中，北京林业大学两项创新创业项目成功入选，并赴当地开展项目对接，通过"生态旅游""互联网+""绿色生态"等模式，促进当地脱贫战略的精准实施，推动旅游业的发展，打赢脱贫攻坚战。

三、推动大学生公益创业新策略

公益创业是创业的一种特殊方式，有助于解决当前大学生就业难的问题。公益创业一般包括四个方面的内容：志愿公益活动、创建非营利性组织、企业兼顾社会效益以及产学研一体化。

大学生通过参与公益创业，运用所学知识指导实践，提高其专业技能以及社会适应能力。然而目前还面临着一些挑战，诸如社会公益氛围较弱、高校重视程度不够以及大学生自身创业能力有待提高。面对这些不足，我们需要做出一些努力。

（一）健全公益创业教育体系

高校要坚持以人为本，以学生的发展为本，着力提高学生的综合素质和职业能力，在教育教学领域引入创新的理念，按照创新的理论和方法，逐步将公益理念内化到创新创业过程中，促进学生的全面发展，使整个教育过程最优化。加强公益教育，组织公益活动，创造公益氛围。高校要面向全校本科生推出关于公益创业的选修课，将公益创业教育体系建立为一个包括专业规划、课程体系、教学方法、教学评价以及教学管理的有机整体，进行因材施教的公益创业教育，通过理论和实践相结合的形式，不断开发和培养学生的创新与创业思维。

目前部分高校成立了公益学院或者是慈善学院，通过建立二级学院的方式推动大学生参与公益活动，孵化公益创业队伍取得了良好的效果。例如北京师范大学珠海分校设立了公益慈善班，带动了珠海分校公益慈善的发展。

（二）建设高质量、专业化的师资队伍

在公益创业教育方面，应在现有专业教师队伍的基础上，加强对教师公益创业思想、公益创业理论的培训，或者引入有公益创业背景和实践经历的创业导师，使得高校创新创业领域的教师规模进一步扩大。通过教师在专业课堂上的教育和自身经验的分享引领学生入门，让学生了解创新创业、公益创业的基础知识以及创业必备的素质等重要内容，并在实践活动中提供相关指导。

（三）推进"理论+实践"教学模式深化

创新创业教育要求高校在课堂教学中不可拘泥于传统固有的授课方式，应尽可能提高学生参与的积极性，拒绝填鸭式教学。针对不同学科、不同内容采用合适的教学方法，通过利用多种教学方法的互补性，取得全面发展的良好效果。关于公益创业的教育可以为创新创业教育模式提供良好的借鉴。例如中国农业大学在新生开学举办了"开学第一课"的志愿服务内容，取得了非常好的效果。

在加强基础理论知识学习的同时，要加强实践创新，开展公益创业课程中，需注重理论与实际相结合，鼓励同学们校内与校外互助式成长。公益创业要求学生走出校园去创业，高校就有义务为想要进行公益创业的学生保驾护航。通过搭建与企业沟通合作的桥梁将想要进行公益创业的学生送入企业当中去实习来帮助他们获得良好的实践锻炼机会；还可以组织学生参与公益活动，比如通过看望留守儿童等来让学生进一步了解到公益创业的现实性与必要性。合适的实践活动展开可以摆脱枯燥无味的传统教育方式，从而提升学生对公益创业的兴趣。

（四）建立公益创业孵化体系

专门建立大学生公益创业孵化园，为大学生公益创业提供活动场地、政策指导、资金管理、咨询顾问等一系列的创业服务，鼓励每一位有意向也有一定条件的学生参与进来，为他们配备单独的导师进行公益创业指导，为学生自己的公益创业方案的展示提供现实条件与物质基础；通过这一平台来搭建高校同企业之间沟通的桥梁，邀请企业来校为大学生提供各种公益创业相关的活动、实习岗位等重要信息；定期举办公益创业沙龙，让大学生与公益创业方面的企业家进行深入交流。设立专门针对大学生公益创业的管理机构，通过对校内的公益创业组织的统一化和规范化管理来合理指导各类公益项目有序进行。比如山西农业大学信息学院设立了"公益学院"，并孵化培育了志愿服务团队和项目，通过素质教育带动了信息学院学生的能力发展。

四、结语

在我国大力推行"大众创业，万众创新"的背景下，公益创意作为一种创新创业方式，将商业创业和社会责任相结合，是促进大学生就业的良好途径。其一方面使高校创新创业教育改革战略落到实处，另一方面提高大学生创业能力，给了大学生创新创业的新思路、新途径。高校大学生是创新创业战略的重要参与者，是公益创业的潜力发起人，在社会各界立的推动下下，有效化解大学生就业难的问题。与此同时，公益创业所发挥的积极社会效应也会有助于经济的全面、持续、健康发展，有助于社会的全面进步、长期和谐。

参考文献

[1] 姜慧,殷惠光,徐孝昶.高校个性化创新创业人才培养模式研究[J].国家教育行政学院学报,2015,(3):27-31.
[2] 金伟琼.大学生公益创业的现状分析与支持体系构建[J].高教学刊,2018,(18):45-47.
[3] 黎云鹏.新时代"互联网+"背景下高校大学生创业教育改革研究[J].教育教学论坛,2018,(50):53-54.
[4] 马永斌,柏喆.大学创新创业教育的实践模式研究与探索[J].清华大学教育研究,2015,36(6):99-103.
[5] 王焰新.高校创新创业教育的反思与模式构建[J].中国大学教学,2015(4):4-7,24.
[6] 闫雪.大学生公益创业的实践与思考[J].智库论坛,2018,(37):166-169.
[7] 张涛.创业教育[M].北京:机械工业出版社,2007.
[8] 王洋.公益创业,理性与激情同行——首部中国青年公益创业调查报告发布[J].中国大学生就业,2015,(5):16-18.

Bring into full play the role of public welfare entrepreneurship in college students' innovation and entrepreneurship education

Wang Zhongping

(School of Economics & Management, Beijing Forestry University, Beijing 100083)

Abstract As a new way of innovation and entrepreneurship, public welfare entrepreneurship not only helps college students to solve employment problems, but also has a positive effect on promoting social innovation. This article first introduces the connotation of public welfare entrepreneurship in colleges and universities, and details the practice of Beijing Forestry University actively responding to the national call for college students' innovation and entrepreneurship. Finally, suggestions are put forward to promote the practice of public welfare entrepreneurship for college students.

Keywords public welfare, Entrepreneurship Education, innovation

大学生创业激情问题与教育对策研究

——基于北京学院路高校的调研

李华晶[1]　刘思彤[2]　史晓蓉[2]

(1. 北京林业大学经济管理学院，北京　100083；2. 中国科学院科技战略咨询研究院，北京　100190；3. 中国社会科学院工业经济研究所，北京　100006)

摘要：在大众创业、万众创新背景下，越来越多的大学生投身创业的热潮，但实践经验的缺乏使大学生创业者面临着更大的创业风险和失败挑战。大学生创业激情受哪些因素影响、存在哪些问题、是否有助于创业成功，高校教育应该怎样利用这些因素培养创新创业人才，成为亟待剖析的现实问题。据此，本研究利用学院路高校的调查数据，分析了创业激情的三大影响因素及其作用结果，根据上述研究发现大学生创业激情存在的问题，并从高校教育角度针对性地提出开展特色创业教学、开设创业实训课程、建立创新创业教材和案例库以及搭建创新创业实践平台等对策和建议，以期为进一步完善高校创业教育、提升大学生创业能力与水平提供思路和方法。

关键词：创业教育；创业激情；大学生；创新创业人才

一、引言

2014年9月的夏季达沃斯论坛上，李克强总理发出了"大众创业、万众创新"的号召，创新创业成为时代潮流，大大激活了市场活力，提高了当代人的创业热情。近年来，技术变革的新时代开启，我国经济已由高速增长阶段转向高质量发展阶段，创新创业也随着技术的不断更新迭代呈现出更强劲的势态，因此涌现出一大批青年创业者尤其是大学生创业者。然而创业不易，创新更难，大学生普遍缺乏经验，难以规避创业风险，创业失败率极高。理想与现实的差距导致了创业者的热情骤降，这也是绝大多数大学生的创业之路戛然而止的主要原因。

据《2017年中国大学生创业报告》显示，26%的在校大学生有强烈的或较强的意愿去创办自己的企业，这种挑战的热情也是创业的重要推动力之一。通过对国内外创业激情的相关文章研究，我们发现，对大学生而言，坚信自己能成为成功的创业者、控制创业重心和时刻保持积极情绪都是创业过程中的重要因素。

大众创业，创新是关键；万众创新，教育是基础。国务院2018年9月印发的《关于推动创新创业高质量发展打造"双创"升级版的意见》中，强化大学生创新创业教育培训被列为持续推进创业带动就业能力升级的行动之一。为更好地响应创业新政策，营造良好的大学生创业氛围，本文从教育角度出发，基于学院路高校调研结果，对创

作者简介：李华晶，北京市海淀区清华东路35号北京林业大学经济管理学院，教授，lhjbjfu@126.com；
刘思彤，北京市海淀区中关村北一条15号中国科学院科技战略咨询研究院，硕士生，13051526966@163.com；
史晓蓉，北京市东城区东厂胡同1号中国社会科学院工业经济研究所，硕士生，shixr955@163.com。
资助项目：北京市共建项目教学名师项目"高校绿色创业教育模式创新研究"（2019GJMS003）；
北京林业大学教育教学研究名师专项项目"高校绿色创业教育路径优化研究"（BJFU2018MS002）；
北京林业大学研究生课程建设项目"基于新发展理念的创新创业课程思政建设"（KCSZ2018）；
北京林业大学科教融合项目"基于科教融合的创新创业课程体系优化研究"（BJFU2019KJRHKC003）。

业过程中重要的三因素：自我效能感、向心性、积极情绪进行分析，进而总结出大学生创业激情的问题并提出相关教育对策，为当前大学生创业教育方案的实施提供依据，以期服务高校双创教育。

二、理论基础

（一）创业激情的概念

激情是指个体愿意为他们强烈倾向甚至喜欢且认为重要的活动投入大量的时间和精力，非激进的激情与经济活动呈现密切相关性。一直以来企业家的激情表现是创业过程中最常见的现象之一，不少研究发现，激情与企业家从投资方筹集资金的能力、雇用和激励关键员工有关。因此，Cardon 等（2005）学者们认为创业激情作为创业者的一种情感或精神是创业活动的核心。

（二）创业激情的影响因素及效果

1. 自我效能感对创业激情的影响

自我效能感是一种与人们选择成为企业家和能够成功创业有关的心理特征。Bandura 和 Wood（1989）将其定义为人们对自己能力的信念，即对改变他们生活的事件施加影响的能力。对自我能力高度自信的人会把困难的任务当作是一种挑战去突破，从而产生较高水平的创业激情。

2. 向心性对创业激情的影响

"做一名创业者是我经常想到的事情"和"创业是自我的重要部分"即创业者向心性高的重要体现。当创业者面对多重事项时，如果选择将重心倾向于创业这件事，他将会花费大量的时间与精力专注于创业活动，从而激发创业激情。

3. 积极情绪对创业激情的影响

积极情绪就是一种正向的情绪。研究普遍认为，个体的需要被满足时所表现出的情绪就是积极情绪，通常能使个体的积极性和活动能力提高，并且伴随着愉悦的主观体验。一些学者发现，创业之路充满着各种艰辛、不确定性和挑战。积极情绪有助于发展创业者的适应能力、积累一定的人脉和社会关系以及创业资源，从而发展创业者的创业激情。

4. 创业激情对创业成功的影响

近年来，实证研究发现创业激情是促进创业者创业活动的关键驱动力，适度的创业激情有助于提高创业者的创造力，激发创新性行为，培养创业者奋斗进取的精神，使创业者在创业活动中更加专注。综上可见，创业激情有助于提升创业行为的持续性，对事业的激情会使创业者在经常面临挑战的情况下坚持创业，取得创业成功。

三、调研分析

（一）样本情况

本文选取学院路高校大学生为研究样本，主要有以下几点原因：首先，学院路聚集北京林业大学、中国农业大学、北京航空航天大学等多所国家"双一流"大学，均有国家级特色专业，课程涉及了文、理、工、农、医、法等不同领域。因此，学院路学生的综合素质过硬，创新思维活跃，能更好地结合所学投身创业；其次，学院路附近集聚高新技术产业，创业孵化基地数目较多，创业氛围良好，能优先给予学院路学生较多创业扶持；最后，各高校均会举办创业比赛，学院路结合各高校教学资源能给予学生更多的创业指导，帮助学生更好地开启创业之路。

为此，本文以北京市学院路高校的大学生为调查对象，共发放电子版问卷 150 份，收回有效问卷133份，有效率为86.67%。样本基本信息见表1，被调查者认为创业成功最重要的四个因素占比如图1所示。

表1 问卷样本基本信息表

男女人数比例		年级比例	
男	64%	大一	23.3%
女	69%	大二	26.3%
年龄区间		大三	29.3%
18岁以下(不含18岁)	3.5%	大四	21.1%
18岁至22岁	86.4%	专业类别比例	
22岁以上(不含22岁)	10.1%	人文社会类	29.0%
创新创业精力		理工类	65.0%
有或愿意去尝试	74.4%		
无且不愿意尝试	25.6%		

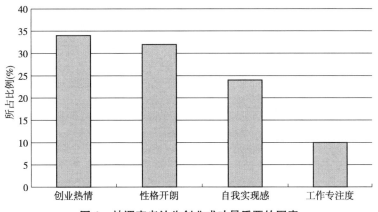

图1 被调查者认为创业成功最重要的因素

（二）数据信息

调查问卷使用Likert五点量表，同时借鉴了谢雅萍等的问卷量表以及Callero、Stryker等以及Cardon等研究观点，被调查者需回答基本信息与过往经历的相关问题，并根据自身的实际情况指出他们对每个变量相关项目的同意程度(1=完全不赞同，5=非常赞同)。通过降维和信效度检验对大学生的自我效能感、向心性、积极情绪、创业激情、创业成功等变量进行测量，探究其内在联系。对问卷整体数据进行信度检验，得到Cronbach'α系数为0.743，表明问卷可靠。

针对自我效能感，提出了如"我相信无论我做什么事，只要足够努力，就一定会成功"的项目，调查对象对此假设认可度的平均水平为3.4。通过回归分析得到自我效能会对创业激情产生正向影响($\beta=0.238$，$p<0.05$)。即自我效能感高的人相信他们有能力完成创业活动中的各种任务，在面对失败时，会付出更多的努力而且能够持之以恒，失败或受挫后也可以迅速恢复。他们把失败归因于自己还不够努力或缺乏知识和技能，并且相信这些都是可以通过后天努力获得的，因此受挫时也会使自我保持正常水平下的创业激情。此外，28.6%的样本个体自我效能感水平较低，即仍存在一部分大学生自我效能感过低，这一现象并不利于其开展创业活动。

从向心性角度出发，提出了如"创业时，我会随时改变自己工作的重心"的项目，目的是观察研究对象在是否可以坚持集中精力于创业。40.1%的被调查者对该现象的认可度在平均水平之上。回归分析得出，向心性会对创业激情产生正向影响（$\beta=0.1477$，$p<0.05$）。因此，创业者向心性较高时，能更专注于创业活动，对未来的成功期许度更高，从而增加一定程度的创业激情，促使他更好地去投身于创业。但数据分析表明，37%的研究对象认为如果自己开始创业，会有极大概率因为其他因素的变动（如学习压力过大）而停止创业，这说明目前大学生还是存在创业专注度不足，最终重心偏移的现象。

针对积极情绪因素提出了如"遇到问题时我经常从积极的方面考虑，以乐观的心态对待它"等项目。综合问题结果，发现大学生在创业中会时常提醒自己保持向上情绪，使自己面对困境时能够以积极心态处理问题，将遇挫后的负面情绪及时转换为正面情绪，梳理思路，提出高效的解决方案。此外，样本修正的可决系数为0.892，这说明模型对样本的拟合很好，积极情绪程度与创业激情有较强的线性关系。当前大学生的心理协调能力较好，但也不排除调查对象自我感觉良好，回答问题时不够客观的情况。

回归显示，创业激情对创业成功有正向影响（$\beta=1.368$，$p<0.05$），但引入创业激情的平方项再次回归发现，拟合优度升高，且创业激情的平方与创业成功率显著负相关（$\beta=-1.078$，$p<0.05$），综上可知创业激情与创业成功呈倒U型关系。对于大学生而言创业激情是成功创业的内在驱动力，但激情过高过低无法成功。

以上调研结果可以概括为表2所示信息。由表可见，只有适度的创业激情才能使创业者在创业活动中更加专注，更加高效率地克服困难，规避风险，顺利完成创业活动。激情过高会导致创业者不能对现状作出正确的分析，使得创业活动由于创业者的忽视风险、决策失误等终止。创业者创业激情过低，会导致创业者不能及把握创业机会，不能自信地坚持创业活动，从而与创业成功失之交臂。

表2 大学生创业激情影响因素与作用结果调研小结

	回归标准化系数 β	P 值	R^2	结论
自我效能感与创业激情	0.2328	0.001	0.949	自我效能感对创业激情产生正向影响，其中28.6%的样本个体自我效能水平较低
向心性与创业激情	0.106	0.011	0.833	向心性会对创业激情产生正向影响，其中37%的样本向心性水平较低
积极情绪与创业激情	0.255	0.000	0.914	积极情绪对创业激情产生正向影响
创业激情与创业成功	1.368	0.000	0.287	创业激情对创业成功有正向影响，创业激情的平方与创业成功率显著负相关，即创业激情与创业成功呈倒U型关系
创业激情平方与创业成功	-1.078	0.010	0.401	

四、讨论与建议

（一）问题讨论

通过对问卷调查收集的学院路高校大学生的数据分析可以得到以下结论：

1. 较高的自我效能感对创业激情有正向影响，但目前大学生人群中存在自我效能感过低的现象。大学生的自我效能感越高，对自己所做的事越自信，越相信自己有能力完成创业活动，其创业激情就会越高。但高校大学生自我效能感波动较大，出现两极化现象，这就导致大学生创业激情过高或过低。

2. 较高的向心性会产生较高的创业激情，但其他因素的变动会有一定概率干扰大学生群体的专注度。向心性越高，创业者更能专注于创业活动，创业激情也随之提高。值得注意的是，大学生在其就读期间会面临学业、工作、情感等方面的诸多压力，在进行创业活动时会难以全身心投入，从而导致创业积极性降低，创业失败风险度增加。

3. 积极情绪对创业激情有正向影响。积极情绪有助于创业者积累良好的创业资源，促使创业者在创业进程中遇到困境能够积极应对，高效解决，进而使得创业激情升高。然而现代大学生情绪丰富多变，情绪管理能力相当缺乏，导致创业激情随着情绪的变化忽高忽低，如何从教育角度帮助大学生调整心态也是当代大学生创业问题研究的重中之重。

4. 适度的创业激情有助于创业成功，过高和过低都会导致失败。大学生创业激情过高，过于激进，就会出现盲目自信，无法规避创业风险，应对挑战，导致创业失败；创业激情过低时，大学生无法坚持创业活动，最终失败。只有适当的创业激情，才能使创业者始终保持奋斗精神和冒险精神，顺势时居安思危，规避风险，低谷时承受挫折，坚忍不拔，在千锤万练中走向成功。由此可见，高校教育对大学生创业激情的培养至关重要，不可激进，也不可松懈。

（二）对策建议

根据创业激情影响因素、创业激情程度以及创业结果的关系分析，本文从教育层面的不同角度提出以下建议，以帮助高校更好地引导当代大学生开启创业之门，走上正确的创业之路。

1. 创业教育培训，帮助当代大学生了解创业

高校应深化教育改革，着重培养大学生的创新创业意识，结合本校的专业特色以及当前的创业热点开设创业基础教育等相关课程，从课程、教材、培养方式等方面开展特色教学，培养"创业基因"。一方面，当创业课程与学生专业相衔接时，学生可以更快地适应创业，扩展相关知识，从而提升创业自信心与创业激情。另一方面，高校出版创业相关教材，可以帮助学生从理论层面上避免常识性错误。而且课程教学时结合时事热点，提供创业最新资讯，创业课堂就能真正做到内容丰富，个性化人才培养。最后，专业课程能够指导大学生如何利用国家为推进创新创业出台的相关政策，借势顺力，调整自己的创业项目。

2. 创业信心培养，鼓励当代大学生勇于创业

在进一步提高文化素质教育的同时，要更加关注大学生的心理健康、动手实践能力等。在这一方面，高校需加强师资队伍建设，调整合理的师资结构。建立创新创业教育培养团队，做好师资培训工作。针对大学生的实际情况，分类开设个性化创业教育心理辅导班，帮助大学生理性地看待创业行为，分析点明不同创业阶段的陷阱、瓶颈，提供合理的解决对策。

3. 创业环境营造，引导并支持当代大学生积极创业

联系企业开设相关案例分析大赛等，让大学生从问题分析角度提出建议和解决办法，有利于后期自身团队的问题分析。在校内开设实习实训课程，让学生实地接触创业进程，邀请相关方向企业负责人针对实训课程给予建议，培养大学生创业所必需的能力，如团队协作、战略分析等。此外，建立丰富的创新创业教材和案例库，建立健全完善的大学生创新创业实践平台，引入"互联网+"，服务创新创业，真正做到突破、丰富、延展传统教育，将培养"双创型"人才发展成为一种教育理念与教育精神，树立个性化创新创业人才培养理念。

4. 创业风险评估，全方位建设积极大学生创业团队

校内教育培养团队及校外创业基地要积极跟进创业项目，在创业前期、中期及后期帮助大学生考察项目的可实施性，帮助大学生认识其潜在的风险性，并对项目团队进行多角度评估。在发现大学生盲目自信、忽视或低估风险的情况以及遭受挫折、信心滑坡时要及时采取相应的辅导措施，确保其在创业过程中时刻保持积极的创业心态，能够刻苦向前，勇于挑战。此外，要及时复盘项目，文字记录入案例库，为日后其他团队的辅导提供实践

依据及理论支撑。

五、结语

在"大众创业、万众创新"时代,对创业激情的研究会在很长一段时间内持续成为热点,大学生作为创业活动中的新生力量也会备受关注。本文根据大学生创业激情的影响因素,结合学院路高校大学生的调查数据,指出当前的问题并提出高校教育的相关对策:高校应整合校园自身资源进行"双创型"人才培养,同时还应与社会、政府共同发力搭建健全的大学生创业平台。希望本文提出的建议在高校创新创业教育上起到一定的借鉴意义。

参考文献

[1] Vallerand, R. J., Mageau, et al. On obsessive and harmonious passion[J]. Journal of Personality and Social Psychology, 2003, 85(4): 756-767.

[2] Chen X P, Yao X, Kotha S. Entrepreneur passion and preparedness in business plan presentations: A persuasion analysis of venture capitalists' funding decisions[J]. Academy of Management Journal, 2009, 52(1): 199-214.

[3] Raymond W. Smilor. Entrepreneurship: Reflections on a subversive activity[J]. Journal of Business Venturing, 1997, 12(5).

[4] Cheryl Mitteness, Richard Sudek, Melissa S. Cardon. Angel investor characteristics that determine whether perceived passion leads to higher evaluations of funding potential[J]. Journal of Business Venturing, 2012, 27(5).

[5] Melissa S. Cardon. Is passion contagious? The transference of entrepreneurial passion to employees[J]. Human Resource Management Review, 2008, 18(2).

[6] Melissa S. Cardon, Denis A. Gregoire, Christopher E. Stevens, et al. Measuring entrepreneurial passion: Conceptual foundations and scale validation[J]. Journal of Business Venturing, 2013, 28(3).

[7] Bandura A, Wood R. Effect of perceived controllability and performance standards on self-regulation of complex decision making[J]. Journal of Personality & Social Psychology, 1989, 56(5): 805-14.

[8] 黎常,朱玥,王永跃. 创业激情对创业坚持行为的影响机制研究[J]. 科研管理, 2018, 39(09): 134-142.

[9] Waugh C E, Fredrickson B L. Nice to know you: Positive emotions, self-other overlap, and complex understanding in the formation of a new relationship[J]. Journal of Positive Psychology, 2006, 1(2): 93-106.

[10] Melissa S. Cardon, Denis A. Gregoire, Christopher E. Stevens, et al. Measuring entrepreneurial passion: Conceptual foundations and scale validation [J]. Journal of Business Venturing, 2013, 28(3).

[11] Melissa S. Cardon, Colleen P. Kirk. Entrepreneurial Passion as Mediator of the Self - Efficacy to Persistence Relationship[J]. Entrepreneurship Theory and Practice, 2015, 39(5).

The problem of college students' entrepreneurial passion and the countermeasure study of education: Based on the research of colleges and universities

Li Huajing[1]　Liu Sitong[2]　Shi Xiaorong[3]

(1. School of Economic Management, Beijing Forestry University, Beijing　100083;
2. Institutes of Science and Development, Chinese Academy of Sciences, Beijing　100190;
3. Institute of Industrial Economics, Chinese Academy of Social Sciences, Beijing　100006)

Abstract　Under the background of mass entrepreneurship and innovation, more and more college students are joining the entrepreneurial boom. However, the lack of practical experience makes college student entrepreneurs face greater entrepreneurial risks and failure challenges. What factors influence the entrepreneurial passion of college students, what problems exist and whether they contributes to the success of entrepreneurship and how to cultivate the "double creation" talent by using these factors has become a practical problem urgently to be analyzed. Accordingly, this study used survey data of Xueyuan Road university, analyzed the three major influence factors of entrepreneurial passion and its result. According to the above research, the problem of college students' entrepreneurial passion is found and this paper puts forward some countermeasures and suggestions, so as to provide ideas and methods for further improving education and improving the entrepreneurial ability and level of university students.

Keywords entrepreneurship education, entrepreneurial passion, college students, "Double creation" talent

大学生创新创业训练计划项目指导现状与发展对策研究

邓 晶

(北京林业大学经济管理学院，北京 100083)

摘要： 经济社会的发展对高等人才的要求逐步多元化，大学毕业生就业形势日益严峻，高校迫切需要重视并加强大学生创新创业能力的培养。本文论述了大学生创新创业训练计划项目导师指导的必要性，分析了高校在大学生创新创业训练计划项目指导的现状，提出应该从建立导师遴选分配机制、加强导师大学生创新创业项目指导能力的培养、建立项目指导监控和评估机制、加强实践平台建设等方面提升大学生创新创业训练计划项目指导效果。

关键词： 大学生创新创业训练计划项目；指导

一、引言

2011年，《教育部、财政部关于"十二五"期间实施"高等学校本科教学质量与教学改革工程"的意见》(教高[2011]6号)首次提出要支持在校大学生开展创新创业训练，提高大学生解决实际问题的实践能力和创新创业能力，资助大学生开展创新创业训练；2012年，《教育部关于批准实施"十二五"期间"高等学校本科教学质量与教学改革工程"2012年建设项目的通知》(教高函[2012]2号)正式批准北京大学等109所高校实施16300个大学生创新创业训练计划项目，每个大学生创新创业训练计划项目支持建设经费1万元。此后，国内各高校开始积极开展大学生创新创业训练计划项目，组织并指导学生组建项目团队，开展大学生创新创业培训。2018年，教育部共立项国家级大学生创新创业训练计划项目39575项，其中创新训练项目32807项，创业训练项目4769项，创业实践项目1999项。大学生创新创业训练计划项目经过7年取得了长足的发展，高校范围从部属高校扩大到了部属高校和31个省市的地方高校，立项数量增长了近3倍，项目类型也逐步多元化。尽管大学生创新创业训练计划项目对于培养大学生的创新创业能力作用显著，但是，仍有一些亟待解决的问题。

二、大学生创新创业训练计划项目导师指导的必要性

大学生创新创业训练计划项目包括创新训练项目、创业训练项目和创业实践项目三类。创新训练项目是指本科生个人或团队在导师指导下，自主完成创新性研究项目设计、研究项目实施、研究报告撰写、成果(学术)交流等工作。创业训练项目是指本科生团队在导师指导下，完成商业计划书编制、可行性研究、企业模拟运行、创业报告撰写等工作。创业实践项目是指学生团队在学校导师和企业导师共同指导下，基于前期创新创业训练项目的成果，开发具有市场前景的创新性产品或者服务，开展创业实践活动。

作者简介：邓 晶，北京市海淀区清华东路35号北京林业大学经济管理学院，副教授，bfudengjing@126.com。
资助项目：北京林业大学教育教学研究一般项目"基于多元化教学体系的'保险学'课程改革探索"(BJFU2020JY025)。

大学生创新创业训练计划项目总体来说就是在导师指导下,本科生团队中每个学生进行分工合作,完成创新研究、创业训练和创业实践等工作。大学生创新创业训练计划项目是培养和锻炼大学生创新创业能力的重要手段,顺利完成项目的任务对大学生的创新思维能力、科学研究能力、实践操作能力等方面有较高的要求,同时这个过程中也需要项目导师给予充分和精心的指导。导师指导可以有效提高项目立项的成功率,也可以通过指导对学生进行创新创业教育,提升学生的创新创业能力,从而促进学生的全面发展。因此,高质量的导师指导对于学生创新创业能力的培养、高校创新创业教育效果来说都极为重要。

三、大学生创新创业训练计划项目指导现状分析

(一)导师选择具有随意性

合适的导师是大学生创新创业项目成功完成的前提条件。在选择导师的过程中,需要师生双方充分了解,既要求学生了解老师的研究方向,也需要老师了解学生的能力和兴趣。在大学生创新创业项目申请的过程中,一些学生有主动选择导师的意愿,但是由于存在学生多、老师少的情况,部分学生难以选择到最喜欢的导师。而有的学生在选择导师时随意性较强,认为随便选一位导师即可,甚至有的学生希望学校或者学院主动指定导师。这说明学生在选择导师之前没有详细地了解该老师的研究方向和指导经验,选择导师缺乏科学性。目前很多高校的大学生创新创业项目导师遴选和分配机制还不够完善,导师选择的随意性必然会影响后续的指导工作。

(二)研究方向确定缺乏科学性

选择合适的研究方向是大学生创新创业项目开始的第一步。在选择研究方向的过程中,一个重要的因素就是研究难度与学生能力的匹配,如果不注意这个问题,极有可能出现对于一个具有研究意义和价值的项目,学生的能力无法达到开展研究的情况。从实践情况来看,大学生创新创业项目的研究方向多数都是由导师基于自己的研究方向和兴趣进行指定,而对于学生的研究基础和能力缺乏考虑,导致学生能力无法达到项目的要求,最终出现项目无法结题的情况。因此,研究方向选择必须具有科学性,不仅要考虑研究的意义和价值,更要考虑与学生能力的匹配,研究方向选择缺乏科学性必然会影响项目的开展。

(三)项目指导缺乏全面持续性

全面持续的指导是大学生创新创业项目的重要保障。目前,一些导师的指导内容主要集中在规则解读、询问项目进展、申请书撰写等方面,对于学生创新思维培养等方面的指导较为缺乏,在调研、数据分析等方面的指导也不足,导师的指导还不够全面。此外,由于导师普遍存在教学和科研任务繁重的情况,有可能导致大学生创新创业项目指导时间和频率难以保障。大学生创新创业项目从项目申请到项目立项再到项目结题,是一个复杂的系统工程,这个过程中需要导师与学生密切地进行指导与沟通。大学生创新创业项目指导缺乏全面性和持续性将无法保障项目的顺利完成。

(四)项目指导缺乏实践平台

实践平台是检验大学生创新创业项目成果的重要手段。项目执行过程中,学生基于导师的指导,根据自己的研究,提出创新创业的想法和思路,设计相关的产品,但由于缺乏检验和实施的实践平台,也缺乏与业界沟通的渠道,导致一些好的想法和产品被搁置,而失去实践检验的机会。比如,学生在大学生创新创业项目成果中提出的"学生卡丢失保险""考试挂科保险"等多项产品,由于缺少实践平台,在搁置一段时间后一些保险公司已正式推出相关产品,导致大学生创新创业项目失去了创新转化的机会,学生们也只能接受创新变空想的无奈现实,打击了学生的创新热情。

四、大学生创新创业训练计划项目指导发展对策分析

（一）建立导师遴选分配机制

学校应建立大学生创新创业项目导师数据库，收集有意向担任导师的教师信息，包括研究方向、研究成果、指导学生情况、指导项目情况等方面内容，并将以上数据库对学生开放，以便学生根据自身情况进行选择。同时建立双向选择分配机制，首先由学生根据自己的研究兴趣和研究基础填报首选和备选导师，然后首选和备选导师先后根据填报情况选择学生，并规定每名导师只能带 1~2 个学生团队，以保证导师有充分时间可以指导学生。从公布导师信息到公布最终导师选择结果，中间应有一个月左右的时间，以便给学生和导师更多机会，增加彼此的了解，避免选择的盲目性。

（二）加强导师大学生创新创业项目指导能力的培养

学校应建立一套大学生创新创业项目导师培训方案，对导师的创新思维能力、研究方向设计能力、组织实施能力等方面进行培训，由于需要培养导师区分自身科研和指导学生科研的区别，准确找准学生能力的定位，选择适合于学生能力的研究方向。具体培训可以邀请以往在大学生创新创业项目取得较好指导效果的导师，也可以邀请经验丰富的校外专家，对导师进行系统培训，以解决指导教师能力不强、指导效果不理想等问题。

（三）建立项目指导监控和评估机制

学校应建立大学生创新创业项目指导评价机制，成立项目指导评价委员会，在项目的中期检查和末期结题时对导师的指导时间、指导频率、指导态度、指导效果等进行评价和检查。对评价结果为优秀的导师应给予奖励，充分激励导师的指导积极性，同时对评价不合格的导师应给予相应的指导，帮助其指导能力提升。项目指导评价委员会应充分发挥自身的功能，及时向导师反馈评估结果，及时发现问题，帮助导师改进指导工作。

（四）加强实践平台建设

首先，应该在学习国内外实践平台设计有特色的相关院校经验的基础上，整合现有大学生创新创业实践平台。着重从提高大学生创新创业的实践质量、加强实践与理论研究的衔接、完善实践平台规章制度、提升实践平台相关资料的管理水平等方面进行实践平台建设。其次，应该从学校层面出发，与企事业单位、政府机构、创新型企业等部门开展合作，建立"校企联动、互惠共赢"的校外实践基地，以完善高等学校实践教学体系建设，实现复合型应用人才培养，为大学生提供真实的创新创业实践环境。

五、结语

近年来，大学生创新创业教育得到了政府和社会各界的高度重视，各高校也积极开展实施大学生创新创业训练计划项目并取得了较好的效果，但在实施过程中也存在一些问题。对于存在的问题，本文提出相关对策建议，以期能提升大学生创新创业训练计划项目的质量，提高大学生创新创业能力，帮助高校进一步完善创新创业教育的制度建设，为创新创业人才的培养提供保障。

参考文献

[1] 教育部，财政部．关于"十二五"期间实施"高等学校本科教学质量与教学改革工程"的意见[Z]．http：//old.moe.gov.cn/publicfiles/business/htmlfiles/moe/s6342/201109/xxgk_125202.html．

[2] 教育部．关于批准实施"十二五"期间"高等学校本科教学质量与教学改革工程"2012 年建设项目的通知[Z]．http：//old.moe.gov.cn/publicfiles/business/htmlfiles/moe/s5666/201202/130542.html．

[3] 教育部．关于公布 2018 年国家级大学生创新创业训练计划项目名单的通知[Z]．http：//www.

moe. gov. cn/s78/A08/A08_ gggs/A08_ sjhj/201809/t20180919_ 349332. html.

[4]陈真."大学生创新创业项目"指导中存在的问题及对策[J]. 新西部, 2018, (33): 121-122.

[5]武永霞."五位一体"的经济管理类大学生创新创业能力培育路径研究[J]. 企业科技与发展, 2018, (01): 90-92.

Research on present situation and development countermeasures on guiding of the undergraduate innovation and entrepreneurship training program

Deng Jing

(School of Economics and Management, Beijing Forestry University, Beijing 100083)

Abstract With the development of economy and society, the demand for higher talents is gradually diversified, and the employment situation of college graduates is becoming more and more serious. Colleges and universities urgently need to pay attention to and strengthen the cultivation of College Students' innovation and entrepreneurship ability. This paper expounds the necessity of the project tutor's guidance of the innovation and entrepreneurship training plan for college students, analyses the current situation of the project tutor's guidance of the innovation and entrepreneurship training program for college students, and puts forward that it should be promoted from the following aspects: establishing the mechanism of selecting and distributing tutors, strengthening the cultivation of the tutor's guiding ability of the innovation and entrepreneurship project, establishing the monitoring and evaluation mechanism of the project guidance, and The guiding effect of innovative entrepreneurship training program for college students.

Keywords The Undergraduate Innovation and Entrepreneurship Training Program, guiding

大学生创新创业训练项目实施中提升学生自主性的探索

——以北京林业大学应用心理学专业为例

杨 阳 孙世月 雷秀雅 金灿灿 田 浩

(北京林业大学人文社会科学学院，北京 100083)

摘要：大学生创新创业训练计划，简称"大创项目"是高校创新创业人才培养的重要平台。大学生在"大创项目"实施过程中形成的自主性，是人才培养的目标，也是项目实施质量的保障。本文以北京林业大学应用心理学专业近五年来从课程建设、项目指导支撑、过程管理和学生主体性几个方面出发所进行的各项探索为例，分析和总结提升"大创项目"实施中学生自主性的实践经验，并从人才培养质量和项目产出成果方面进行实践效果评价，以期为提升大学生创新创业训练计划的项目质量提供借鉴。

关键词：大学生；创新创业能力训练；自主性

大学生创新创业训练计划，简称"大创项目"，是目前高校正在实施的大学生创新创业教育工程，也是"本科教学质量与教学改革工程"的重点建设项目之一。"大创项目"不仅产出了一些重要成果，更是高等教育改革中提升人才培养质量的重要平台。一系列的教育研究和实践一方面从学校和教育者的角度致力于通过完善培养制度、整合教育资源、落实过程管理以实现"大创项目"培养高创新创业素质人才的目标，另一方面也从学生角度出发，进行了"大创项目"实施中学生主体性发展和自主学习的研究和实践，北京林业大学应用心理学专业近五年来围绕着提升学生自主性，进行了多项探索，本文对此进行总结和分析。

一、基本情况

近五年来，北京林业大学应用心理学专业每年拟申请"大创项目"数 8~15 项，最终立项的国家级、北京市级、校级各级项目每年 5~7 项。其中，大部分为创新训练类项目，以学生通过系列实证研究探讨某一心理学基础或应用问题为主要项目开展方式。"大创项目"项目开展的人才培养范围上，每学年参与学生 30 名左右，以大二年级的学生为主，约占年级总人数的 40%。

二、"大创项目"实施中的主要难题

在大学生创新创业训练项目的实施过程中，一直存在的一个突出问题是学生"重申请、轻执行"，应用心理学专业的项目实施中同样存在这一问题。在申请初期，学生们的热情往

作者简介：杨 阳，北京市海淀区清华东路35号北京林业大学人文社会科学学院，讲师，hi.yangyang@hotmail.com；
孙世月，北京市海淀区清华东路35号北京林业大学人文社会科学学院，讲师，sunsy@bjfu.edu.cn；
雷秀雅，北京市海淀区清华东路35号北京林业大学人文社会科学学院，教授，leixiuya@163.com；
金灿灿，北京市海淀区清华东路35号北京林业大学人文社会科学学院，副教授，jcctxdy@163.com；
田 浩，北京市海淀区清华东路35号北京林业大学人文社会科学学院，副教授，tianhaoxx@126.com。
资助项目：北京林业大学教育教学研究重点项目"应用心理学专业'本研一体、产教融合、校际联合'教育教学模式的探索与实践"（BJFU2019JYZD014）。

往很高，注重和指导教师积极沟通，但正式立项之后，部分项目组逐渐表现出后继乏力，遇到问题不仅不主动联系指导教师寻求解决方案，甚至由于担心被指导老师询问项目进展而"躲着"指导老师。一些非常认真负责的指导教师则反映需要"一步一步推着"项目组去完成项目既定任务，往往结题时项目完成质量也不理想，影响了指导教师投入项目指导甚至继续承担项目指导工作的积极性。

"重申请、轻执行"的原因是什么呢？通过对项目参与学生的调查和深入访谈发现，事实上大部分学生对于申请并高质量完成项目的主观期望一直较高，并且寄希望于通过项目的实施锻炼自己的能力。不过，由于项目实施的主体工作集中在大二至大三学年，这一阶段学生专业基础课学习的任务重，而能力和经验还相对欠缺，项目实施过程中，学生往往发现需要面临层出不穷的问题，常常对自己的能力和能否顺利完成项目的信心产生怀疑。可见，项目实施中学生的创新热情、科研兴趣并不缺乏，表现出来的缺乏主动性的现象有着更深层次的原因，即主要产生于项目实施过程中由自身基础能力和经验不足引发的畏难情绪。

三、"大创项目"实施中提升学生自主性的探索与实践

心理学的创造力研究表明，创造力是每个普通人都具有的潜在能力，是可以通过训练而提高的。美国著名心理学家和教育家布鲁纳基于其学习和创造性思维的系列实验研究，提出了结构主义教育观，强调学生通过练习解决问题和努力发现学习活动中的认知结构，才能学会创新，一个人越具有实践经验，就越能把学习所得归纳成一种解决问题的方式，创新性思维和创新能力因此可在实践活动中得到培养。因此，"大创项目"是学生创新思维培养的方式，同时也要求学生具有从事创新活动的基本素养。基于"大创项目"实施过程中的主要难题和成因分析，"大创项目"实施前期学生主要缺乏的正是全方面的实践和发现。因此，近五年来，应用心理学专业探索了多项措施，从课程体系建设到过程管理，以期提升学生的自主性，培养学生的创新素质。

（一）优化课程体系，培养学生创新能力

应用心理学专业的"大创项目"大部分是实证研究，对于学生的研究方法基础有更高的要求，而大创项目参与覆盖了近一半的学生，为进一步培养学生的创新能力，课程设计进行了一些优化。例如，在15年教学大纲修订中增加了32学时的《心理统计实践》实验课，开设于大二上学期，由任课老师手把手教会学生常用的心理统计的操作；大二下学期必修课《心理学研究方法》课程上，学生基于真实的研究案例学习科研流程中的各个环节，课外动手实践，以项目小组的方式合作完成一项实证研究，包括从项目选题、数据收集和分析至成果汇报的完整环节，课程中两名任课教师给予实践中的各个关键环节进行指导和评审。另外，考虑到《心理学研究方法》更注重量化研究，而部分项目依赖于访谈研究等质的研究方法，故15年教学大纲修订中还增开了选修课《心理学研究方法2》，开设于大三上学期。这些课程的开课学期与"大创项目"的实施阶段重叠，课程内容均注重在实践中培养学生掌握基础研究方法，为学生创新能力的培养打下扎实的基础。

（二）增加项目指导人员，提供多角度支撑

除了各项目的指导教师、院级教学管理人员之外，人文社会科学学院额外设立了"大创项目"联系人，由各专业的专业基础课老师担任，从拟申请阶段开始，各项目组均定期向项目联系人汇报进展并得到进度提示。这一改革方案的主要目的在于通过项目联系人不断向项目团队传递项目团队是项目执行的"主人翁"，强调学生的自主性，从而避免以往项目立项后需要由指导老师推动的状况。

应用心理学专业的另一个创新性举措是，聘请研究生评审团参与项目指导。在项目申

请和阶段检查的项目答辩环节,以往均由三名专业课老师担任评委,近两年,答辩中除了三名专业课教师之外,分别另外聘请了六名、三名研究生担任评委,研究生评委由硕士研究生导师推荐较优秀的、科研能力较强的高年级研究生而产生,例如,2018 年的六名研究生评委中有两人为国家奖学金获得者,均以第一作者发表了多篇 C 刊论文,部分研究生评委自己在本科阶段也主持或参与过大学生创新创业训练项目,因此,他们在项目评审中给予的评议,不仅扩大了项目获得指导意见的视角,也能在项目的可行性改进等方面传递更多直接经验。研究生评审团这一创新性举措的采用除了有利于本科生项目实施,对于参加评审的研究生的科研能力也是很好的一个锻炼机会,在实施的这两年里获得了指导老师、研究生评审、本科生项目团队的普遍认可。

（三）提前培育项目,加强过程管理

在过程管理上,主要采取的措施是学院提前半年培育项目,设置了项目预申请环节,以避免学生在项目申请初期由于缺乏经验,对困难缺乏预判,致使项目立项后才发现超过了自身的能力和预期。项目预启动阶段主要评审项目申请书,以项目创新性和对项目研究背景的掌握程度为标准,该阶段评审主要以提供修改意见为主,要求项目正式启动之前完成预研究。如前所述,此阶段,拟申请项目团队除了邀请指导教师给予项目指导,还能获得研究生评委的详细意见。

项目正式启动阶段,则以项目预启动之后的进展情况为主要评审内容,以项目团队的执行力和项目可行性为主要评审标准,该阶段将会筛除执行不力或可行性较低的部分预申请项目。近几年的实践中,我们发现,该阶段项目能否正式立项主要取决于学生的自由淘汰,而非评审筛选,在经过约半年的准备之后,部分学生团队的兴趣、自主性或执行力不足,在正式申请阶段主动放弃了申请。

（四）尊重学生自身兴趣,注重提升项目实施中的自主性

近两年,应用心理学专业还进一步改革了选题发布的方式,更加注重增加学生项目选题的自主性。以往大学生创新创业训练项目主要由指导老师发布可选题范围,学生的兴趣受限,部分项目组反映由于所选择的主题或过于偏重基础研究或过于困难等,项目组在执行中难以保持持续的热情。目前,选题阶段提倡由学生根据自己的兴趣初步拟定选题范围,结合自身兴趣和专业老师的研究方向,进行双向选择。例如,近两年,应用心理学每年均有 1 个创业训练项目,这与以往的项目申请中老师给定选题不同。综合来看,不仅创业训练项目,在创新训练项目中,学生自由选题,将其专业结合实践应用的热情也更高。

四、改革成效与现存问题及对策

通过上述举措,取得了良好的效果,但也存在一些有待进一步解决的问题。

（一）改革成效

首先,从项目完成情况来看,所有项目团队均能顺利完成项目,且在项目实施中切实投入了大量时间、精力,工作量饱满,近五年的项目,大部分以"良好"的成绩结题,其中有 3 项以"优秀"结题,无"不合格"项目。

其次,人才培养方面,学生的创新能力、自主学习能力和发现问题并解决问题的意识、团队协作、动手能力有所提高。大部分项目实施中参与度较高的同学在毕业后的出国申请、保研考研过程中都较为顺利,不断有学生进入国内外高水平大学和科研院所,如伦敦大学学院、中科院心理研究所、北京师范大学、北京大学继续深造,一些学校的反馈直接对我校应用心理学专业的人才培养质量给予了肯定。

最后,成果产出方面,近几年的应用心理学专业的"大创项目"团队取得了多项优秀成果。例如,依托 2016 年国家级项目"网络新闻评论中的非理性表达的特点及其影响因素度

研究"产出的《大学生网络思想政治教育新探索——以大学生网络非理性表达为例》获得了 2017 年第十五届"挑战杯"全国大学生课外学术科技作品竞赛二等奖(简称全国"挑战杯"),这个奖项是近年来北京林业大学组队参加全国"挑战杯"获得的最高荣誉,该参赛作品从全国初赛 3 万余件作品中入围国赛,最终获得二等奖。据统计,该比赛获二等奖及以上的作品只有 456 项,获奖率不足 1.5%。又如,作为 2017 年的国家级项目"广场舞组织氛围与老年人心理健康的关系:组织认同和自尊的中介作用"的项目成果,项目团队撰写的论文在心理学领域内有很高影响力的 CSSCI 期刊《心理发展与教育》上发表。

(二)改革后仍然存在的问题及改进措施

虽然应用心理学专业"大创项目"改革的探索,目前取得了一定成效,但仍然存在一些问题,有待改进。

1. 学生自身内部动机与外部激励措施之间的矛盾

虽然从增强学生的自主性出发,心理系尝试了多项改革措施,但仍然存在部分项目团队的内部动机不足。一方面,项目参与经验和成果往往与本科生推免资格的考核、评奖评优等存在一定的关系,但有少部分同学参与项目源自外部动机而非自身兴趣,寄希望于通过参与项目获得"加分",而非自身能力的提高,这些同学又往往在后期项目执行过程中表现出较低的参与意愿,影响团队合作的效率和进度,目前的评价体系相对单一,仅区分主持人和参与人两种角色,缺乏差异化评价。

另一方面,严格的评审标准也一定程度上打击了学生参与大学生创新创业训练项目的积极性,体现在近两年初期拟申请项目数量的下降上。按照项目管理的规定,以发表论文作为预期成果的项目在结题时论文需正式出版,但由于大部分期刊出版周期较长,项目结题时很难见刊,曾经出现过项目结题答辩时其论文已经处于第三轮外审阶段,评审意见也较积极,但由于未达到管理规定的"硬指标",在当年的结题答辩中仅以"良好"的成绩结题,事实上该论文在结题答辩后一个月内就收到了录用函。为了解决上述问题,既需要加强学生参与创新创业训练项目的思想政治建设,引导学生端正态度、着眼未来,也需要从项目评审和考核机制上,探索更具区分度、更灵活、更注重过程的项目评审标准。

2. 院系培育阶段项目创新性和可行性之间的矛盾

在目前项目的院系培育阶段,项目预申请流程中的评审需要在项目可行性和创新性之间做出权衡。项目预申请的流程有助于淘汰自主性或执行力不足的一些项目,但由于此阶段缺乏经费支持,也存在部分项目虽然创新性较高,但对于项目实施条件的要求较高,在正式获得资助之前难以进行预实验或预测试,因此,正式申请评审阶段处于劣势。今后,在条件许可的情况下,在预申请阶段从学院或指导老师的项目经费中获得一定资助,可能有助于整体上提高项目质量。

3. 创新创业训练的实践与社会需求之间的矛盾

心理学是一门基础和应用并重的学科,党的十九大报告提出要"加强社会心理服务体系建设",培育国民"自尊自信、理性平和、积极向上的社会心态"。应用心理学专业现在急需解决的问题就是如何培养出更多真正适合从事社会心理服务工作的应用心理专业人才。但就近几年我校应用心理学专业的"大创项目"申请选题来看,学生和指导教师们的兴趣仍然偏重基础,虽然有一些创新训练项目是与社会需求直接挂钩的,但能够直接服务于社会需求的"创业训练"类项目较少,"创业实践"类项目更是尚未开展过。因此,未来在项目征集阶段,一方面可强调结合社会需求开展研究,另一方面也可探索如何通过"校企联合"等方式,开展更多旨在将心理学的基础研究成果应用于实践的转化类创新创业项目。

参考文献

[1] 马晓君,潘昌伟,陈立江.大学生创新精神与创业能力探索及实践[J].未来与发展,2014,38(11):87-90,68.
[2] 何婷婷,高彦怡.完善大学生创新创业能力培养机制的研究[J].中国成人教育,2013,(12):9-27.
[3] 高晓婷.基于实例探讨医科院校英语专业"大创"项目管理[J].湖北开放职业学院学报,2019,32(16):8-17,21.
[4] 施政.主体性发展视角下高校创新创业教育实效性研究[J].学理论,2019,(11):2-131.
[5] 寇满昌,冯莉,韩天阳,等.基于大学生创新创业训练项目的自主学习探索——以"饮用水除氟"项目为例[J].化工高等教育,2019,36(4):9-86.
[6] 张晓明.我国博士生创新能力培养误区的解读——基于心理学创造力的视角[J].高等教育研究,2014,35(3):7-63.
[7] 郅庭瑾.青少年思维养成的心理学分析及启示[J].当代青年研究,2009,(6):7-64,55.
[8] 吴玉婷,苑鑫,王雨晴,等.广场舞组织氛围和老年人主观幸福感的关系:组织认同和自尊的中介作用[J].心理发展与教育,2019,35(5):31-624.
[9] 辛志勇.加强社会心理服务重在专业人才建设[J].心理技术与应用,2018,6(10):2-591.

Explorations to improve students' autonomous learning based on innovation and entrepreneurship training program for college students: Take the Applied Psychology of Beijing Forestry University as an example

Yang Yang　Sun Shiyue　Lei Xiuya　Jin Cancan　Tian Hao

(School of Humanities and Social Sciences, Beijing Forestry University, Beijing　100083)

Abstract　In current higher education, Innovation and Entrepreneurship Training Program for College Students provides an important platform. Students' autonomous learning ability is not only an important goal of the training program, but also the basic guarantee for successful implementation of the program. These five years, the department of the applied psychology of Beijing Forestry University explored several ways of improving students' autonomous learning during the Innovation and Entrepreneurship Training Program for College Students, focusing on the construction of major and courses, the support of mentors, the process control, and the students' self-oriented development. In order to provide practical references for improving the quality of the Innovation and Entrepreneurship Training Program for College Students, this paper analyzed and summarized the major practice experiences of these explorations based on the evaluation of these practical effects including quality of education and achievements of the program.

Keywords　college students, Innovation and Entrepreneurship Training, autonomous learning

大学生科研创新能力培养的策略研究

——以北京林业大学农林经济管理专业为例

姜雪梅　李　强

(北京林业大学经济管理学院，北京　100083)

摘要： 北京林业大学农林经济管理专业除了利用学校多部门合作、学院国际化办学的有利条件，还通过导师制等方式有效提升了大学生科研创新能力，但是，目前仍存在着大学生欠缺科研的持续动力与能力、科研创新质量不高、科研创新相关课程内容不足和科研创新培养的资金及配套机制不健全等问题，建议通过思政教育，以专业课程为载体，以"导师制"为基础，结合校内外资源，探讨大学生科研创新能力全过程培养路径，以期通过"三全育人"，有效提升大学生的科研创新能力。

关键词： 大学生；创新教育；"三全育人"；科研能力

根据党的十八大关于创新创业人才培养的重要部署，贯彻落实《国务院办公厅关于深化高等学校创新创业教育改革的实施意见》精神，创新创业人才培养是国家实施创新驱动发展战略、促进经济提质增效升级的迫切需要，也是推进高等教育综合改革、促进高校毕业生更高质量创业就业的重要举措。因此，大学生的创新创业教育已经变成了高校培养学生过程中的重要任务。

创新创业教育是以培养具有创业基本素质和开创型个性的人才为目标，不仅仅是以培育在校学生的创业意识、创新精神、创新创业能力为主的教育，而且是要面向全社会，针对那些打算创业、已经创业、成功创业的创业群体，分阶段分层次地进行创新思维培养和创业能力锻炼的教育。创新创业教育是一个系统而又复杂的工程，需要政府、高校、社会与学生共同努力才能实现，其中高校是主要承担者。

北京林业大学经济管理学院农林经济管理专业的大学生创新教育主要是从科研创新能力的培养为切入点展开的。经过多年的尝试与努力，已经取得了初步成效：学生自主申请各类科研创新创业训练，积极参与指导教师的科研工作，撰写发表论文，参与科研创新比例已经达到90%以上；平均每年获批各类北京市、国家级以上科研创新及创业等项目30多项；在参与的各类学科竞赛中表现出较强的学科知识运用能力和较高的学术竞技水平，近3年，省部级以上竞赛获奖超过60项，其中国家级获奖20项。但是在培育学生科研创新能力方面仍然存在着问题，本文对大学生科研创新能力教育方面采取的措施和仍然存在的问题进行了总结，并相应地提出了对策建议，以期可以对农林经济管理专业大学生的科研创新能力的培养提供参考。

一、大学生科研创新教育方面的措施

根据北京林业大学经济管理学院农林经济管理专业的大学生科研创新教育的发展历程，可以窥见目前大学生科研创新教育方面的现状。

目前，大学生在参与科研创新方面的显著特点体现在三个方面。首先，是大学生基本

作者简介：姜雪梅，北京市海淀区清华东路35号北京林业大学经济管理学院，副教授，jiangxm@ bjfu. edu. cn；
　　　　　李　强，北京市海淀区清华东路35号北京林业大学经济管理学院，副教授，qiangli@ bjfu. edu. cn。
资助项目：北京林业大学课程思政教研教改专项课题"林业政策学"（2019KCSZ031）。

素质与学习能力有所提升，对参与科研的热情明显增加；其次，由于继续读研究生的学生比例增加到了80%，学生对科研的需求也有明显提高；再次，由于教学计划调整机制的改革，课程设置合理性不断提高，学生接受科研创新思维的能力也了有明显提升。根据以上特点，农林经济管理专业充分利用学校、学院创造的条件，以及系里的导师制等多种手段，切实加强了农林经济管理专业的大学生科研创新教育。

（一）学校通过多渠道合作鼓励大学生科研创新

学校目前采用的多种渠道鼓励大学生参与科研项目。

首先，多部门合力组织创新创业项目。如教务处每年组织的大学生创新创业项目，团委组织的暑期社会实践活动和"梁希杯"创新创业竞赛以及各类学生社团组织或自己组织的实践活动等。

其次，多种形式展开各类创新培训。教务处每年基于大学生创新创业项目都会做一系列的培训与讲座，团委会组织第二课堂素质教育"创新培训"，学生社团还会进行有特色的专门培训。

最后，设立培养科研型人才的实验班。北京林业大学是2007开始设立以培养科研人才为主的"梁希实验班"，到目前为止，全校已经有农林经济管理、林学与森保、水土荒漠化防治和木工与林化四个专业设立了梁希实验班。其中，经管院的林经系负责农林经济管理专业的主要教学与学生培养工作，经过近10年的探索，摸索出一条"教学+科研+实践"的"三位一体"提升大学科研创新能力的模式，梁希实验班学生总体的科研创新能力得到了大幅度提升，同时还带动了普通班同学的科研创新。

（二）学院通过国际化办学提升大学生科研创新能力

经济管理学院作为全校最大的学院，在国际化方面走在全校的前列。国际化发展的过程中，为学生提供的机会有三个方面：

第一，外国教授请进来。由于近十年经济管理学院总体国际化水平的提升，每年会邀请8~10名国际知名林业经济学家来校授课和科研指导，这使得学生有更多的机会接触国际前沿的研究题目与方法，有效地提升了大学的科研创新能力。

第二，中国学生走出去。与澳大利亚国立大学和美国密歇根州立大学建有1+1合作硕士项目，建立了国际化学生培养渠道。学生有机会通过项目交换、公派出国、个人申请出国等方式进行留学，在此过程中，增强了学生的国际视野，也提升了科研创新能力。

第三，学生参与科研项目的机会多样化。学院层面通过组织学术论文大赛、实践竞赛、创新培训、学术讲座、全院范围为各类科研项目招研究助理等形式，使学生的学术交流与国际交流机会越来越多，使得大学生更容易接触到国际学术前沿，极大地提升了大学生的科研热情和科研能力。

（三）农林经济系通过"导师制"实现"三全"育人增强大学生科研创新能力

农林经济管理专业源于20世纪初京师大学堂农科林目。1959年成立林业经济专业，1999年改为农林经济管理专业，2007年获批教育部首批第二类特色专业，2008年获批北京市高等学校特色专业，2015年获批国家复合应用型卓越农林人才培养专业。国家重点（培育）学科、北京市重点学科。教育部农林经济管理教学指导委员会成员单位。历史积淀雄厚，专业发展迅速，学生的培养具有雄厚的基础。

近年来，通过"导师制"与即时的教学计划的调整，已经实现了"全员育人、全程育人、全方位育人"的"三全育人"的格局。

农林经济系早在2008年就开始设立了本科"导师制"，因材施教，个性化培养，激发学习潜力，调动学习积极性。导师负责为学生全方位答疑解惑，不论是学习方面还是科研方面，乃至生活方面全程参与学生的培养过程。此外，农林经济系多年来根据社会的需求和学生的特点，进行课程设计与调整，形成了理论与实践相结合的综合培养模式，提升了学生的理论与实践研究的能力。因此，"导师制"与合理的学生培养计划有效地增强了学生的科研创新能力。

二、大学生科研创新教育方面存在的问题

尽管经过学校、学院和系里共同努力，大学生科研创新能力有了大幅度提升，但在大学生科研创新教育方面还存在着一些问题。

（一）大学生有科研动机，但欠缺持续动力与能力

大学生是有好奇心与参与创新科研的动机的，但由于缺乏对做科研原因的思考，欠缺理论与现实结合的能力，对于研究选题、研究思路、研究方法掌握不足，因此，容易造成对于科研创新停留在思想层面，实践起来比较困难的问题。在这样的情况下，想要推进科研创新，学生需要具有很强的毅力与学习能力，才能顺利地开展科研创新工作，但大学生往往就缺少这样的持续动力与能力。

（二）大学生的科研创新质量不高

大学生由于所学知识有限，研究思路还不够开阔，因此常常使科学研究在研究起步阶段存在申请的科研项目选题的创新性不够；在做科研过程中，方法学习能力不足，对于研究过程的把握能力不足；在总结科研结论时，对宏观与微观政策把握不够，从而导致完成的科研创新项目成果质量不高的问题。

（三）课程体系中对科研创新教育的内容不足

目前，学校很重视科研创新教育，但以项目推动为主。在本科生课程实践与实习环节的把控力度不够，实际的资金支持力度也不足，使得一些素质培养的课程内容实用性较差，使课程助力科研创新教育的力量没有充分发挥出来。

（四）大学生科研创新培养的资金及配套机制不健全

目前限制学生做科研的一个重要问题是项目数量的限制以及资金短缺，目前学生想申请的项目无法大比例通过，此外学生申请下来的项目经费太少，实际往往是无法完成项目的主要内容的，基本需要指导教师的项目经费来支持与补贴才能完成。在此方面，政府、学校以及社会的相配合机制还没有形成，合力作用还没有发挥出来。

三、大学生科研创新教育的对策

经过近十年的改革与发展，北京林业大学从学校、学院到农林经济系在大学生科研创新教育方积累了一点的经验，但仍然存在着不足，因此，还可以从以下几方面全方位地提升大学生的科研创新教育。

（一）以思政教育为基础，增强大学生科研的责任感以及创新精神的培养

目前，从学生入学开始，本着为国家培养知林懂林人才，加强学生为兴林而学习的责任感，先解决内在动力不足的问题。然后，以多种形式增强学生的科研创新意识，并加强学生创新精神的培养，解决学生只有想法、没有实际能力与坚持力的问题。这个启发过程与培养过程可以通过多开展校内外的学界、政界、业界的专家进行学术讲座，请高年级学生介绍经验，举办大学生学术研讨会，开展科研项目申请辅导以及全过程公开方式提升学生的科研创新的意识与精神。

（二）以专业课程为载体，加强科研创新基本能力的培养

根据在本科生课程中，要加强学生科研创新能力培养的课程设置。例如在学科必修课程、选修课以及拓展课中增加科研方法类比及实践实习类课程内容的比例。方法类如计量

经济学、数理统计、管理模型与决策基础以及实验经济学方法与应用等，实践类的农林经济管理专业素质培养与学术训练、虚拟商业社会跨专业综合实训等，实习类的农林经济管理专业实习与综合实习等，这些课程的设置再加上专业教师在授课内容上加大科研创新基本能力的培养，使得大学生的科研创新能力得到了根本性的提高。

（三）以"导师制"为手段，发挥全员力量加强大学生科研创新能力的培养

根据目前师资队伍的特点，结合教师的科研特长与教书育人的根本工作，基于导师制，使学生尽早融入科研工作。导师是在学生大二时开始选定的，此时，大学生的基础课程已经学完，准备开始进入专业课程的学习，这时导师的介入，是非常及时的，导师组内各个年级的同学都有，这样可以通过组会的方式形成导师引导、组内互助的方式发挥团队力量，加强大学生科研创新能力的培养。

（四）根据学生学习特点，探讨大学生科研创新能力全过程培养路径

大学生各年级的学习特点比较明显，一年级主要是基础课程的学习，二年级主要是专业基础课程的学习，三年级是大量专业课的学习，四年级是实践的时间。因此，对于学生来说做科研集中的时间为二、三年级。但是，一年级时应该是基本科研意识的培养；二年级时要鼓励在导师带领下参与课题调研并对学生进行科研题目的启发；到三年级时导师鼓励学生申请"大学生创新创业项目"以及参加各类活动，协助学生组成研究小队，并对研究题目进行具体与深入的指导；四年级时在学生完成科研项目的同时，基本是可以写出一篇可以发表的学术文章，且可以具有解决一个小的科学与现实问题的能力。

（五）结合校内外资源，共同助力大学生科研创新能力的培养

结合大学、政府与社会的力量，给大学生从资金、机会、实际问题等多方面助力大学生的科研创新能力的培养。例如政府可以提供更多的科研创新经费，降低申请门槛，只要学生有想法，就保证他们可以得到资助。还可以利用像经济管理学院大多都有 MBA 的特点，利用 MBA 学员的社会资源，为大学生科研创新提供切实的实际问题，这样大学、政府与社会力量相结合，可以共同助力大学生科研创新能力的培养。

参考文献

[1]张爽，黄家才."产教学研用"五结合，大学生创新实践能力梯队式培养模式的探索与实践[J].实验技术与管理，2018(12)：211-213，219.
[2]吴娟.浅析大学生创新创业能力的培养[J].才智，2018(35)：150.
[3]鞠玮，沈玉林，屈争辉，申建.多层次全方位大学生创新实践能力培养体系建设与实践[J].大学教育，2018(12)：167-169.
[4]李振兴，高春娣.协同理论下院级大学生创新能力培养协同模式研究[J].思想教育研究，2018(11)：120-124.
[5]李默冉，刘研博.大学生创新创业能力培养体系构建策略研究[J].佳木斯职业学院学报，2018(10)：244，246.
[6]何永.以社会需求为导向的大学生创新实践能力的培养方式和途径的研究[J].中国教育学刊，2015(S2)：219-220.
[7]王荣，王靖.建立健全高校大学生创新意识培养机制探析[J].中国教育学刊，2015(S1)：165-167.

Strategy to cultivate the scientific research and innovation ability of the University students: Take the major of Forestry Economics Management of Beijing Forestry University for example

Jiang Xuemei Li Qiang

(School of Economics and Management, Beijing Forestry University, Beijing 100083)

Abstract The major of the Agriculture and forestry economics & management of Beijing Forestry University effectively improve the college students' scientific research innovation ability based on the multi-sectoral cooperation of university, internationalization of the school and the "tutorial system". However, there are still some problems some college students being lack of sustained motivation and ability of scientific research, low quality of scientific research and innovation, insufficient courses related to scientific research and innovation, and inadequate funding and supporting mechanisms for scientific research and innovation. It is suggested that through ideological and political education, taking professional courses as the carrier, "tutorial system" as the basis, and combining with internal and external resources, we could explore the whole process of cultivating college students' scientific research and innovation ability, so as to effectively improve their scientific research and innovation ability through "three-wide education".

Keywords   university students, innovative education, "three-wide education", scientific research ability

北京林业大学食品学科本科生科研创新能力培养探索与实践

——以果酒酿造研究团队为例

朱保庆 杨航宇 王晓楠 汪 涛 高 琼 张柏林

(北京林业大学生物科学与技术学院,北京 100083)

摘要：大学生创新训练项目是学生参与双创实践的重要平台,在创新创业教育中具有十分重要的作用。本文以林果酿造研究方向为例,阐述了北京林业大学食品学科在开展大学生创新训练计划和培养本科生科研创新能力情况。主要从本科生科研创新"课堂—实验室—企业"三级培养模式探索、本科生科研创新培养实践育人成果及工作展望三方面讨论如何更好地利用大学生创新项目促进双创教育实践。

关键词：食品学科；本科生；科研创新；果酒酿造

创新是一个国家的灵魂,也是高等教育最为神圣的使命之一。习近平总书记在2018年两院院士大会上强调"青年是祖国的前途、民族的希望、创新的未来。青年一代有理想、有本领、有担当,科技就有前途,创新就有希望"。2015年,李克强总理提出将大众创业、万众创新列为我国经济增长的"双引擎"之一,明确鼓励科技人员和大学生创新。高校作为培养大学生的重要机构,在建立长效的"大学生创新创业能力"机制上应有重要的使命感。大学生参与科研创新训练项目是高校培养学生创新能力的重要途径,北京林业大学食品学科根据当前国家对"双创"人才的需求和国内外高等教育新形势,结合我校办学实际和特点,在实践人才培养和创新能力应用方面积极开展探索实践,本文将以在林果酿造研究方向进行的大学生创新训练计划项目人才培养为例,对本科生科研创新培养模式探索和育人成果进行阐述。

一、本科生科研创新培养模式探索

北京林业大学食品学科注重理论联系实际,紧密结合科学研究和产业发展,积极开展科研创新能力培养探索与实践,经过数十年的发展,已初步建成了"教学+实验+实习+实践"等环节在内的系统培养模式,并在林果酿造研究方向上,进一步探索"课堂—实验室—企业"三级培养模式。

(一)优化课程设置,打造基础平台

食品学科结合我校食品科学与工程专业学生专业知识背景和课程体系设计的特点,整

作者简介：朱保庆,北京市清华东路35号北京林业大学生物科学与技术学院,副教授,zhubaoqing@ bjfu. edu. cn；
    杨航宇,北京市清华东路35号北京林业大学党委学生工作部,助理研究员,yanghangyu2015@ 163. com；
    王晓楠,北京市清华东路35号北京林业大学生物科学与技术学院,高级实验师,490013363@ qq. com；
    汪 涛,北京市清华东路35号北京林业大学生物科学与技术学院,实验师,wtshro@ sina. com；
    高 琼,北京市清华东路35号北京林业大学生物科学与技术学院,职称,bjfugq@ bjfu. edu. cn；
    张柏林,北京市清华东路35号北京林业大学生物科学与技术学院,教授,zhangbolin888@ 163. com。
资助项目：北京林业大学教育教学研究重点项目"食品科学与工程"专业复合应用型人才培养模式的运行与实践研究(BJFU2016JG017)；
    北京林业大学2020年教育教学研究一般项目：产学研用一体化食品感官教学实验改革与实践探索(BJFU2020JY036)。

体把握专业课第一课堂和科研实验第二课堂一盘棋，以功能性食品、食品分析与检测、食品发酵工程等专业课程为试点，开展了多项课程教学改革与探索。同时，针对大学生创新训练项目的实际需要，优化了课程设置：

一是在原有的专业课基础上，改变传统的"灌输式"教学模式，增加启发式教学、讨论式教学、参与式教学等教学方式，如在"食品生物技术"课程中结合时事热点，增加关于"转基因利与弊"的专题讨论，启发同学们养成思辨思维，借助三维动画等多媒体技术，结合讲授帮助学生理解抽象概念；在"功能性食品"中，邀请中国农业大学食品学院教授、安捷伦科技有限公司工程师做相关专题讲座，助力学生了解科学前沿新型技术；邀请国外、校外专家学者，进行学术交流研讨，拓宽学生学习视野，帮助学生掌握国内外食品学科科学研究前沿动态。

二是在理论课程基础上，增设了感官品评等实验实操课程，设置基本嗅觉实验、三角检验实验等感官品评实验基础实验课程，使学生对感官品评有初步的了解，增强学生的学习兴趣和实践能力，为日后学生开展大学生创新创业训练和毕业设计打下坚实基础；增加关于实验数据统计与分析教学内容，讲授数据挖掘、分析和呈现方法，培训数据处理软件使用方法，全方位培养学生们科研创新能力。

（二）强化实验室建设，打造拓展平台

北京林业大学食品学科在大学生创新训练计划项目人才培养方面，探索"一横两纵"科研创新能力培养模式。

一横，强化校内实验室、联系校外实验室，打造横向实验培养平台。在校内，依托北京林业大学生物学院林业食品加工与安全北京市重点实验室，完善实验室内仪器设备，为学生开展大学生创新计划提供基础保障；在学校教学实习区建设发酵中试车间，车间内中试设备齐全，发酵中试与实验内容紧密结合，有助于学生拓展学习方式。在校外，积极与中国农业大学食品学院葡萄与葡萄酒研究中心、北京工商大学食品学院、北京市农林科学院林业果树研究所开展合作和仪器共享，有助于科研创新实验的开展和成果产出。

两纵，以课题深度和本研结合两条主线助力学生科研能力稳步提高。在研究课题的深度上，设置"理化指标检测—现代仪器分析—分子生物学"课题深度纵向梯度，针对学生的年级、专业知识水平、科研实验能力因材施教，循序渐进，循循善诱。在本科生与研究生纵向互助培养上，把握研究生研究课题与本科生创新训练计划课题的契合点和交叉点，形成研究生传授本科生科研知识、本科生协助研究生开展科研实验的良好局面，相互促进，共同提高。

（三）深化校企合作，打造延伸平台

加强学校与企业的合作，是实现高校教育及企业管理现代化和高校教育与生产可持续发展的重要途径。北京林业大学食品学科重视产学研一体化人才培养，与江苏绿扬现代生态农业发展有限公司、黑龙江北域时代生物科技有限公司、宁夏森森科技集团股份有限公司等多家企业开展校企合作，在产学研合作、人才培养、实践实习等方面建立长期稳定的深度合作关系，邀请企业技术人员参加制订教学计划，来校进行讲座，参加指导毕业工作，为培养高素质应用型人才发挥了重要的作用。深化校企合作，不仅可以拓宽大学生科研创新人才培养平台，在企业中为学生提供科研和实践的第二课堂，更可以实现学生从学校到企业的无缝对接，拓宽就业渠道。

二、本科生科研创新培养实践育人成果

（一）大学生创新训练计划项目申请情况

北京林业大学食品学科积极组织学生开展大学生创新创业训练计划项目，其中，围绕

林果及其加工制品品质研究、果酒酿造技术等课题,自 2014 年以来,共指导学生申请大学生创新创业训练计划项目 12 项(表 1),包括国家级项目 4 项,北京市级重点项目 4 项,校级项目 4 项。

表 1 北京林业大学食品学科林果酿造研究方向指导大学生创新项目情况

立项年份	项目名称	指导教师	立项级别
2014	蓝莓酒中呈现蓝莓典型香气的组分鉴定	朱保庆	校级
2015	乳酸菌发酵对蓝莓酒品质的影响	朱保庆	北京市级
2015	不同条件聚对苯二甲酸乙二醇酯 PET 瓶储对蓝莓酒颜色的影响	朱保庆	校级
2016	北京地区桑葚酒自然发酵过程酵母群落演替及优良菌株筛选	朱保庆	国家级
2016	林苑生态就业有限公司	高琼	国家级
2016	不同酵母发酵对桑葚酒颜色和香气品质的影响	高琼	北京市级
2016	混合酵母对西番莲果酒香气品质影响	张柏林	北京市级
2016	植物乳杆菌发酵对枸杞汁品质的影响	朱保庆	校级
2017	不同种质枣多酚组成及降糖和抗氧化能力比较研究	朱保庆	国家级
2017	枸杞酒中沉淀物质中多糖的研究	张柏林	北京市级
2018	槲皮素改善葡萄酒色泽稳定性的研究	张柏林	国家级
2018	黑果枸杞天然色素颜色退化机制和稳定技术研究	朱保庆	校级

(二)科研成果

围绕林果酿造研究方向,本科生参与发表中文核心期刊论文 6 篇,其中以本科生为第一作者 2 篇;本科生参与发表英文 SCI 论文 18 篇,累计影响因子 37.95 分,其中以本科生为第一作者 6 篇(图 1)。落实全过程育人人才培养方案,注重大学生创新训练计划项目与毕业设计的连续性,先后指导 50 余名学生完成毕业设计和毕业论文撰写,其中 4 篇被评为校级优秀毕业论文。注重实践能力培养,依托学校教学实习区生物院发酵中试车间,研发蓝莓酒、枸杞酒、桑葚酒、草莓酒、百香果酒等多种林业浆果发酵产品,注重解决林业浆果不耐储存、口感欠佳等实际问题,提高林业浆果商品价值和原料的附加价值。

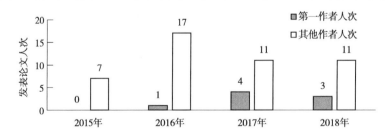

图 1 北京林业大学食品学科林果酿造研究方向本科生科技论文发表情况

(三)学生获奖与毕业去向

围绕林果酿造研究方向,指导学生团队开展大学生创新创业训练,积极参与学科竞赛,获 2016 国家级大学生创新创业训练计划优秀奖、2017 年第十届全国大学生创新创业年会项目推介展示奖、2018 年海峡两岸大学生食品科技创新与创业设计大赛二等奖、2018 年"创青春"首都大学生创业大赛竞赛银奖等荣誉。

北京林业大学食品学科林果酿造研究方向大学生创新训练计划培养本科生中，大部分选择继续读研深造，其中一人就读于澳大利亚昆士兰大学，一人就读于荷兰瓦赫宁根大学，其余学生就读于清华大学、中国农业大学、北京林业大学等国内知名高校和科研院所。

三、展望

（一）加强以学科竞赛为牵引，提升创新能力

课外竞赛可以全面提高学生的实践动手能力，提升学生科研创新能力，食品学科林果酿造研究方面有蓝莓酒、枸杞酒、桑葚酒等丰富的成果产出；在人才培养上，食品学科将进一步鼓励学生积极参与"挑战杯"全国大学生科技竞赛、京津冀食品文化节、学校"梁希杯"创新创业竞赛、学院生物食品科技大赛等学科竞赛，以赛会友，以赛促学，以学促用，鼓励学生开发出具有创新性与商业价值的健康食品，实现理论研究和实际应用的有效结合。

（二）加强以学术交流为平台，培养创新精神

通过邀请国内外食品学科专家学生举办学术讲座与专题报告，可以让学生了解食品学科最新的研究进展或前沿动态，下阶段，食品学科将进一步为学生搭建学术交流平台，邀请图尔库大学、昆士兰大学、中国农业大学、中国食品发酵工业研究院等高校和科研院所的专家开展学术交流活动，以期使学生在交流与倾听中培养创新思维和创新精神，从而促进学科发展，提高人才培养质量。

四、结语

创新是一个民族进步的灵魂，是一个国家兴旺发达的不竭动力。在"大众创业，万众创新"的时代背景下，北京林业大学食品学科将借助机遇积极开展相应的双创实践教育，落实好全国教育大会精神，坚持以人为本，推进四个回归，加快建设高水平食品学科教育，落实好学校创新创业人才培养团队建设座谈会精神，专注林业食品学科特色建设和林业食品人才培养，为把北京林业大学建设成扎根中国大地的世界一流林业大学贡献力量。

参考文献

[1] 怀进鹏. 汇聚磅礴力量建设科技强国——深入学习贯彻习近平总书记在两院士大会上的重要讲话精神[J]. 党建, 2018, (8).

[2] 马永斌, 柏喆. 大学创新创业教育的实践模式研究与探索[J]. 清华大学教育研究, 2015, 36：99-103.

[3] 任迪峰, 郑佳慧, 朱保庆. "功能性食品"课程的教学改革探讨[J]. 中国林业教育, 2016, 34(2)：68-70.

[4] 王东明, 刘姬冰. 农业院校大学生创业价值观培育路径探析[J]. 内蒙古农业大学学报(社会科学版), 2017, 19(2)：101-104.

[5] 陈晨, 刘树勋, 王绍阳, 等. PET瓶储条件对蓝莓酒颜色和酚类物质含量的影响[J]. 食品工业科技, 2017, (1)：316-321.

[6] 鲍杰, 李莹灿, 刘雅冉, 等. 笃斯越橘果酱特征香气成分分析[J]. 食品与发酵工业, 2017, (6)：259-266.

[7] Li Y C, Gu P, Wang L, et al. Comparison of amino acid profile in the juice of six pomegranate cultivars from two cultivation regions in China[J]. Journal of Food Processing and Preservation, 2017：e13197.

[8] Wang S Y, Li Y Q, Li T, et al. Dibasic ammonium phosphate application enhances aromatic compound concentration in Bog bilberry syrup wine[J]. Molecules, 2016, 22(1)：52-70.

[9] Zhang X K, Lan Y B, Zhu B Q, et al. Changes in monosaccharides, organic acids and amino acids during Cabernet Sauvignon wine ageing based on a simultaneous analysis using gas chromatography-mass spectrometry[J]. Journal of the Science of Food and Agriculture, 2017, 98(1), 104-112.

[10] Wang S Y, Li Y C, Ren J, et al. Comparison on evolution of volatile compounds and aroma attributes in different

pH-adjusted fermented Bog bilberry syrup wines during bottle-aging period[J]. Food Bioscience, 2018, 22: 121-128.

[11] Wang S Y, Li S Y, Chen Y Q, et al. Acetaldehyde released by *Lactobacillus plantarum* enhances accumulation of pyrannoanthocyanins in wine during malolactic fermentation[J]. Food Research International, 2018, 108: 254-263.

[12] Zhao L Y, Ren J, Wang L W, et al. Evolution of Sensory Attributes and Physicochemical Indexes of Gouqi Fermented Wine under Different Aging Treatments and Their Correlations. [J]. Journal of Food Processing and Preservation, 2018: DOI10. 1111/jfpp. 13873, accepted.

Exploration and practice of training undergraduates' scientific research and innovation ability in the department of food science, Beijing Forestry University: Take wine making research group for example

Zhu Baoqing　Yang Hangyu　Wang Xiaonan　Wang Tao　Gao Qiong　Zhang Bolin

(College of Biological Science and Technology, Beijing Forestry University, Beijing　100083)

Abstract　Undergraduates' innovative training program is one of the important platform for students participating in "mass entrepreneurship and innovation" practice and plays an important role in both the education of innovative and entrepreneurial education. This paper Taking the fruit wine making research team as an example, this paper expounds the Exploration and practice of training Undergraduates' scientific research and innovation ability in the department of food science, Beijing forestry university. We mainly discussed how to make better use of Undergraduates' innovative training program to promote "mass entrepreneurship and innovation".

Keywords　food science, undergraduates, scientific research and innovation, fruit wine making

在科研的单行路上塑造自我

冯久格　高俊琴

（北京林业大学生态与自然保护学院，北京　100083）

摘要：在漫漫人生路上，没有什么是一蹴而就的，科研更是这样，或辛酸或苦辣，也伴有收获的甘甜。科研的单行路上，我们不仅仅需要培养解决困难的能力，还需要培养克服不良心态而坚定不移走下去的从容不迫。勤思以长智，实践以育才，艰难以砺勇，大创项目塑造了一个更好更优秀的自我，让我有勇气去面对生活中的任何艰难险阻，更为我未来的科研道路奠定了坚实的基础。

关键词：科研；黄河口；感悟

从申请项目到现在已经过去大半年的时间了，实验部分也逐渐接近尾声。如今回想起走过的这些日子，心理上从最初的好奇到兴奋，到略感失望，再到最后的平和，对待科研的态度从最初的被动学习转变为了主动思考。踏上科研这条不平凡之路，我的心态接受着各种历练，能力也在不知不觉中逐步提升，虽说这次大学生创新项目只是科研漫长之行的起点，但它依旧带给我了很多难以忘却的经历与感悟。

一、勤思以长智

2017年12月，我在老师的引导下提前开始拟题、撰写立项申请书，此时距正式下发立项通知还有4个多月的时间，这一阶段看似时间很充足，却是压力最大的时候。由于要明确课题方向，我查阅了大量黄河口水质、植被、土壤的相关文献，想选出最合适的研究内容。首先，查文献就成了我入门科研的第一道坎，因为检索词泛、检索词不恰当，以至于一页检索结果里可能只有一到两篇文献能用到，检索结果利用率低，使我很焦虑。调整自己的心态，尽可能收集足够多的相关文献之后，我开始将下载的文献进行归类，不再纠结于这个课题能不能用，而是拓宽思路，在广泛阅读中积极思考，进而提升自己的科研思维。在泛读的基础上精读，积累理论知识，了解研究进展。同时也多亏了老师与师兄师姐的意见，让我不断丰富与完善自己的想法，最终定下课题《水文连通变化下黄河口湿地土壤碳氮储存功能评估》，并顺利申请为国家级大学生创新项目。这些即成的科研思维以及积累的理论知识虽然在前期工作中并没有体现出来，却在后来的数据分析与文字表达上，例如摘要、图片描述、实验结果和模型等方面让我受益匪浅。

黑格尔说："熟知并非真知。"思考才是科研的核心。创新点的提出、实验方案的撰写、数据处理等都离不开对现有想法的思考与总结。杜善义院士的事例便是很好的证明，作为力学和复合材料的专家，他在采访中提出"勤""思"是科学工作者必备的素养。本科期间，他几乎每天都泡在自习室和实验室，一天掰成两天过。他抓住科研过程中的机遇，敢于创新，将细观力学应用到复合材料的分析和应用中，在推动先进复合材料应用和航空航天和基础设施领域进行了大量开拓性工作，真正诠释了"勤思"。

在项目进行的这段时间里，我感到了知识结构与能力结构的缺陷，认识到了广博学习

作者简介：冯久格，北京市海淀区清华东路35号北京林业大学生态与自然保护学院，学生，fjg18813089766@163.com；
　　　　　高俊琴，北京市海淀区清华东路35号北京林业大学生态与自然保护学院，教授，gaojq@bjfu.edu.cn。
资助项目：水文连通变化下黄河口湿地土壤碳氮储存功能评估（201810022070）。

的重要性,博采众长是储备,思考才可能铸就质的飞跃。我明白了做科研不仅要常思考,还要持续思考,反复思考,这些拓宽了我的科研思路,培养了我的兴趣动力,进而提升了我的科研素养与能力。

二、 实践以育才

在做大学生创新项目的这段时间里,因为有了理论联系实际、亲力亲为的过程,我也真正学会了很多切实可行的东西。顺利申请为国家级项目后,我便开始进行水文连通度计算。想得容易做起来难,我以为很轻松就能照着地图标注河流和交汇点,然而画了半天才发现只画了地图上一个角,地图上看不清的部分又去查别的影像图,总体进度十分缓慢,每张图都近乎300个交点,还要反复修改,仅完成了所有影像图的勾画与处理,时间就已经过去近两个月。下一步是计算,数据繁多、公式复杂,从录入excel表格到计算,到录回ArcGIS处理,费时又费力。几个月的计算,从开始的心急与忙乱,到后来的有条不紊,让我明白没有什么事情是一蹴而就的,当你心平气和地做好自己应该做的事情的时候,你会发现自己的心态与思维都得到质的飞跃,能够让你在日后的工作与生活中显得更加沉稳与严谨。

走入实验室是我认为成长最快的阶段。这段时间里,我深深地感悟到实践的重要性。离开书本,我面对的是复杂的仪器与丰富多样的实验用品,很多药品和仪器都具有一定的危险性或者比较贵重,以至于我的每一步操作都要极其细致严谨,任何微小的偏差不仅可能使实验结果截然不同,更可能引发一些意想不到的危险情况。经过反复的实验,我在实验中取得了较大的进步。最令我自豪的是配制标准曲线,师姐告诉我确定系数能达到0.99就已经很不容易,但我最终配制出了0.9999和1的标准曲线,我觉得任何物质上的奖励都比不上这一刻实践所获得的幸福感和成就感。在实验室的两个月时间过得飞快,每天都完成测定计划,不仅让我学会了多种仪器的操作方法步骤、注意事项,更让我收获了实验获得成果的快乐。有这样一个谚语:"对于我听过的东西,我会忘记。对于我看过的东西,我会记得。对于我做过的东西,我会理解。"事实上就是这样,实践出真知,只有真正体会过,付出了实践,才能领悟到事情的真谛。

三、 艰难以砺勇

真正做起项目你会发现,科研与实验课并不相同。实验课时老师们会把所有的仪器都准备好了,所有步骤都安排妥当,所有问题都有一个迎刃而解的方式,而科研是一门繁杂而细致的工作,从外业考察到实验分析都会有无法预测的事情发生,遇到困难是家常便饭。

野外实验是艰难的。我们的外业地点在山东东营黄河口国家级自然保护区,7月份的东营简直就像是一口蒸锅,太阳极其毒辣,海风也并不像诗里描绘的一样温柔,还充斥极其凶猛繁多的湿地蚊子。每一天的外业都是从凌晨四点钟开始,因为要避开最热的时候,以防中暑。但是大多数情况下,我们一下车鼻腔里就会瞬间充斥着热气。同时由于盐碱地的缘故,高大的树木特别少,没有任何庇荫的地方,衣服很快就会被汗水全部润湿。因为蚊子极多,我们往往还要在这种天气下将自己裹得严严实实,工作条件可谓极其恶劣。有一天中午师姐就因体力不支,中暑晕倒了。后来我才知道,老师们出外业时也会出现体力不支、晕倒等情况。每一天我们都在找样地、打样方、挖土取土,每一次结束工作都满身泥,脸也晒掉了皮,受着精神和物质的双重压力。最受打击的是,由于黄河涨水,计划的样地里2/3的样地无法采样,这使得我们更加疲惫、无所适从。10月份我们又去取了剩余的土样(图1),因为天气不再炎热,工作时间也自然而然的延长到了一整天。路途遥远,几乎每天都要搬运几十斤的土走很远的距离。有一天搬运土样的小推车被撞坏了,我们一行人边负重前行边哀嚎，绝望到了极点，1km 的路仿佛走了一个世纪。现在回想起来，不仅是一段特别难忘的经历，还饱含着我们对既定任务的坚持不懈，我们团结奋战的团队情谊。

图 1　2018 年 10 月山东东营黄河口采集土壤样品

室内实验依旧充满苦涩。每次我都计划得无比完美，然而事实是没有一次按照意愿有条不紊地进行。仪器检修、药品缺乏、操作失误等种种突发情况都突如其来，令我猝不及防。其中，最大的教训是测可溶性有机碳，由于操作不当，我在软件中输错了数值，做了错的标准曲线，而又一直没发现这个问题，所有样品的测定都使用了错误的方法。最后测定数据出来时，才发现了问题所在，所有测定数据都错了。想到近一个月的测定都白费了，真的是欲哭无泪，但是科研还是要继续做下去。忙完下一阶段的实验，我又重新处理了样品，准备第二轮测定。这段时间最难忘的是实验室下午温暖的冬日阳光，同时也无比感谢老师的鼓励与师兄师姐的陪伴，让本来枯燥的实验也多了几丝情怀与温暖，实验室的日子也不再孤单。

人总要接受一些挫折才会成长，没有磨难的人生是不完整的。感谢大创项目的支持，项目实施这一年，我们走过一望无际的红海滩，在保护区入口迎接日出，在芦花海中观看落日，在实验室紧张地忙碌，也在顺利出结果时激动地拥抱。如今回想起这些经历，所有的艰辛都化为了百折不挠的勇气。

一年时间，经历了春夏秋冬，足够一个人迅速地成长。我认为科研就是知识体系、思维凝练、项目实践与表达能力的综合，是学校为我们提供了施展和锻炼自己能力的舞台。我明白，科研是一条冗长没有尽头的单行道，但也是一条浪漫而伟大的人类梦想之途。大学生创新项目让我初尝科研的滋味，也塑造了一个更加严谨、踏实的自己，我所收获的知识与感悟构成了大学生涯里最宝贵的回忆。

参考文献

[1] 孙正聿. 做学问[J]. 哲学动态，2009(8)：90-94.
[2] 张树新. 营造积极地理课堂渗透学科核心素养读《积极学习——101 种有效教学策略》有感[J]. 地理教学，2017(23)：1.
[3] 陈瑜. 科研感悟[J]. 山西医科大学学报，2009，40(8)：765-766.
[4] 张艳，杨阳亮，孙蕊，等. 医学院校本科生科研立项实践感悟[J]. 教育教学论坛，2016(42)：152-153.
[5] 卫夏雯. 科学探索永远在路上：科技工作者的"勤""思""严""实"——访中国工程院院士杜善义[J]. 科技导报，2019，37(10)：11-12.

Shape yourself onthe one-way road of scientific research

Feng Jiuge　Gao Junqin

(School of Nature Reserve, Beijing Forestry University, Beijing　100083)

Abstract　On the long life journey, success will not come overnight and you must prepare for a long time. Scientific research is more like this, we taste its bitterness and sweetness of harvest. On the one-way road of scientific research, we need to cultivate the ability to solve difficulties, to adjust unhealthy mentality to keep going calmly and persistently. Wisdom is based on diligent study. Practice can cultivate skills, and difficulties can make you brave. National Undergraduate Training Programs for Innovation and Entrepreneurship shaped a better self. It encouraged me to face any obstacles in my life and build the foundation for my future scientific research.

Keywords　scientific research, The Yellow River Delta, sentiment

有关大学生创新训练项目选题的几点思考

米 锋

(北京林业大学经济管理学院，北京 100083)

摘要：选题是大学生创新训练项目申报和研究的重要环节，对项目申报成功与否以及项目研究的质量起到决定性作用以及重要影响。本文在总结目前大学生创新训练项目选题工作中存在主要问题的基础上，提出了大学生创新训练项目选题应遵循的原则和技巧，并提出避免常见问题的措施及建议，为大学生创新训练项目申报过程中的选题工作提供了一定参考和借鉴，对推动大学生创新训练项目的质量提升将起到一定的促进作用。

关键词：大学生创新训练项目；选题原则；选题技巧

大学生创新训练项目承担着锻炼当代大学生综合运用知识技能，培养理论联系实践，提升独立完成工作以及团队协作等方面能力的责任，是学生面向科研和面向社会的第一课堂，是高等院校深化教育改革、提高教育质量、培养具有实践能力和创新精神的复合专业人才不可缺少的重要环节。其质量反映了高等院校在大学生素质培养方面的制度建设和规范性管理水平。大学生创新训练项目分为选题申报、中期检查、结题答辩等环节，其中，选题是大学生创新训练项目申报和研究过程中的首要环节。但从近年大学生创新训练项目申报选题来看，仍存在选题与专业关联度不大；选题缺乏创新性、实用性；选题过大、内容宽泛；选题缺乏价值性和针对性；选题表述不规范，如字数多口语化严重，重点不明确等问题，仍普遍存在着"盲、大、虚、假"等现象。然而，选题的过程实际上是开始项目研究的初始，科学的选题将对项目的立项以及完成起到事半功倍的效果。以下就大学生创新训练项目的选题问题谈几点看法，仅供大学生创新训练项目申报者参考和借鉴。

一、遵循科学性原则，以文献综述作为选题的根基

遵循科学性原则就应该以科学思想作指导，使所选论题具有理论基础，只有这样，才能保证选题的科学性。此外，科学性还体现在项目选题一定要以事实为依据，科学研究就是要研究实际存在的现象，即研究客观事实、客观规律，并且要敢于运用已论证了的科学原理，对某些问题提出质疑，这也是尊重科学性原则的表现。

因此，就要求学生要查阅大量的文献资料，保证足够的文献阅读量。一个好的选题是离不开文献综述的，大量的文献阅读、国内外研究现状的系统梳理、研究问题的深入剖析和思考，这些都是写好一篇综述的基本要求，也恰恰是一项研究的根基。某学科重要的理论论著、文献、资料均可提供该学科全面且系统的知识理论框架及知识点，使学生掌握本专业领域、本学科的专业知识，提升对本学科基本理论的认知，敏锐地发现空白、薄弱环节，去分析和捕捉该学科存在的各种有价值的问题，这些都离不开文献资料的广泛查阅和深入思考。只有通过大量文献资料的积累，才能更为系统且全面地了解所选课题的国内外研究动态和相关成果，很好地做到"知彼"，在此基础上选择和确定的项目选题才可经得起

作者简介：米 锋，北京市海淀区清华东路35号北京林业大学经济管理学院，教授，mifengsun@163.com。

反复推敲。此外，在选题时还应结合个人或团队知识结构、素质专长等方面，做到"知己"。知己知彼方才能更好地选择范围适度、难度适中、适合自己或团队特点的项目论题，以确保项目申报成功概率及后续研究的顺利开展。

二、遵循价值性原则，以问题的提出与界定作为选题的起点

无论在理论上还是在应用上，任何一项研究的选题都应具有价值性，即在面对一定的理论和实际难题时，通过研究，能提出新的见解，使所研究的问题做到明确、具体，避免重复和大而空，这是在进行大学生创新训练项目选题时遵循的一项重要原则。

人们常说，提出问题是解决问题的起点，界定问题是项目研究路径中的第一个起锚点，也是最重要的路标，如何设置好这个路标颇为重要。在发现问题和提出问题环节通常应采用发散型、扩展型思维模式，以确保对所选问题的全面了解和更为深刻地理解。发现问题的结果是初步选定一个问题，它只是一项研究的入口和门槛，是笼统且模糊的，还需要进一步界定问题。界定问题是思维的收缩，需要用聚焦和定焦思维模式，对研究对象进行清晰化、固定化的阐释和界定。具体而言，提出问题时应采用发散型、扩展型思维模式，尽量做到从有争议的问题入手、从边缘性问题入手、从新的现象入手、从新的发现入手，这样才能提出有价值的选题。例如，有很多问题在学界已经争论多年，争议不断，我们完全可以在此基础上结合近年所发生的一些实践问题，抓住其某一方面再进行深入研究或拓展性研究。或者，随着社会不断进步和发展，应运而生了许多交叉学科和交叉的问题，这些交叉问题就是一个边缘的问题。社会科学的边缘性问题有时既要用到一门学科的知识，又要用到另外多门学科的知识，此时如果从新的现象和新的发现入手，不断地扩展自己的思维，提出新的选题，往往更容易爆出冷门，结出丰硕的成果。

问题的界定更多地需要用聚焦和定焦思维模式，应以问题导向为核心。巴巴拉·明托的"金字塔"原理能很好地体现以问题解决导向为核心的逻辑思维，这一模式完全以问题为中心，与大学生创新训练项目的研究和选题思路具有较强的一致性，可以移植到此类项目的选题中来。按"金字塔"原理的要求，选题时要对问题进行高度提炼，并且提炼问题要具体化、清晰化，落实到一个宏观大问题的几个侧面，以界定出该中心问题的不同侧面，使得研究问题的关注点和侧重点得到了进一步的聚焦和明确，以此来避免和杜绝选题的"空心化"现象。

三、遵循专业性和时代性原则，以专业需求作为选题的方向

选题的专业性就要求论题要与团队研究人员所学专业之间有必然联系，进而要求团队研究人员对本专业的基本理论知识、学科发展现状及相关政策等有充足的了解和掌握。此外，专业性还体现在社会主流需求方面，大学生创新训练项目选题应坚持以社会专业需求为导向，其选题应符合专业培养目标和专业背景要求、满足人才培养和专业主流需求。因此，要求学生应充分考虑自己所学专业，将专业特长和研究热点结合起来，选择与所学专业密切相关的论题。作为当代高等教育的贯彻和落实者，应以一名科研工作者的身份严格要求自己，养成优良的科研作风，注意本专业学术前沿动向的把握。通过大学生创新训练目的研究、开展和实施，促进自身专业知识的进一步学习和提高。

选题的时代性就要求当代大学生应关心时事政治，要时刻关注国家各级政府机关发布的相关政策文件，注意与本专业相关的各类前沿信息，确保选题不与时代脱节。所选论题应体现学科特点、专业研究热点，联系当前经济政治形势，从当前社会形势需求出发，体现时代精神，注重其现实意义和理论价值。此外，选题指导思想要有时代性，选题观点应符合当前的社会发展阶段和现实情况。例如，我国土地政策阶段性特征与经济发展转型的

内在互动关系方面的研究，最新的林权制度改革方向对林农福利影响方面的研究，以及产业生态化及生态产业化等对"两山论"进一步诠释的相关研究等，此类研究议题无疑是紧扣时代脉搏的充分体现。

四、遵循可行性和实践性原则，以成果任务的完成作为选题的前提

选题的可行性就要求学生在项目选题时要综合考虑研究团队完成研究任务的能力，收集相关资料的可能性，以及完成论文的时间及相应实验条件、设备保障等各个方面。从选题的工作量、理论难度和深度，到图书资料查询条件、数据可获取性、论文完成的时限要求等，都要考虑其客观条件是否具备。因此，题目不宜过大过难，如果选题过广、研究内容宽泛，要么研究人员难以按期保质保量完成，要么只是流于表面，泛泛而谈，不能将问题做深入剖析和研究，这也就失去了设立大学生创新训练项目的意义，也达不到预期的效果。

选题的实践性也就意味着不仅强调选题要有一定的理论意义，同时还要有一定的现实意义，可以回答和解决现实生活和研究领域中的实际问题，并且可以围绕大学生创新训练项目的选题，根据研究团队成员不同的专业特长，以及不同的关注点和侧重点，明确各自的毕业论文方向，将各自的毕业论文与科研项目进行有机结合，既锻炼了学生自身的实践能力，又完成了毕业论文，不失为两全其美的之道。

五、遵循创新性和前瞻性原则，以后向效应作为选题的新契机

选题的创新可以从新方法、新观点、新资料等方面入手，为科研工作带来源源不断的动力，同时激发学生的想象力、创造力，并从选题过程中学会思考和探索。因此，选题的创新性已成为衡量项目质量的一个非常重要的标准。一般来讲，创新性的题目大致可以分为延生拓展型创新、反向型创新、移植型创新等不同类型。或者对某一研究方向不变，在其原有的基础下继续挖掘、深入、补充下去，使其更加丰富饱满；或者运用逆向思维，摆脱固定思维，打破常规，提出新问题、新观点、新方法；或者将其他领域、学科的观点、方法运用到自身项目所研究的领域中，不同学科之间相互交叉、相互渗透，由此引出新课题。

此外，选题还应注重前瞻性、联动性和撬动性，使研究具有较强的后向效应。好的研究问题要体现理论创新性，必然要有一定的前瞻性和预测性。这样的问题多带有进一步研究的潜质或研究的延续性，既可以是之前学科方向的继续，也可以是学科方向与新领域的契合，这往往会成为开启下一项研究的新契机。

六、结语

科学合理的选题可以有效地推进大学生创新训练项目的成功，学生在设置选题时应把握科学性、价值性、专业性和时代性、可行性和实践性、创新性和前瞻性等要求，明确研究方向与研究目标，积极发挥自身的主观能动性，兼顾理论学习和实践活动，综合提升理论提升能力、社会实践能力和整体协调能力。

参考文献
[1] 王胜.本科毕业设计(论文)选题思考与研究[J].市场周刊(理论研究)，2015，10：135-136，117.
[2] 安维.关于转变经济管理类本科毕业论文写作类型及选题方向的思考[J].成人高教学刊，2008，5：49-51.
[3] 袁丽，姚运生.关于研究生论文选题的探讨[J].首都经济贸易大学学报，2014，4：124-125，128.

[4] 芭芭拉·明托. 金字塔原理[M]. 2版. 汪洱, 译. 海口: 南海出版社, 2013.
[5] 夏青. 大学生毕业论文的选题与提炼[J]. 学理论, 2013, 12: 245-246.
[6] 杨璐璐. 经济学论文选题的两个"考虑"与一个"判断"[J]. 学术动态, 2015, 6: 155-157.
[7] 陈维平, 马义飞. 经济管理类本科生毕业论文选题质量保证体系研究[J]. 科学教育, 2006, 12(3): 1-2.
[8] 戴东红, 周脉伏. 经济学专业本科毕业论文选题问题及对策研究[J]. 吉林省教育学院学报, 2014, 30(9): 71-73.

Thoughts on the topic selection of undergraduate students' innovation training program

Mi Feng

(School of Economics & Management, Beijing Forestry University, Beijing 100083)

Abstract The topic selection is an important part of the application and research of innovative training programs for undergraduate students. It plays a decisive role and important influence on the success of project declaration and the quality of project research. On the basis of summarizing the main problems in the project selection, this paper puts forward the principles and techniques that should be followed in the selection of the undergraduate training projects for innovation, and proposes measures and suggestions to avoid common problems, and selects topics for the process of applying for innovative training projects for college students. The work provides a reference and will promote the quality improvement of the undergraduate Training Program for Innovation.

Keywords Undergraduate Training Program for Innovation, topic selection principle, topic selection skills

当代大学生创新创业教育新体系构建方法探索

王明天　陈建成　薛永基

（北京林业大学经济管理学院，北京　100083）

摘要：培养大学生的创新创业能力是当今教育界面临的迫切任务。创新能力，特别是创业能力的培养，是大学生综合能力培养的重要一环。通过分析当前高校大学生创业教育的现状，结合当今社会大众创业、万众创新的情况，指出当前大学生创业教育应着重在企业家素质的培育，特别应加强大学生捕捉机会的能力，以及抗挫折能力的培养，具体而言可以采用增加学生的理论储备、让学生进行虚拟实操、加以激励引导并提供企业家辅导等手段进行。对此，应进行教学改革，改善大学生创业教育的状况，提高教学效果。

关键词：创新创业教育；教学改革；企业家素质；创新实践

　　创新是一个民族进步的灵魂，是一个国家兴旺发达的不竭动力，也是中华民族最深沉的民族禀赋。在激烈的国际竞争中，唯创新者进，唯创新者强，唯创新者胜。党的十九大报告提出，创新是引领发展的第一动力，是建设现代化经济体系的战略支撑。在当今社会大众创业、万众创新的背景下，努力造就创新创业的生力军，是我国高校面临的一项长期而迫切的任务。然而，由于历史原因，目前我国的创新创业教育水平与西方发达国家相比，仍有较大差距。在教育行业中，对如何进行创新创业教育，仍有相当大的争论，创新创业教育的实施方法仍是教育领域研究的重点。在这种情况下，我国高等教育所培养出的学生仍普遍存在着缺乏综合运用所学知识、解决现实问题的能力，以及挑战未知、不断创新的勇气。创新创业是一项复杂的活动，创新创业的成败取决于诸多因素。学生是否进行创新创业，取决于学生自身的能力、性格、社会环境等诸多因素，也是学生自主选择的结果。尽管如此，高校仍然负担着将创新创业意识与精神灌输给学生的义务。综合考虑以上因素，需要构建新的创新创业教育体系。

一、我国高校创新创业教育所存在的问题

　　为了构筑新的创新创业教育体系，首先需要找到造成当前创新创业教育水平不高的原因。造成目前现状的原因来自多方面。主要有以下几点：

（一）高等教育的参与者对创新创业教育的认识还不够正确与全面

　　长期以来，广大教育工作者最熟悉的是在课堂上为学生讲授知识，在课堂外辅导学生为人处世。但至于如何创新创业，很多教育工作者都摸不到头脑。在大家的心目中，创新创业教育不是需要教师们在课堂上完成的工作；创新创业教育对人才培养的作用往往被忽

作者简介：王明天，北京市海淀区清华东路35号北京林业大学经济管理实验中心，讲师，wangmt07@hotmail.com；
　　　　　陈建成，北京市海淀区清华东路35号北京林业大学经济管理学院，教授，chenjc1963@163.com；
　　　　　薛永基，北京市海淀区清华东路35号北京林业大学经济管理实验中心，教授，xyjbfu@163.com。
资助项目：北京林业大学教育教学研究一般项目"基于实验模拟的高校创新创业人才培养模式研究"（BJFU2018JY044）；
　　　　　北京林业大学教育教学研究重点项目"农林业经营虚拟仿真教学特性分析与教学设计"（BJFU2017JYZD005）。

视。学校管理者的层面上也往往没有系统的安排规范的创新创业教育模式，没有将创新创业教育纳入教学计划中，导致创新创业教育在高校内处于一个很尴尬的地位。

对创新创业教育的认识偏颇不仅仅存在于教育工作者中，在学生与家长间也存在着创新创业事不关己的看法。学生们往往对创新创业存在着"敬畏"，认为创新创业的门槛很高，是那些"天赋英才"的领域，自己没有这份能力也没有一个机会参与创新创业的活动。家长们更多的出于对孩子前途的考虑，不愿意承担创新创业所必然附带的风险，更多的倾向于让孩子选择稳定性更高的工作，不支持甚至阻止孩子的创新创业行为。

（二）创新创业教育的师资不到位

创新创业教育在我国还是一种新鲜事物，存在专门的创业导师数量不足的问题。规范的创新创业教育对师资的要求较高。高校里现有的教师自身缺乏创新创业的训练，对创新创业活动缺乏热情，更加难以完成对学生的创新创业训练。在这种情况下，学生们得不到优质的创新创业教育，导致进一步失去对创新创业的兴趣。

（三）与大学生相关的创新创业激励政策配置不完善

对大学生来说，创新创业是一种新鲜的、充满风险与未知的活动，需要投入相当大的时间、精力以及财务成本，门槛较高。如果希望更多的大学生们参与创新创业活动，需要相关政策的激励与扶持。现在相当数量的高校没有提出切实有效的措施与政策。同时，当代大学生的心理承受能力、抗挫折能力都比较差，学生们往往不愿面对创业可能失败的事实，从而产生了畏难情绪，对他们参与创新创业活动造成了不利影响。

二、改善我国高校创新创业教育质量的方法——加强企业家素质的培养

在上述的分析中，可以认识到，造成我国高校创新创业教育发展不足的因素来自社会，来自高校，也来自学生本身。扭转社会对于创新创业片面看法需要一个长期的、循序渐进的过程。弥补高校在创新创业教育上的师资、政策等短板也是受到诸多客观因素的限制。这些都无法在一朝一夕中改变。在目前条件下，可以直接改善我国高校创新创业教育质量的手段应当还是考虑从学生入手，特别是对教育方式与侧重点进行改革。在这种认识下，新的高校创新创业教育体系的构建重点应该是加强学生企业家素质的培养。具体来说，应该当加强两个方面的教育：一是提高学生捕捉机会的能力；二是提高学生抗挫前行的能力。

对于提高学生捕捉机会能力方面，当今社会发展日新月异，无数新事物在短时间内诞生，也可能在不长的时间内消亡。在快节奏的社会环境下，留给一个新鲜事物的发展窗口正在变得越来越小。以共享单车为例，2015年首批OFO无桩共享单车进入北大校园，开始让大众逐渐认识到共享单车这种新事物的存在。从2016年开始，在资本运作的支持下，大量共享单车企业获得风险投资，共享单车开始铺天盖地而来。由于共享单车发展势头过猛，产生了一系列社会问题，到了2017年9月，我国多地已经开始限制共享单车的投放。在短短两年的时间里，共享单车这一产业已经从若干创业者草创朝阳产业发展到遍布全国乃至世界的成熟产业。不仅仅是以共享单车为代表的共享经济，在当今这个互联网时代中，创新创业发展的速度在不断加快。因此创业者的机会层出不穷，但也都稍纵即逝，学生们抓住机遇把握机会的能力迫切需要加强。

创新创业是一项高风险的活动，这是社会对于它的普遍认知。据统计，当前获得天使投资的创业项目，其成功率不到5%。当前成功的创业者都是在多次失败后才取得的成功。以电子商务为例，在20世纪90年代末的时候，就有相当数量的互联网先驱们注意到了电子商务这块处女地。但在21世纪初的互联网寒冬里，绝大多数尝试者都失败了，只有马云等少数人坚持着熬过了整个互联网寒冬，才最终迎来了电商行业的春天。当代大学生由于

出身与社会的原因，鲜少有遭受重大失败、蒙受严重挫折的经历。在创业路上，不仅是遇到工作失败，遇到简单的工作困难也可能导致一次创业尝试功败垂成。拥有较强的抗挫前行能力，是创新创业尝试取得成功的必要条件。

三、加强在高校创新创业教育中的企业家素质培养的手段

综合上面的分析，为了加强在高校创新创业教育中的企业家素质培养，可以考虑以下手段：

（一）为学生加强理论储备

课程是学校教育的基础，也是学校提升学生创新创业能力最有效的手段。通过完善创新创业教学体系，增加创新创业通识课程，同时将创新创业思想渗透到各个专业各个课堂的教学中去，让学生们时时刻刻在创新创业的氛围中受到熏陶。同时，创新创业思维培养需要多多创造思维火花碰撞的机会。在创新创业课程的讲授中，应当尽可能参照扁平的人际关系来组织教学，让学生们尽可能地参与到课堂中，从而活跃学生们的思维，产生更多的闪光。

（二）让学生进行虚拟实操

学生们的创新思维火花不会凭空产生，需要为学生们创造能产生新思维的环境。很多创新的思想是在对实际工作深入了解后才会产生的，包括参与研究工作，也包括接触社会，了解社会需求，当前大学生在学校学习的环节中鲜有机会参与生产实践活动。即使到了实习期间，也往往由于企业的种种顾虑，导致学生们没有机会接触到企业的核心业务。无法接触到生活与工作，就无法发现痛点，创新的火花也就无从闪现[5-4]。如果学校不能直接为学生创造直接接触社会的机会，可以考虑通过虚拟实操的方法进行替代。通过现代信息技术与教学方法，让学生们了解到现实工作的流程，了解到社会在各方面的需求，从而敏锐地捕捉到创新点，以抓住稍纵即逝的机会。

（三）对学生进行激励引导

学生们一旦产生了创新的火花，需要学校提供条件加以培育。很多时候学生创新的火花是在转瞬间产生的，只是一个粗浅的、概念性的想法，离可实现还有相当距离。如果学生没有机会与条件进一步磨砺这些想法，往往就会渐渐淡化消失，不会转化为创新创业的实践。因此，为学生提供一个可以尝试新想法的环境是非常重要的。技术性的创新可以依托于实验室、工程中心等单位，管理性的、有直接商业前景的创新可以考虑创建创新实践基地予以扶持。

另一方面，除了为学生提供实现创新创业的硬件条件，也需要学校从教学、学制等方面加以引导。对创业学生采取弹性学制，允许相关学生暂时休学，专心投入创业活动中。有一些高校已经采用了这种方法。同时，学校也应当采取举办活动、创业竞赛、奖励学分等手段，以吸引更多的学生把更多的精力投入到创新创业活动中来。即使学生们最终没有创业，创新思维训练也可以他们提高工作能力。

（四）为学生提供企业家辅导

企业家们作为企业的经营者，对于企业运营管理都有丰富的经验。特别是进行过创业活动的企业家，不仅是企业运营，他们对于创业的全过程都有亲身经历，无论是成功还是失败，这些经验对于学生们都是一笔无价的财富。同时，风险投资家也对于创业过程，以及可能遇到的困难、解决方案等都有全面地了解，他们的辅导可以切中学生的需要，为以后的创新创业活动铺路。学校可以聘请这些经验丰富的企业家、风险投资家等成为学生的校外导师，在创业过程，特别是应对挫折方面给学生以切实有效的辅导。

四、结语

对学生进行创新创业能力的培养是教育界一项长期的工作。培养学生的企业家素质是提高学生创新创业能力,特别是创新创业意愿的一种有效的方法。在教育学生创新创业的同时,高校教育工作者们也需要不断推陈出新,不断完善我们的教育方法,以提高人才培养质量。

参考文献

[1] 习近平. 在欧美同学会成立一百周年庆祝大会上的讲话[N]. 北京:人民日报,2013-10-22.
[2] 汪玉敏. 家庭环境对大学生创业能力的影响研究[D]. 南昌:江西师范大学,2014.
[3] 李乔侨. 我国共享单车的发展现状、困境与对策研究[J]. 科技经济市场,2017,(09):185-186.
[4] C. M., Mason R. T., Harrison. Is it worth it? The rates of return from informal venture capital investments, *Journal of Business Venturing*, 2002, 3(17):212-236.
[5] 周建,徐瑶. 经管类虚拟仿真实验教学平台建设探索[J]. 知音励志,2016,(23):62-63.

Exploration on the new system of innovation and entrepreneurship education for college students

Wang Mingtian　Chen Jiancheng　Xue Yongji

(School of Economics & Management, Beijing Forestry University, Beijing　100083)

Abstract　Improving the entrepreneurial and innovation abilities is one of the key works of the college education. It is estimated that the entrepreneurial education for the college students should focus on improving the spirit of the entrepreneurs, especially on improving the anti-frustration ability among the college students by means of enhancing their knowledge, providing simulations and tutorials from entrepreneurs. Hence the education reform should be carried on to improve the entrepreneurship of college students.

Keywords　education of entrepreneurship, education reform, spirit of the entrepreneurs, practice of innovation

2014—2018年法学类大学生科技创新计划实施情况及存在问题

魏 华

(北京林业大学人文社会科学学院,北京 100083)

摘要:近五年法学系大创项目共立项40项,选题集中在生态环境保护、网络、大学生、城市小区、司法改革、婚姻家庭等领域。主要特点有研究对象关注社会热点问题,研究领域积极探索新兴事物,研究方法注重实证调查,研究内容注重以小见大,研究目的注重制度的实施建构。法学类大创项目的效果在于提高了学生对于社会现实问题的关注度,提升学生运用法律解决社会问题的兴趣和信心,培养了学生的团队组织能力和协作能力,锻炼了学生的语言表达能力等职业技能。存在问题主要是大创项目的整体水平有待提高,研究成果的转化效果较差,创业项目数量偏低等。建议增加研究生科技创新项目的比例;教务处择优录用研究成果,结集成册,给本科研究论文提供发表的平台;增加对创业项目的培训。

关键词:选题;实施效果;存在问题;意见建议

2013年之前,大学生科技创新计划只有校级和院级两个级别,级别层次比较低;2014年以后,国家愈加重视对大学生创新创业能力的培养,增设了国家级和北京市级两个级别,并且大大提升了项目经费的额度,对于提高大学生从事科技创新的积极性,培养大学生科技创新能力都起到了重要作用。法学系对近五年来大学生科技创新创业项目的情况进行总结,发现了法学类大创项目的一些特点,以及对于学生的促进作用和存在的不足,并提出相应的意见建议。

一、法学系大创项目立项的总体情况

2014年至今,法学系大学生科技创新创业项目共立项40项,平均每年8项,其中国家级8项,北京市级6项,校级26项(图1)。每个项目一般参与人数为4~5人,每年8个项目参与人数在30~40人之间,法学学生每一届都有1/3以上参与科技创新项目的研究,在人数上具有一定的普及性。

就选题来说,40个大创项目包括了生态环境保护、共享经济、大学生切身问题、城市小区、司法改革、婚姻家庭、农村土地等各领域(图2),说明法学类大创项目在选题上也具有一定的广泛性。

二、法学类大创立项项目的特点

经过对2014年至今立项的大学生科技创新创业项目的梳理和分析,我们总结近五年的立项项目具有一些普遍性的特点。

(一)研究对象关注社会热点问题

法学作为一门社会科学,本身是研究社会问题的学科,基于法学专业的特点,法学学

作者简介:魏 华,北京市海淀区清华东路35号北京林业大学人文社会科学学院,副教授,weihuass@126.com。

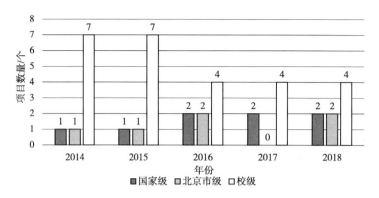

图1 法学系2014—2018年大创项目汇总

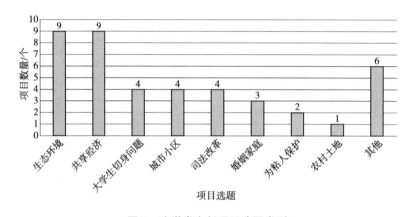

图2 法学类大创项目选题类别

生对社会热点问题非常关注。而在大创项目的选题上，也会追求对社会热点问题的深入探索。例如2014和2015年多个项目涉及生态环境保护的立法、执法、司法制度完善。2015年的"论巡回法庭独立性的保障和完善"是针对最高人民法院新设立巡回法庭开展的研究选题。2016年的"开放封闭小区的可行性与合法性分析""新《慈善法》的预期与展望"是基于当年国家提出的"开放封闭小区"的建议以及《慈善法》出台进行的选题。大学生科技创新项目的开展让学生不仅仅提留在关注社会热点问题的层面，而是深入探究这些社会热点问题背后的法律问题和牵涉的利益关系，从而对这些热点问题进行深入地思考和反复的辨析，进而形成自己独立的见解，避免人云亦云。

（二）研究领域扩展探索新兴事物

近五年来40个选题中有9个涉及网络共享问题，包括大学生共享技能平台、网约车、共享单车、智能快递柜、共享民宿、"闲鱼"等各种基于网络建立的共享经济形式。这些越来越普遍的共享经济形式相比传统经营模式具有成本低、效率高、方便快捷等优势，在快速发展的同时也普遍隐藏着一定的安全隐患。而年轻人对于新鲜事物的接收速度快、认知程度高，法学学生通过对各种共享经济形式进行法律关系分析，梳理共享经济中隐含的安全漏洞和可能引起的法律纠纷，并力图运用法律工具或是完善法律制度来处理这些安全隐患，以保证新兴事物能够更好地服务社会。通过对这些新兴领域的法律问题分析，学生们发现，新兴领域的问题解决也可以归结到传统的解决手段，自己所学的传统理论知识可以应用于新问题地解决，从而对于理论知识的认知更加深刻，激发了学生学习的自主性和积极性。

（三）研究方法注重实证分析调研

本科生大创项目申请主要集中在大一和大二学生，所学理论知识有限，难以完成较为深入的理论研究，因此，项目的研究方法以实证研究居多。大创项目中以调查、调研作为主题的有 7 个，其他项目也多是以调查等实证分析手段作为主要研究方法，项目成果也多以调查报告的形式呈现。实证研究是一种容易入门的研究方法。这样的研究需要学生进行实地调研，或是以发放问卷、或是以进行访谈的形式了解客观事实，学生需要对调研材料进行分析然后得出研究成果，研究任务相对容易完成，即便是低年级本科生也可以掌握，同时也为学生提供了一个走出校园、了解社会现实的良好契机。这一方法成为法学类大创项目重点推荐的研究方法，事实证明取得了很好的效果，每年被评为优秀的项目成果都是以实证分析方法完成。

（四）研究内容注重基础入手，以小见大

本科生的科研训练在选题上应当避免过大过空，选题过大，学生难以把握，即便立项成功完成也面临相当难度。法学类大创项目都是针对某一具体问题，在研究范围上进行限缩，研究内容注重以小见大，从基础入手，保证学生的能力所及，将问题深挖细凿。重点在于锻炼学生的研究能力，厚积薄发，将来有余力可以对项目成果进行拓展，为后续的论文写作或是研究生阶段的研究工作奠定基础。

（五）研究目的注重法律制度的实施与建构

作为法学类大创项目，论题与法学理论的结合是必然的要求。因此，法学类大创项目基本研究路径是一致的，即从社会现实入手，分析其中的法律关系，包括当事人、各自的权利义务；然后分析出现问题的原因和环节所在，现在法律制度下适用的可能性，并提出法律适用或是法律制度建构的意见和建议。通过这样的研究路径的贯彻，学生可以初步掌握运用法律知识分析社会问题的基本思路，对于培养学生的法律素养和法律思维，掌握运用法律知识解决现实问题的入门技巧都大有助益。

三、法学类大创项目的实施意义

大学生科技创新创业计划经过近十年的实施，对于法学系学生的知识深化、能力提升、素质提高都有极大帮助。

（一）有助于提高学生对于现实问题的关注度

法学作为一门社会科学，必须将社会问题作为研究对象。大创项目的实施促使学生更加关注社会现实问题，并且基于研究的需要，学生要对社会问题进行深入发掘和分析，从而提高了对于社会问题的辨识能力和分析能力。

（二）有助于培养学生对法律知识的兴趣和信心

大学生的科研能力应是一种广义的，是知识、能力、素质的综合[1]。学生需要运用法律知识对社会现实问题进行分析和梳理，审视社会热点问题或是新型事物背后的安全隐患，并力图通过法律制度解决问题。在这一过程中，学生对于所学的理论知识有了更加深入地认识，真正将所学知识运用于分析和解决现实问题，调动了学习自觉性，也增强了学生对于专业知识的兴趣和信心。

（三）有助于培养学生的团队组织能力和协作能力

由于项目需要组队参加，团队成员之间需要进行分工，这样很好地促使学生进行团队合作，提高团队组织和协调能力[2]。对于个人能力很强但又追求个性独立的当代大学生来说，如何提高团队合作能力是这个时代的重大课题，而要求团队参加的大创项目恰恰提供了极好的机会，促使学生加强合作，相互配合，共同完成工作任务。

（四）有助于锻炼学生的语言文字表达能力

大创项目从申请到结题需要经过三个阶段的审核，包括立项选拔、中期考核和结项考

核。每一次考核都需要项目组撰写报告,并进行口头答辩。学生需要撰写书面报告,以充分的逻辑来论证自己选题的重要意义;并需要制作精美的PPT课件进行展示,通过口头答辩说服评委。这一过程需要学生对于书面材料反复修改,事前反复练习,对于学生的逻辑思维能力和文字表达、口头表达能力都有很好的锻炼效果。

四、法学类大创项目存在的问题

我们认为,法学类大学生科技创新创业计划虽然已经取得了一定的成绩,但是还存在很多不足之处,主要表现为几个方面。

(一)整体水平有待提高

本科生大创项目参加学生多为大一、大二学生,虽然学生的热情很高,但是由于专业学习刚刚入门,专业知识非常有限,不能熟练掌握和运用专业技能,在一定程度上限制了大创项目的完成质量[3],导致法学类大创项目整体水平不高。

(二)研究成果转化效果较差

学生针对社会问题进行了有针对性地研究,一些项目学生研究非常深入,也得出了较为现实可行的结论,但是成果的转化效果较差。因为法学类大创项目的成果多为调研报告或是论文,目前法学领域的正规学术期刊一般不接受本科生投稿,而一些鱼目混珠的期刊则是完全以收钱为目的的,不需要经过审核,没有任何的质量保证。因此,法学类大创项目的成果难以找到发表期刊,法学系也反对学生为完成项目而随意发表。最终往往项目完成成果也就此搁置。创新创业训练成了以课题的形式下达给本科生个人或团队实施训练[4],大创项目仅仅成了学生评奖或保研的一个加分项,没有发挥更大的作用。

(三)创业项目数量有待增加

近五年来40项大学生科技创新创业项目中,仅有1项为创业项目,虽然后来设立了专门的创业培育计划,但是法学学生申请人数为零。其原因在于学生的创业欲求较低,对于创业的了解程度偏低,指导教师也难以指导等因素。从社会整体需求来说,应当培养学生的创业意识,锻炼学生的创业技能,但是目前学校对于学生的培养有待加强。

五、建议

针对上述不足之处,我们认为以后的工作中,学校和院系应当采取共同努力,在以下方面适当加强,以促进学生创新创业能力的培养,以期未来取得更为优异的成绩。

(一)建议增加研究生科技创新项目的比例

鉴于本科生大创项目的现状,我们建议增加文科类研究生科技创新项目的比例。文理科差异明显,文科研究生参与指导老师课题的人数不多,任务不重,但是因为研究生科技创新计划数量限制,大多数研究生都难以申请到自己的课题。相比较本科生来说,研究生的知识储备更丰厚,科研能力更强,应当给予更多地机会进行科研训练。未来希望学校能够为研究生设置更多的项目数量,鼓励研究生参与项目申请,促进研究生的科研能力提升。

(二)建议对项目成果择优录用,结集成册,予以发表

建议教务处能够对每年的大创项目结项的成果进行筛选,择优结集成册,印刷刊发,并以此作为评优的一项标准。这样可以激励学生将研究成果进一步深化,从调研报告提升为学术论文,对科研能力有进一步地提升。

(三)建议学校增加创业项目的培训

基于专业限制,目前法学系教师对于学生创业项目的指导往往难以胜任,而这一状况

应该也是其他文科院系的普遍现象。为此，建议学校适当增加对学生创业项目的培训，聘请校外导师指导学生的创业项目，提高学生对于创业的了解和认知度，鼓励更多的学生进行创业训练，未来从事自主创业活动。

参考文献

［1］周光礼，马海泉．科教融合：高等教育理念的变革与创新［J］．中国高教研究，2012(8)：15-23．
［2］佘远富，王庆仁．高校研究性教学评价体系的构建［J］．高等工程教育研究，2011(6)：111-115．
［3］刘飞，袁昌来，李海林，等．大学生创新创业训练计划项目实施新思路——基于校企合作模式下的国家级大学生创新创业项目［J］．教育教学论坛，2019(43)：43-46．
［4］张志强，史秉强．大学生创新创业训练的长效化建设［J］．河北师范大学学报(教育科学版)，2015(5)：94-98．

Summary andproblems on college student's Technology Innovation Projects for law students in 2014-2018

Wei Hua

(School of Humanities and Social Sciences, Beijing Forestry University, Beijing 100083)

Abstract College student's technology innovation projects for Law students in Beijing Forestry University in last 5 years amount to 40, and issues centralized in environmental protection, online trading, judicial reform etc.The feature is these Projects focus on social hot spots and new things, and empirical Research is the most common method.The effect of Projects is promoting interests and confidence of students to focus on the social problems.The problems of Projects are some students pay little attention on the Project and have no succeeding effect.The suggestion is to adding the amounts of Projects and supply following mentoring.

Keywords issues, implementation effect, problem to be solved, suggestion

关于提升大学生科研参与度的探讨

申 磊 席本野 曲橙橙

（北京林业大学教务处；北京林业大学林学院，北京 100083）

摘要： 提升大学生的科研参与度对培养大学生创新能力意义重大，本文结合目前大学生参与科研的现状，找出了导致大学生科研参与度不高的问题为：学生对科研认识不到位、学校政策导向不突出、教师对大学生参与科研重视度不够和学生从事科研的基本能力不足，进而提出通过加强宣传、优化激励制度、加强科研教育、引导教师投入科研指导来提升大学生科研参与度。

关键词： 大学生；科研参与；学校；教师

一、绪论

党的十八大明确提出"科技创新是提高社会生产力和综合国力的战略支撑，必须摆在国家发展全局的核心位置。"强调要坚持走中国特色自主创新道路、实施创新驱动发展战略。十八大以来，创新驱动发展战略的实施极大地推动了创新型国家建设，取得了一系列重大科技成果。与此同时，党的十九大报告在总结存在的问题时，将"创新能力不够强"列为一项主要问题。大学生是国家未来的建设者和接班人，其科研创新能力的高低将对创新型国家建设具有重要影响。

1998年，美国博耶委员会出台了题为《重建本科教育美国研究型大学发展蓝图》的报告，该文件号召研究型大学将研究性学习纳入本科教学标准，为倡导给予大学本科教育更多的重视，文中提出了十条建议，第一条即为"确立研究为基础的学习"。报告发表后，美国许多高校实施一系列措施加强培养本科生科研能力。2000年以来，本科生参与科研作为培养创新型人才的有效途径，在全美逐渐成为一种全国性的趋势，为各大高校所倡行。借鉴发达国家经验，清华大学于1995年在国内率先推出本科生科研训练计划，而后，北京大学、浙江大学、上海交通大学等国内高校相继推出本科生科研训练计划[2-3]。2007年，教育部开始实施"国家大学生创新性实验计划"，目前已有上百所大学参与到其中。大学生参与科研已经成为培养大学生创新能力的重要手段。

对于我国大学生参与科研现状的分析，多数学者认为我国的大学生科研在参与高校数量、学科覆盖面、参与学生群体和参与覆盖面等方面整体处于起步阶段。且大部分开展学生科研的高校将其作为普通的课余活动来管理，缺乏系统的谋划和健全的组织与管理机制。陈传锋等采用问卷调查法，通过自编《大学生参与科研活动调查问卷》考察了宁波大学大学生参与科研活动的现状，发现大学生参加各类科研活动和未参与任何形式科研活动的人数基本各占一半，且参与的科研活动主要以教师主持的科研项目和学生主持的科研课题为主；参与的学生主体为学业成绩优秀、社会活动经历丰富的"精英"学生群体。李湘萍对一所北京高校2766名本科生进行问卷调查，发现大学生在科研活动中的整体参与度偏低；相较而言，男生、高年级学生、理科学生、学业成绩好的学生、担任过学生干部的学生以及毕业

作者简介：申　磊，北京市海淀区清华东路35号北京林业大学教务处，助理研究员，leishen@bjfu.edu.cn；
　　　　　席本野，北京市海淀区清华东路35号北京林业大学林学院，副教授，benyexi@bjfu.edu.cn；
　　　　　曲橙橙，北京市海淀区清华东路35号北京林业大学经管学院，学生，qucheche@126.com。

后打算读研的学生，科研参与度更高。本文结合大学生参与科研活动的现状，对大学生科研参与度较低的原因以及如何提升大学生科研参与度做了探讨和分析。

二、大学生科研参与度不高的原因

（一）学生对科研认识和理解不到位

多数学生缺乏科研意识。我国传统教育体系强调教师向学生的输出，课堂上学生往往是被动接收知识。特别在基础教育阶段，学生经历了过度的被动学习，这种灌输式、填鸭式的教育模式导致学生很少主动思考，从而导致学生步入大学后缺乏创新意识，缺乏批判性思维，也就很少有科研方面的意识。

学生对科研存在畏惧心理。多数学生在高中阶段未参与过科研实践活动，在科研面前不知如何下手，学生普遍认为科研可能只是研究生、专任教师所从事的活动，自己还不具备这样的能力，因而缺乏参与科研的信心，或者在参与科研的过程中先入为主地认为自己不可能产出较好的科研成果。

学生参加科研动力不足。由于参与科研项目需倾注大量的时间、精力，在一定程度上剥夺了学习时间，降低了学生的积极性。从而导致学生随着时间、环境、心情经常变化"兴趣"，科研实践过程有始无终。而部分学生参与科研的动机也是为了折算学分、评奖评优、保研和找工作等储备条件。

（二）学生课业压力较大

我国的应试教育让学生会把课程分数视为评价学业的唯一标准，学生认为只要学习成绩好便可万事大吉，就可前途一帆风顺，而参与科研则不会给自己带来更多实际利益，学生对课业的投入具有最高优先级。由于课程安排较满且较为零散，没有相对完整的时间段保障，课余时间只能做些碎片化的"体力"科研工作，无法实现对科研问题的连续深入思考，从而造成研究方法不科学、研究进展缓慢，久而久之，学生的科研积极性和参与度便会受到打击。

部分学生最初阶段在兼顾课程学习和科研工作上能做得比较好，但随着课程学习任务的加重，对学生的要求不断提高。科研工作的逐步深入，也会让学生感受到专业知识储备的不足和科研技能的欠缺，从而会使学生同时承受较大精神和身体压力，造成较多的学生半途而废。

（三）学校大学生科研评价机制导向不突出

学生参与科研的评价机制不能激发学生的内部认同。良好的动机是影响大学生参与科研的重要因素，学生内部认同是科研参与的根本驱动力。大学生参与科研往往是一个"练手"的过程，多数学生无法通过科研产生有影响力的成果，而其看似简单、繁琐、重复的科研工作无法得到认同，学生缺乏成就感。学校缺乏有效的办法帮助学生在科学研究与专业学习之间、在知识应用与解决问题之间创造关联，提高学生的兴趣和动力，激发内在的科研欲望。

学生参与科研的外部激励机制不够科学。目前大多学校的政策显示，参与科研或取得科研成果（论文、专利等）的大学生所能获得的鼓励和奖励较少，尤其是在转专业、评优或保研等涉及学生重大利益的环节上，科研成果并不能作为十分关键的加分项，甚至其加分功能低于普通的社会实践。对于刚刚接触科研且尚不具备成熟科研精神和科研思想的本科生来讲，如果没有实际利益驱动，基本不可能将自己太多的精力投入在科研工作上，更不用说投入较多的时间来解决一个科研问题和完成一项科研成果。

（四）教师对大学生参与科研的重视度不够

高校教师是学生接触科研的最直接的途径。目前教师对学生科研的指导存在以下问题：

一是部分教师由于自身精力有限和责任心不强，平时对学生科研缺乏指导；二是部分教师认为学生的时间精力有限，应把重心放在学习上，只要其平时可帮助自己的团队"打下手"，做些简单的"体力"试验即可，无须进行深入的科研参与；三是部分教师对学生的指导过度，留给学生独立思考、发现问题、解决问题的空间不足。

（五）学生从事科研的基本能力不足

学生缺乏科研信息检索技巧，无法使用科学的检索手段在专业性数据库中查询与所从事科研方向高度匹配的文献资料。不能很好地掌握科技文章的撰写方法，对项目申请书、项目结题报告和论文的撰写缺乏经验和指导。实验设计方法方面的知识欠缺，实验分为验证性实验和探究性实验，大学课程虽开设有实验实践环节，但大多为验证性实验，与科研所需要的探究式实验在设计方法上相去甚远。

三、提升大学生科研参与度的措施

（一）进一步加强大学生科研宣传

"兴趣是最好的老师"，学生只有对科研产生了兴趣，才可能主动参与到科研中，应当加大大学生科研宣传力度，激发学生对科研的兴趣，提升本科生的科研参与度。学校、学院在按照培养计划开展好专业教学的基础上，积极开展多类型的科研活动，为学生营造参与科研的氛围。组织学术讲座、专业宣讲会，加强低年级学生对专业的认知和认同，提升低年级学生的专业兴趣，引导学生增进对专业、学科的全方位了解，激发学生科研创新的热情。学校、学院要结合自己的学科特点和特色，积极开展学术沙龙、创新论坛、学科竞赛和科技竞赛等活动，为学生提供机会接触最新的科研创新成果。为学生提供展示科研成果的平台和途径，鼓励学生发表文章和申请专利，为学生举办成果展，作为学生成果展示的舞台。通过展示，一方面可以让学生获取成就感，增强自信心；另一方面也可以激发更多同学的科研意识。

（二）进一步优化大学生科研激励制度

兼顾学生内部认同和外部激励，建立全面的大学生科研激励体系，为学生提供一致的支持性科研教育环境，激励学生产生自内而外、内外结合的自主自发的学习体验。大学需要帮助学生在科学研究与专业学习之间、在知识应用与解决问题之间创造关联，让学生认识到参与科研是将理论知识付诸实践的重要渠道，同时也是对专业知识的拓展和对专业领域的探索，唤起学生内在的科研欲望，激发学生对所学专业的热爱。在外部激励方面需建立科学的科研激励制度，第一，进一步优化学生的评奖评优制度，在学生综合素质测评中设置科研相关的加分项，把科研素质作为学生综合素质考量的重要组成部分。设立学生科研相关单项奖学金，鼓励学生在科研上出成效出成果；第二，建立综合学分体系，与科研内容相近的课程允许学生办理免修或免听。设立一定的科研奖励学分，将奖励学分计入毕业要求学分；第三，在推荐免试研究生政策上给予倾斜，对于在科研和竞赛方面取得优秀成果的学生可以申请破格推免。

（三）进一步加强大学生科研教育

学校要进一步加强学生科研教育，把科研教育作为专业教育的一部分纳入专业培养方案中。进一步优化学生知识结构，鼓励教师在课堂教学中引入与课程相关的最新科研成果，形成科教融合的良性发展机制，拓宽学生专业知识面；在专业知识教学之外，开设相关的科研训练基础课程，如文献检索与论文写作课程、试验设计与数据分析课程、科学史课程、科学研究法或实验方法课程等，解决学生科研基本技能缺失的问题。进一步探究大学生的认知发展规律，改变传统教学中学生被动接受教学模式，采用启发式教学，鼓励学生进行深层次的思考，不断地激发学生的学习兴趣，注重学生创新能力的培养，促进学生创新意识的形成。再者,要改革以考试为主要手段的课程考核,鼓励大学生把课堂知识运用在参与科研的过程中,强化以问题为导向的学习模式,引导学生产生对科学研究的兴趣。

(四)进一步引导教师投入科研指导

教师的正确引导和专业指导是提高大学生科研参与的重要因素。大学应构建平等的师生关系,引导教师接纳学生的心智现状,站在学生角度去理解学生的需求,提供适合学生个人发展的支持,为学生提供独立思考的空间,体现对学生从事科研的尊重。比如采用适当的方式评价学生,不要用研究生标准要求本科学生,降低对学生课程学习成绩的要求。增强教师科研团队建设意识,加强与学生的互助互通,为学生把关科研方向和科研技术指导。建立"本-硕-博"融通的科研梯队。大学教师承担着教学任务和科研任务,面对的学生群体也涵盖了本科生和研究生,在教师的指导下,不同年级、不同研究水平的本科生与研究生可组成合理的科研队伍。研究生可在推进个人科研任务的同时指导本科学生完成相关课题研究或者论文撰写,同时本科学生也可协助研究生完成一些基础的实验和数据采集。部分高校已经有了类似的实践,例如云南大学的"研本1+1计划"。推进本科生低年级导师制度,在教学工作量计算、聘期考核任务中对指导本科科研情况予以考虑,激发指导教师的积极性,增加教师与学生之间科研交流的频次,切实保障学生和教师取得双赢。探索建立开放性实验室制度,鼓励学生走进实验室,由专业教师对学生进行实验与实践活动的指导,强化学生基本科研能力的培养。

参考文献

[1] 温伟力."博耶报告"影响下的美国研究型大学本科教育改革[J]. 外国教育研究,2010,(9):70-82.

[2] 阎桂芝,都治国. 加强"SRT"计划促进学生创新意识和能力的培养[J]. 清华大学教育研究,2001,(2):152-155.

[3] 李湘萍. 大学生科研参与与学生发展——来自中国案例高校的实证研究[J]. 北京大学教育评论,2015,(13):129-146.

[4] 陈传锋. 大学生参与科研活动状况的调查报告[J]. 宁波大学学报(教育科学版),2009,(31):94-99.

Discussion on improving college students' participation in scientific research

Shen Lei　Xi Benye　Qu Chengcheng

(Teaching Affairs Office, Beijing Forestry University, Beijing　100083)

Abstract　Promoting University Students' participation in scientific research is of great significance to cultivating their innovative ability. Based on the current situation, this paper finds out the problems that lead to low participation in scientific research of students: their inadequate understanding of scientific research, lack of prominent school policy guidance and teachers' inadequate attention to students' participation. This paper also proposed to enhance students' participation in scientific research by strengthening publicity, optimizing incentive system, strengthening scientific research education and establishing scientific research echelon.

Keywords　undergraduates, participation in scientific research, university, teachers

依托野外台站开展课程实习提高学生创新能力

——以北京林业大学"荒漠化防治工程学"为例

高广磊[1,2]　丁国栋[1,2]　赵媛媛[1,2]　张　英[1]　于明含[1,2]

(1. 北京林业大学水土保持学院，北京　100083；
2. 宁夏盐池毛乌素沙地生态系统国家定位观测研究站，宁夏盐池　751500)

摘要："荒漠化防治工程学"是水土保持与荒漠化防治专业的核心课程。由于课程内容兼具集理论性和实践性的特点，"荒漠化防治工程学"在服务拔尖创新型人才培养方面存在一定不足。为全面培养和提高学生的创新能力，课程依托科学研究野外台站开展课程实践教学改革。设置密切联系荒漠生态系统、荒漠化防治实践工作和荒漠化防治科学研究的课程实习内容。以学习兴趣和创新能力为导向的课程实习改革，提高了学生的学习热情，培养了学生的科研素养，课程实习效果得到学生和同行专家的广泛好评。

关键词：荒漠化防治工程学；课程实习；野外台站；创新能力

创新是引领国家发展的第一动力，是一个民族进步的灵魂，而人才是创新最关键的因素。近年来，虽然国内高校发展进步速度很快，但大多关注基础设施建设和科学研究，而人才培养，特别是创新人才培养的理论、模式和成功经验相对较为薄弱[1]。因此，如何面向和适应国家、社会和学生需求，培养创新人才是国内高校亟待破解的重要命题。

现阶段，国内高校的创新人才培养主要包括两种途径。其一，改革传统教学模式，以更加有效地培养创新人才；其二，从现实角度出发，有针对性地提出创新人才培养新途径[2]。虽然，上述两种观点尚未达成共识，但无论哪种途径都认为课程是创新人才培养的重要依托。鉴于此，本文以北京市精品课程北京林业大学"荒漠化防治工程学"为例，探讨分析依托野外台站开展课程实践教学的改革措施，以提高学生创新能力，提升课程质量，培养拔尖创新型人才，并为全国高校同类课程提供参考和借鉴。

一、"荒漠化防治工程学"的课程特点

荒漠化防治工程学是指在干旱、半干旱和亚湿润干旱区，基于风沙物理学和生态学原理，研究为治理和预防土地荒漠化所采取的各种工程的、生物的、农业的和综合的技术措施与手段的科学。"荒漠化防治工程学"是水土保持与荒漠化防治专业核心课(必修课)，其

作者简介：高广磊，北京市海淀区清华东路35号北京林业大学水土保持学院，副教授，gaoguanglei@bjfu.edu.cn；
丁国栋，通讯作者，北京市海淀区清华东路35号北京林业大学水土保持学院，教授，dch1999@263.net；
赵媛媛，北京市海淀区清华东路35号北京林业大学水土保持学院，副教授，yuanyuan0402@126.com；
张　英，北京市海淀区清华东路35号北京林业大学水土保持学院，实验师，zhangying@bjfu.edu.cn；
于明含，北京市海淀区清华东路35号北京林业大学水土保持学院，讲师，ymh_2012tai@163.com。

资助项目：北京林业大学教育教学研究项目从"'因材施教'到'因人施教'——自然地理与资源环境专业探索精准教学模式研究"(BJFU2018JY031)；
北京林业大学教育教学研究项目"面向梁希实验班的'荒漠化防治工程学——研究型教学模式探索'"(BJFU2019JY032)。

教学目的是通过课程教学使学生掌握荒漠化的概念与内涵，掌握我国及世界荒漠化现状、成因及危害，了解荒漠化地区的主要资源，掌握风蚀荒漠化防治的基本原理和主要技术，掌握农田、草(牧)场、绿洲、矿区和公(铁)路等典型区域沙害防治的技术体系，掌握荒漠化调监测与评价的基本原理和方法，掌握盐渍荒漠化防治的基本原理和主要技术，了解石漠化防治的基本原理和主要技术，全面认识本学科在生态环境建设中的重要地位。因此，"荒漠化防治工程学"是一门集理论性和实践性于一体的综合性专业课程。

二、"荒漠化防治工程学"课程教学存在的主要问题

良好的课程教学效果是创新人才培养的重要基础和保障。但是，由于"荒漠化防治工程学"兼具理论性和实践性的重要特点，学生对于课程知识的学习理解存在一定困难。首先，"荒漠化防治工程学"课程教学对于学生的数理知识要求较高。"高等数学""流体力学"和"风沙物理学"等课程是"荒漠化防治工程学"课程学习的重要基础性前置课程，但由于水土保持与荒漠化防治专业对学生的数理知识要求相对较低，学生的数理知识基础也相对较为薄弱，造成部分课程知识的学习障碍。第二，"荒漠化防治工程学"课程体系多学科交叉融合。"荒漠化防治工程学"课程内容涉及土壤学、生态学、水文学、地质学、植物学、地貌学、生物学等诸多领域，课程学习对于学生全面理解和综合运用相关知识的要求较高，而学生常常在这些方面存在短板和不足。第三，"荒漠化防治工程学"课程内容密切联系实践工作。"荒漠化防治工程学"部分课程内容较为抽象，仅仅依靠课堂讲授存在一定局限，必须与实践工作密切结合。但是，水土保持与荒漠化防治专业学生大多缺少相关领域的生活和实践经验，急需走进荒漠化防治实践工作第一线。

三、依托野外台站开展课程实习改革的措施

传统的课堂讲授教学模式一定程度上制约了"荒漠化防治工程学"课程学习的效果，已经远远不能满足水土保持与荒漠化防治专业拔尖创新型人才的培养需求。与此同时，水土保持与荒漠化防治专业野外台站众多，其兼具科学研究、人才培养、科学普及和社会服务的重要作用。因此，充分依托野外台站开展课程实习成为提升"荒漠化防治工程学"课程教学质量的重要途径和有效方法。本文以宁夏盐池毛乌素沙地荒漠生态系统定位观测研究站为例，探讨说明依托野外台站开展课程实习改革的措施。

(一)课程实习密切联系荒漠生态系统

宁夏盐池毛乌素沙地荒漠生态系统定位观测研究站位于毛乌素沙地西南缘核心区，地处我国北方风沙区的核心地带，在此开展"荒漠化防治工程学"课程实习较之于京津冀地区有着得天独厚的优势。课程实习走进毛乌素沙地，设置了"沙生植物识别与调查""风沙地貌识别与测量""土壤剖面挖掘与调查""风信资料收集分析"等一系列实习内容。学生与荒漠生态系统有了直接的接触，进而对荒漠生态系统水、土、气、生等各个要素有了直观的认识，这是课堂讲授中任何多媒体资料都无法比拟的。基于这种直观的认识，授课教师讲解和学生理解荒漠生态系统过程的难度也大大降低了。同时，荒漠生态系统与学生熟悉的森林、城市、农田等生态系统存在显著差异，这种强烈的对比容易使学生产生强大的好奇心，从而驱动学生产生希望继续深入了解荒漠生态系统的愿望。

(二)课程实习密切联系荒漠化防治科学研究

宁夏盐池毛乌素沙地荒漠生态系统定位观测研究站是支撑荒漠生态系统和荒漠化防治相关领域科学研究的重要平台，是科学研究工作的第一线。研究站承担了大量的科学研究任务，布设了大量的科学研究观测实验样地，配备了大量的科学研究仪器设备。课程实习依托在研项目和仪器设备，设置了"沙生植物根系分布""土壤粒度组成""沙生植物生物量"

等实习内容。通过参观、讲解、学习、交流、分享等活动,课程实习拉近了本科生与科学研究的距离。同时,围绕课程核心知识内容,结合野外台站承担的科学研究任务和硬件条件,课程实习面向本科生设置部分"小而精"的研究任务,通过授课教师和在站研究生的共同指导,让本科生亲身感受和体验科学研究工作。体验未知和探索未知的过程极大地激发了本科生的学习兴趣,也让大家体会到了科学研究的乐趣。

(三)课程实习密切联系荒漠化防治实践工作

宁夏盐池毛乌素沙地荒漠生态系统定位观测研究站即科学研究的第一线,也是荒漠化防治工作的第一线。课程实习安排与荒漠化防治第一线的工作人员交流座谈,使得学生能够切实了解荒漠化防治工作的实际情况。同时,授课教师在沙漠沙地因地制宜、就地取材,设置了"生物治沙、工程治沙措施布设及其效果观测评价"等既与课程核心知识密切相关,又与荒漠化防治工作实践密切相关的课程实习内容。通过实践工作强化学生对于理论知识的理解,又通过理论知识进一步说明实践措施的工作原理。二者相辅相成,不仅提高了学生理论联系实习的能力,还增强了学生对于水土保持与荒漠化防治专业的认同感和自豪感。

四、课程实习改革培养创新人才的成效

自2009年以来,"荒漠化防治工程学"课程实习充分依托宁夏盐池毛乌素沙地荒漠生态系统定位观测研究站等科学研究野外台站,将实践教学的课堂设在毛乌素沙地、乌兰布和沙漠等地区,开展实践教学,服务于创新人才培养,取得良好的教学成效。

(一)以学习兴趣为导向,提高了学生的学习热情

长期以来,"荒漠化防治工程学"课程实习的出勤率始终保持在100%。更重要的是,在课程实习过程中,学生的学习兴趣和参与热情也呈持续增长的态势。依托野外台站,在授课教师的引导下,学生普遍能够将荒漠生态系统的自然现象、荒漠化防治工作的实践问题与课程讲授的理论知识相联系。学生能够发现问题、提出问题,并在教师和助教研究生的引导下自主的思考问题和解决问题。在"教师—学生"和"学生—学生"之间形成了良好的教学互动,实现了"自由开放,求实创新"的课程实习目的。

(二)以创新能力为导向,培养了学生的科研素养

以课程实习为平台,我们为学生提供了大量参观学习和交流分享的契机。从有到无,见微知著,在课程实习过程中,学生的创新思维得到了较强的锻炼。同时,在授课教师的指导下,部分同学还将在课程实习过程中发现的有趣问题整理申报了大学生创新创业训练计划。"青藏铁路错那湖段防护体系的模拟实验研究""呼伦贝尔沙地樟子松林土壤微生物群落结构特征及其影响因素""干旱胁迫下产胞外多糖菌株对六种荒漠种子萌发及其幼苗发育的影响""四种典型沙区植物幼苗蒸腾速率对风的响应""基于风洞实验的农田防护林优化配置研究"和"毛乌素沙地掘穴蚁筑丘活动对土壤质量的影响"等项目先后得到了国家级、市级或校级的经费资助。学生的科研思想得到了启蒙,科研素养和科研能力得到了提升,为研究生阶段从事科学研究工作奠定了坚实的基础。

五、结语

以学生的学习兴趣和创新能力为导向,"荒漠化防治工程学"依托野外台站进行课程实习教学改革,取得了显著的改革效果。"荒漠化防治工程学"教学评价始终在学校、学院同类课程中名列前茅。在北京林业大学"梁希实验班"创办10周年纪念活动中,"荒漠化防治工程学"被评为梁希实验班优秀课程,相关任课教师被评为梁希实验班优秀教师。此外,"荒漠化防治工程学"入选北京林业大学第一期本科教学"好评课堂"。"荒漠化防治工程学"

教学效果得到了同学们和同行专家的广泛好评。我们的课程教学改革有力地支撑了"荒漠化防治工程学"精品课程建设，促进了水土保持与荒漠化防治专业创新人才的培养，并为同类院校相关课程实习改革提供了参考经验。

参考文献

［1］林建华. 校长观点：大学的改革与未来［M］. 上海：东方出版中心，2018：1-322.

［2］杨淼甜，李君轶，吕婷. 科研实验室支撑下的旅游管理专业学生创新能力培养［J］. 大学教育，2018，7（2）：150-154.

［3］高广磊，丁国栋，赵媛媛，等. 北京市精品课程"荒漠化防治工程学"课程建设初探［J］. 中国林业教育，2015，33（6）：49-51.

［4］高广磊，丁国栋，赵媛媛，等. 水土保持与荒漠化防治专业"荒漠化防治工程学"课程实习的改革探索——以北京林业大学梁希实验班为例［J］. 中国林业教育，2018，36（6）：53-56.

Curricular practical training improves the innovation ability of undergraduate supported by field-work station: Take "*Desertification Combating Engineering*" of Beijing Forestry University for example

Gao Guanglei　Ding Guodong　Zhao Yuanyuan　Zhang Ying　Yu Minghan

(1. School of Soil and Water Conservation, Beijing Forestry University, Beijing　100083;
2. Yanchi Ecology Research Station of the Mu Us Desert, Yanchi Ningxia　751500)

Abstract　"Desertification combating engineering" is the fundamental course of "Soil and water conservation and desertification combating". The theoretical and practical course system limits the cultivation of innovative talents. In order to improve the innovation ability of undergraduates, we reform the curricular practical training supported by the field-work research station. We conducted the curricular practical training closely related to desert ecosystem, practical work and scientific research of desertification combating. The learning interest and innovation ability oriented reform improved the learning enthusiasm and scientific literacy of undergraduates. The undergraduates and experts highly praise for the effects of our curricular practical training

Keywords　Desertification combating engineering, curricular practical training, field-work research station, innovation ability

高校创业慕课教学模式探究

——以商业模式画布为架构

李华晶　庞雅宁　李璟琦

(北京林业大学经济管理学院，北京　100083)

摘要：本文立足当前的双创教育背景，分析了创业教育与慕课教学结合现状问题，依据商业模式画布九大模块，从客户细分(学生分析)、价值主张(教育定位)等九个角度设计并探讨了创业慕课教学新模式，据此提出了"动态—融合—定向"的设计建议，即以价值链为导向的动态设计、融合线上下优势突出创新、针对受众特点提升成效，以期对高校创业慕课教学建设和优化提供参考。

关键词：创业教育；慕课；教学模式；商业模式画布

一、研究背景

2017年两会的政府工作报告中，进一步强调了加快建设创新型国家，把握世界新一轮科技革命和产业变革大势，促进大众创业、万众创新上水平，深入实施创新驱动发展战略。这促使高校的人才培养方案越来越注重培育出更多的创新创业人才。而慕课作为"互联网+教育"的产物，具有大规模、开放性、自由性的特点，这在一定程度上能解决我国在创业教育方面遇到的课程形式单一、课程数量有限、创业教育师资力量匮乏的问题[1]。

然而，当前高校创业慕课教学尚存在一些问题，例如，教学内容要点较为分散或只强调某一特定方面，缺乏整体性和连贯性，较少从创业实践本身的动态时间脉络入手。而创业实践实际上是一个具有动态性的过程，从时间维度上看，新企业的生存与成长具有一般规律和内在机理[2]，可以结合创业周期理论，构建对应于萌芽期、成长期、成熟期和衰退期的创业人才培养的新模式[3]。

为此，本文按照时间脉络对创业慕课教学进行模式化的创新探索，借鉴商业模式画布的架构体系，提出高校创业慕课教学模式的新方法，进而探讨了高校创业类教学模式的优化路径，以使高校真正承担起培育创新型人才的重任。

二、教学现状

创业教育模式是达成创业教育目的的体系框架，是实现创业课程效果的重要内容。同时随着信息技术的快速更新，我国的慕课也迎来了高速发展。当前，我国高校普遍开始加强创业教育与慕课的结合建设，但是在创业慕课教育模式建设方面，仍存在以下问题：课

作者简介：李华晶，北京市海淀区清华东路35号北京林业大学经济管理学院，教授，lhjbjfu@126.com；
　　　　　庞雅宁，北京市海淀区清华东路35号北京林业大学经济管理学院，学生，pangyaning2016@163.com；
　　　　　李璟琦，北京市海淀区清华东路35号北京林业大学经济管理学院，学生，13051539588@163.com。
资助项目：北京市共建项目——教学名师项目"高校绿色创业教育模式创新研究"（2019GJMS003）；
　　　　　北京林业大学教育教学研究名师专项项目"高校绿色创业教育路径优化研究"（BJFU2018MS002）；
　　　　　北京林业大学研究生课程建设项目"基于新发展理念的创新创业课程思政建设"（KCSZ2018）；
　　　　　北京林业大学科教融合项目"基于科教融合的创新创业课程体系优化研究"（BJFU2019KJRHKC003）。

程内容进行了组合但不够整合，尚未体现创业生命周期的阶段性；线上线下的设计创新性不够；不够聚焦教学对象的差异化。上述问题很大程度上限制了我国高校创业慕课教育的开展。

（一）创业周期阶段的动态性不明显

目前我国对创业慕课教育缺乏系统化周期化的模式设计，部分的创业慕课虽进行了课程体系设计，但是着重于专业知识的模块化教学，偏重对理论知识和已知结果的学习，缺乏完整的模式支撑，部分创业慕课呈现出散乱的现状，致使学生的学习状态是碎片化浅层次的。而且实际的创业行为是有时间脉络的，课程设置如果过分强调模块化的知识学习，忽视创业行为内在的时间一般规律，则不能体现正常创业公司发展的生命周期的阶段性，不利于帮助学习者认识创业公司正常的成长顺序，无法帮助其在创业行为的开展过程中进行系统性管理，难以满足课程受众对创业课程的预期要求。

（二）线上线下互动的创新性不充分

慕课的属性与创业的特性相匹配，关注学习教学活动与社会的互动。但是目前的创业慕课教学侧重线上教育，授课老师往往只通过讨论区与同学进行沟通，互动较局限，交互性差。同时慕课平台缺少对学习者的约束，导致学习辍学率高。

（三）教学对象个性化的关注度不细致

相对于西方发达国家，我国创新创业教育起步较晚，研究还不足。一些学者的教学模式研究是基于已有的西方体系进行拓展，如尚大军提出了创新创业类课程的内容、结构和时间体系，强调大学生创业教育应该是结构化[4]。中国的创业教育未聚焦中国特色的更符合中国学习者的教学模式，没有形成符合中国受众的思维价值的创业教育模式，对中国受众理解创业不利。

三、模式设计

线上免费课程被视为教育界革命性的突破，将为高校教育等带来显著变化。然而，新兴事物本身的不确定性为现有资源匹配和进一步发展带来了很多问题[5]，慕课平台管理者和课程发布者只能"摸石头过河"，不断在黑暗中摸索，却无法有效解决系统性的问题。面对这样一个需要持续大量地投入财物、人力的新事物，仅靠最初的一腔热血和美好希望显然是不够的。需要通过引入一套完整的商业模式，来实现平衡线上免费教育的预期与现实之间的差距的目的。根据以上分析，结合经典的商业模式画布架构，设计了如图1所示的创业慕课教学模式新体系。

图1 基于商业模式画布的创业慕课教学模式

1. 客户细分——学生分析

客户细分（图中①模块）是指企业在明确的战略业务模式和特定的市场中，根据客户的属性、行为、需求、偏好以及价值等因素对客户进行分类,并提供有针对性的产品、服务和销售模式。在教学模式中,除了一般慕课类课程所针对的付出很小成本获取优质知识的学习者之外,创业类课程还特别针对正在创业或准备创业的有创业知识需求的学习者,这表现出自觉性、实践性、实用性的特点。此外,某些企业或高校缺乏专业的授课教师,因此可以提供课程给这些希望引入外部课程,帮助员工或学生学习创业创新知识的组织。当然,在这种情况下,不能排除仅是为了获取认证证书或认证学分而选择课程,这就需要细化教学对象特征,通过细分来针对性吸引大家对课程产生兴趣,让所有学习此课程的同学都能学有所得。

2. 价值主张——教育定位

价值主张(图中②模块)是指对客户来说什么是有意义的,即对客户真实需求的深入描述。与早期对商业模式的定义不同,慕课类在线课程教育的主要商业目的并非赚取利润,其他原本处于次要地位的部分可能更重要。传统的商业模式假设并不适合于开放教育领域,这是由该领域的公益性和复杂性所致,无论是以往公开讲义,还是如今免费播放视频以及提供相应考核试题和相应证书,过分关注利润都是不合适的。发展至今,随时随地、免费学习的价值主张在创业课程方面,即免费的为创业者提供成体系的创业课程知识,解决创业过程中可能遇到的问题,实现创业成功。

3. 渠道通路——价值传递

渠道通路(图中③模块)在商业模式画布中被定义为描述组织创造、传播和获取价值的手段。渠道通路是企业与客户沟通和传递价值主张的途径,有效的渠道通路能高效地传递企业的价值主张。创业慕课教育基于互联网平台,向客户提供免费服务,覆盖面大,有利于打通与客户的关系通道。对高校而言,独立运营慕课要面对技术壁垒高,成本大等现实问题,而采用已有在线学习平台作为发布慕课的渠道通路,能借助平台机构专业的技术背景和成熟的营销方式,充分发挥高校的教学资源优势。高校负责创业课程内容的设计和教学,平台机构则承担慕课的运营管理。创业教育依托被广泛应用的慕课平台这一渠道通路,加快了创业知识的传播速度,扩大了创业教育覆盖的群体面,降低了学习者的学习成本和创业门槛,实现充分推广创业慕课的目的。

4. 客户关系——交互网络

客户关系(图中④模块)强调根据客户细分类型与特定客户群体建立关系,有效的客户关系能为企业提供长期的客户群体。随着信息技术的发展,交互模式已经引入网络教育领域,使慕课教学更加丰富、有效。通过网络平台的论坛,学生与老师和同学能围绕共同关注的创业问题实现深入的交互式讨论;或者通过系统提前配置创业相关的习题或测试,让学生在单方面接受创业的同时能与教师进行交互;双方也可约定时间一同进行在线实时教学交互;并且学生也可与教师、同学通过电子邮件等通讯手段进行点对点的教学交互。利用网络社交空间的完善,创业慕课教学模式实现了在线平台连接学生与教师的可能,切合了创业活动中随时会遇到问题的实际情况,帮助学生进行创业活动的沟通。

5. 效果来源——心流体验

由慕课教育的价值主张可知,传统的慕课并不考虑物质方面的收获,而是注重学习者的内在收获和对教育平等的推动作用。秉承这一思想,创业类慕课的效果(图中⑤模块)取决于学习者对创业创新知识的学习和运用,将心流体验转化为积极行动,启发高校学生通过参与"大学生创新创业训练项目""挑战杯"等创新创业比赛或反思创业者创业过程中问题等提升知行能力。

6. 核心要素——多元手段

核心资源(图中⑥模块)描述了商业模式正常有效运作所必需的最重要的资产要素。对创业慕课教育而言，其核心资源要素主要包括课程平台、知名高校提供的视频资源、对应讲义、拓展案例、随堂测试、讨论区、流畅的师生交互、期末考试和证书等。最重要的是，这些传统模块，经过平台的合理组合，在时间时序和老师的指引下，共同构成了完整的课程内容有机体，并通过一定的技术手段，把需要大量实践才能总结出的创业知识大范围的传播给受众。

7. 关键环节——在线流程

关键环节(图中⑦模块)是商业运作中必需要从事的具体业务，是提供价值主张、布局市场、建立并维护客户关系以及盈利的基础。慕课教育的关键活动主要包括课程建设、学习支持和学习认证[6]。创业慕课建设的关键环节在于如何帮助学习者进行创业课程的学习，其可依托高校丰富的师资力量，借助高校进行课程内容的设计和教授。创业慕课的学习支持则依赖于慕课平台社区的建立，通过课程论坛，学习者能及时地向老师反馈有关的需求与问题。实现此学习支持就需要平台加强讨论区的建设，以满足客户的学习需求。创业是一项十分看重个人实力的社会活动，对于创业慕课教育而言，获得学习认证能帮助学习者获得社会认证，所以应对认证方式进行有效设置，提高认证的公信力，有助于激发学生进行创业慕课的学习动机。

8. 重要合作——资源整合

商业活动的核心参与者和重要资源都源自重要合作(图中⑧模块)，合作有利于降低运营风险。创业慕课的商业模式整合了高校与在线教育平台各自的资源，集聚了高校创业教师这一人力与技术平台这一物力，通过丰富的合作资源打开消费群体、增加创业慕课的课程受众。在线慕课应区别于线下课堂，需要高校教师进行新的课程设计，因此提供丰富多元的创业慕课课程资源，离不开学校的教职员工、院系的合作。同时为了保障慕课的可持续运营，也需要与学堂在线、中国大学慕课等在线教育平台合作，依靠其技术支持和广大的平台资源，帮助课程设计开发，为学习者提供学习环境，有助于帮助创业慕课可持续运营，降低慕课商业模式的风险。

9. 投入结构——动态成本

创业慕课教育创造价值和产生收入的过程中必将形成成本支出(图中⑨模块)，以"学堂在线"慕课平台为例，成本主要包括各类人员费用、营销成本、宣传成本、网站建立与维护成本、奖励资金等[7]。同时，讲授者录制或听课者学习都需要投入一定的时间和精力，对于时间如黄金的创业活动而言，这要求讲授的内容凝练准确，易于理解和实践。

四、对策建议

（一）按照价值链流程动态设计创业慕课阶段

想要实现培养创业人才的目标，形成具有动态性的创业特色教育特征尤为重要。正如商业模式画布所体现的价值链流程所示，对创业慕课的教育模式按照生命周期阶段性进行设计，详述企业从创业之初会面临的阶段问题和发展趋势，能体现正常创业公司创业过程的一般规律。同时按时间维度对课程进行设计，能构成系统而又符合创客动态性周期性特点的课程设计模式，传递创业过程的动态起伏与周期轮回的个性价值，有助于课程受众打通创业路上的节点难题，帮助课程受众理解创业公司正常发展的结构体系，共建完整的创业周期。

（二）融合线上线下优势突出创业慕课教学创新

传统的线下教育和线上教育各有优势，而且对商业模式画布不同模块提供支撑。线下教学便于进行辅助，应注重实践和应用，以学生个体为主体，展开交流和答疑。而线上教育具备教学资源丰富,上课时间自由的优势。把先进的科学技术与创业教育的教学特点结合起来,借助慕课平台实现线下实践性教学和线上知识性教学的融合,增强教学的效果,实现培养创业型人才的教学目标。

(三)依据教学对象特点提升创业慕课成效

在创业教育的设计方面,应该聚焦中西方教学对象的不同,注意运用艺术思维结合中国学生的实际情况,设计出更有中国特色、更符合中国学习者的教学模式,从而凸显商业模式画布所重点关注的价值主张和心流效果。这就要求教学设计者对中国社会、文化、政治、经济方面有深刻地理解,同时对西方引入的课程知识有深入地研究,针对不同创业知识学习者的不同需求,提供可随时随地、免费学习的创业知识,同时通过社会、学校、网络等不同渠道路径宣传,整合可利用的资源,吸引学习者在慕课平台上学习、探索、讨论、分析,从而将创业教育同中国学习者的实际需求相对应,实现创业慕课所达到的教育效果。

参考文献

[1]李伟铭,黎春燕,杜晓华. 我国高校创业教育十年:演进、问题与体系建设[J]. 教育研究. 2013,(6):42-51.

[2]闫丽平. 时间维度视角下创业行为的动态特征——成因分析与实证研究[J]. 经济与管理. 2013,(6):56-62.

[3]吴敏. 创业周期视角下的高职创业人才培养模式创新思路[J]. 教育与职业. 2017,(3):42-46.

[4]尚大军. 大学生创新创业教育的课程体系构建[J]. 教育探索. 2015,(9):86-90.

[5]杨刚,胡来林. MOOC对我国高校网络课程建设影响的理性思考[J]. 中国电化教育. 2015,(3):15-21.

[6]钱小龙,黄蓓蓓. 基于MOOC平台的优质教育资源关键活动解析:以加州大学欧文分校为例[J]. 现代远距离教育. 2018,(1):66-74.

[7]李青,侯忠霞,王涛. 大规模开放在线课程网站的商业模式分析[J]. 开放教育研究. 2013,(5):71-78.

Research on the teaching mode of universities entrepreneurship MOOC: Based on the framework of business model canvas

Li Huajing　　Pang Yaning　　Li Jingqi

(School of Economics & Management, Beijing Forestry University, Beijing　100083)

Abstract　This paper analyzes the status quo of the combination of entrepreneurship education and MOOC based on the current education background on mass entrepreneurship and innovation. On the basis of the nine modules of the Business Model Canvas, the new model of entrepreneurial MOOC teaching is designed and discussed from nine perspectives, such as customer segmentation and value proposition. Based on this, a "dynamic-integration-oriented" design proposal is proposed, which is value chain-oriented Dynamic design, integration of online and offline advantages to highlight innovation, improve the effectiveness of the characteristics of the audience. we hope to provide reference for the construction and optimization of entrepreneurial MOOC teaching in colleges and universities.

Keywords　entrepreneurship education, MOOC, teaching model, business model canvas

案例开发在创新创业教育中的实践

刘雯雯　侯娜　张洁　郝越

（北京林业大学经济管理学院，北京　100083）

摘要：创新创业教育本质上是一种实用教育，其效果的评价是以学生的创新创业实践为基础。而案例开发独具实践性，是理论知识应用于实践的载体，对于推动创新创业教育具有非常重要的作用。本文借鉴经典的案例开发模式，并结合具体的实践经验提出了流程、研讨会、比赛的三位一体模式，并在此基础上探讨了案例开发在创新创业教育中的作用机制，最后基于模式和作用机制分析了案例开发对于创新创业教育的影响意义。

关键词：案例开发；创新创业教育；实践；创新创业素养

一、引言

技术革命与消费革命的双重影响下，我国亟待以创新创业推动经济转型升级，让经济焕发出新的活力。青年创业者作为新活力的源泉，是我国创新创业的主要承担者，而教育作为塑造青年认知、价值观和培养创新创业能力的重要载体，对于创新创业实践活动具有不可忽视的作用。创新创业教育作为教育改革的新探索和时代解决方案，其发展的重要性和必要性引起各高校的重视，从而接入多种渠道，引进多种形式从不同层次，不同维度开展创新创业教育，自上而下促成创新创业文化氛围，进而催化创新创业教育的发展。

创新创业教育作为深化教育改革的新探索与新要求，其任务目标必须落到创新创业实践上，因此创新创业教育必须基于实践基础，培养符合时代和经济发展要求的，具有创新创业精神和能力的学生，并从根本上转变学生的观念，助推学生投身到社会创新创业的大潮中，实现人生价值的同时，推动社会的创新发展。随着创新创业教育的深入开展，其在探索过程中也涌现出若干问题，其中创新创业教育与实践的脱节是最突出的。创新创业教育本质上是一种以实践为导向的实用性教育，其重点是通过课程教学推动创业行动的转化，因此如何通过理论实现实践成果的转化，让创新创业教育落地生根，是值得探讨的现实问题。

创新创业理念教育要转化为实践教育，就必须将实践平台的搭建纳入课程教学体系，进而依托实践载体，让学生在参与实践中获得切实的应用能力。其中案例教学作为实践教育的一种重要方式，可以助推创新创业教育的实践化，而在案例教学过程中真实情景下的真实案例才能让案例教学发挥最佳效果[1]，因此必须从源头上让学生参与进来，也就是将案例教学扩展到案例开发，并在案例开发中培养学生的创新创业意识，以及系统化学生的知识体系，构建解决问题的知识框架，推动创新创业教育的开展，进而推动学生创新创业实践。

作者简介：刘雯雯，北京市海淀区清华东路35号北京林业大学经济管理学院，副教授，wenwensummer@163.com；
　　　　　侯　娜，北京市海淀区清华东路35号北京林业大学经济管理学院，研究生，1145679427@qq.com；
　　　　　张　洁，北京市海淀区清华东路35号北京林业大学经济管理学院，研究生，1571294578@qq.com；
　　　　　郝　越，北京市海淀区清华东路35号北京林业大学MBA教育中心，专职管理干部，haoyue@live.com。
资助项目：企业战略变革与转型研究（2018ZXJGXY007）；
　　　　　新线营销价值报告：下沉市场案例研究（2020HXZXJGXY001）；
　　　　　消费升级下的餐饮行业洞察（2020HXZXJGXY002）；
　　　　　从客户体验中挖掘增长机会：深度案例研究（2020HXZXJGXY003）。

二、案例开发在创新创业教育实践中的实践

案例教学作为仿真教学的一种重要形式,是以真实情境下的案例为基础,并结合理论知识,通过开放式的互动培养学生理论运用于实践的能力。高质量的案例不仅有助于提升案例教学的效果,更有助于激发学生的创造性思维,增强学生的创新精神和创新能力[2]。案例质量作为学生创新创业能力的重要影响因素之一,需要从案例开发着手,开发本土化的、高质量的案例。

基于近年来案例开发的实践工作,本文总结了案例开发的模式,即融合流程、研讨会、比赛的"三位一体"模式。

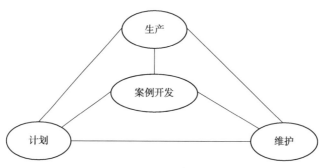

图1 案例开发"三位一体"模式

(一)流程

对案例开发的流程进行精细化管理,进而形成一套可实施、可复制、可维护的流程,提升案例开发的质量和效率。在借鉴哈佛商学院、中欧国际工商学院等高校以及一些其他咨询机构案例开发流程及原则方法的基础上,对案例开发的流程进行了创新,并梳理出一套3P流程,即计划(Plan)、生产(Product)、维护(Practice)。

计划是案例开发的基础性工作,决定着案例开发的主题,案例开发的质量等。计划工作是由教师牵头,学生自愿报名,并经过一定的考核选拔,形成案例编写小组。首先由教师根据实用性、创新性、可编写性等原则选择案例的主题,确定案例企业。接着由教师下发资料收集任务,但并不告知学生案例企业,而是只告诉学生案例企业所在的行业,这样有利于分析的客观性。随后学生通过海选,广泛地收集关于案例企业所在行业的资料,并利用相关理论知识,对行业的发展情况进行分析,形成自己的观点。待前面外部分析工作完成后,教师方可告诉学生案例企业,并让学生搜索案例企业的资料,对企业进行内部分析。最后教师引导学生将外部分析与内部分析融合,对收集的资料按时间轴或其他原则进行整理、归纳。

生产就是编写案例,对计划阶段收集的资料进行文字化扩展,形成具有一定格式结构的文本。案例的编写不是天马行空,而是要基于计划阶段中具有逻辑性的案例资料,通过易读、生动的语言表达出来,形成不添加任何主观判断,但是蕴含知识点的文本。在编写过程中,主要发挥的是学生的主观能动性,学生通过移情等方式,将自己代入案例企业中,或通过第三人的视角将案例的矛盾点、决策点展现给使用者。但是案例的编写并不是闭门造车,而是一项极具开放性和创新性的工作,需要通过头脑风暴法、问题共讨法等完成问题辨析、情节梳理和框架构建等工作。此外,案例编写也具有一定的步骤,首先确定书写大纲,即确定案例的故事线、知识线、场景线以及这些线索的融合关系,然后在此基础上将资料中的人、事件、时间等进行匹配,最后确定案例的结构,正式进入书写阶段,完成

标题、摘要、关键词、正文、结论等内容的书写。

维护是案例使用说明的书写，这对于案例的使用与推广具有非常重要的意义。一份完整的案例使用说明应当包含教学目的与用途、启发思考题、推荐分析思路、理论依据及分析、背景信息、关键要点、建议的课堂计划以及案例的后续进展等内容。在使用说明编写的过程中特别需要注意的是理论与案例的结合分析，由具体知识到一般理论，强化学员综合分析与概括归纳的能力，由一般理论到具体事实，让学生掌握理论的同时依据具体情况加以运用，进而触类旁通，在相关情境和问题中，提升学员战略决策和经营管理能力。案例使用说明是案例编写者的建议，其具体使用情况还应尊重使用者的个性。

（二）研讨会

案例开发还需借力研讨会，研讨会是众人智慧的汇集池，可以为案例开发提供创新的原动力。服务于案例开发的研讨会以价值共创为原则，基于学生的主观能动性，以周为期限，注重点评分享，通过学生汇报、小组讨论、教师指导等环节发掘案例的价值点与问题点。研讨会采用O2O的形式，在资源和时间有限的情况下，最大限度地提升案例开发的能力和所产出的案例质量。首先基于微信App组成交流群，前期通过在群中发布规则以及基础知识普及、亮点分享等培训学生的案例开发能力，而在案例开发过程中则采用圆桌的线下形式通过学生讲解，共谈案例，最后教师指导学生完善案例。

（三）比赛

检验案例开发成果的一种重要方式就是比赛，教师带队参加案例大赛，在比赛中肯定成果，发现问题。经过为期半年的案例开发工作，在案例大赛中取得了一定的成果。下面是参赛中入中国管理案例共享中心库中的部分成果案例展示：

乐刻：把握健身行业新风口。内容提要：乐刻运动是2015年成立的新型互联网智能健身平台。依托于"教练脱媒""平台共享"的经营理念，乐刻开创了健身行业99元包月的互联网零售化经营模式，结合互联网+开发数据平台进行智能化运营管理，推动了传统健身行业整合升级，成为共享经济在健身房领域的佼佼者。本案例在介绍我国"共享经济"宏观环境和"一人经济"模式的基础上，对以乐刻运动为代表的小型健身房发展历程、运营模式和竞争环境进行案例分析，有助于启发思考在互联网+大背景下，健身领域针对新型消费需求和消费模式的创新融合，以及对传统行业发展制约因素的改良，引导学习者对战略环境内、外部分析进行深入理解[3]。

天使之橙：无人零售的贴地飞行。内容提要：本案例以本土企业天使之橙为例，描述了天使之橙作为一家融合"大农业、精工业、新零售"三产合一的平台型企业，"旧曲新唱"，颠覆传统橙汁生产与销售模式的故事，阐释了天使之橙在无人售卖这条道路上，如何成为智能现制现售鲜榨果汁行业翘楚的背后奥秘。案例重点叙述了天使之橙在无人零售这个伪命题下，企业的技术壁垒、供应链管理、组织管理、品牌建设以及维果部落等既接地气又快的战略决策。由此进一步分析了企业未来可能会遇到的问题，这将是关系到天使之橙长远发展的重要战略依据[4]。

梅子淘源："吃货"改变中国土地。内容提要："互联网+"的快速推进与深入发展，为农业的华丽转身带来了希望。本案例选取创业企业"梅子淘源"为研究对象，通过梳理"梅子淘源"的发展历程，阐释了"梅子淘源"如何利用互联网为农产品赋能，改变中国农业发展现状，进而实现可持续发展的商业逻辑。案例重点描述了"梅子淘源"的农业众筹模式，以及品牌孵化战略等，由此进一步探讨了企业未来的发展方向与战略选择问题[5]。

通过以赛促训和赛训结合，让案例开发成果化，同时看得见的成果有助于提升学生的积极性，有助于发现和培养案例开发人才，并通过案例开发生产出高质量的成果，提升案例教学效果，强化学生的创新创业精神，助推学校创新创业教育的开展。此外还可以通过多种形式实现成功的复制与扩展,比如将案例写成案例论文等。

三、案例开发在创新创业教育中的作用机制

创新创业教育的目的是指导学生的创新创业实践,因此有必要将创新创业实践纳入教育成果的分析体系中,案例开发对于创新创业教育的影响分析也都是基于实践而开展的。

案例开发本身就是一项具有创新性的研究,当教师和学生作为研究的主体时,案例开发也就成了教师和学生成长发展和自我提高的重要途径[6]。案例开发在创新创业教育中的作用机制主要是通过提升案例质量,提升案例教学效果等促进创新创业教育的开展,而创新创业教育则有助于培养学生的创新创业精神和行动力,进而将创新创业想法付诸实践。在这个推动过程中,案例开发还是构建学生知识体系和培育创新创业意识的过程,而创新创业意识与知识结构都是学生创新创业的基本素养和能力,拥有这些能力的学生,更容易理解创新创业教育,这样的学生在教育的指导下,转化成创新创业实践的可能性更大。其作用机制如图2所示:

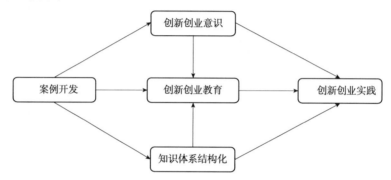

图2 案例开发在创新创业教育中的作用机制

案例开发即流程、研讨会、比赛的"三位一体",在流程中又包含3P,这3P也是基于不同的视角,从不同的侧面影响创新创业的基本素养和能力。计划中包括内外部分析,这有助于学生在运用理论知识的同时,提高信息检索能力,以及分析判断的能力,这对于创业行为是至关重要的。案例编写过程是学生逻辑思维的体现,不仅有助于学生将碎片化的知识结构化,更有助于学生明晰企业生产经营过程中的决策点,这是创业成功的决定性影响因素,而创业的成功率也可以反映创新创业教育的效果。案例使用说明的编写,更考验学生的整体分析和处理能力,这有助于培养学生分析问题的视角。

四、案例开发在创新创业教育中的意义

(一)师生价值共创,教学融为一体

师生互动是教学价值共创的重要途径,案例开发是师生价值共创的载体,案例开发之于教师是对教师能力与视眼的肯定,也是教师教学成果的转化。案例开发要求教师具有挖掘案例的敏锐视角,案例分析与完善能力,更需要具备诱导学生主动参与的能力。而之于学生则是对学生能力的培养与提升,在教师的引导下,学生逐渐完善自己的知识体系与剖析问题的能力。案例开发实现了全员性的融合,基于教师与学生的共同价值,将教与学融为一体,实现价值共创。

案例开发过程中,选取具有代表意义、与时俱进的案例尤为重要。创新性的教育案例不仅能引起学生的关注点与好奇心,更能将案例中的创新思想授之学生,达到潜移默化的培育效果。回到案例开发源头,通过案例分析备赛阶段,教师引导学生多方面地对案例进行分析与剖解,深入了解案例主体的产品制造、运营模式、价值主张、企业文化等核心业

务理念,发掘学生的研究精神和学习兴趣。在其研究与剖析愿望的驱使下,不断对案例主体进行实际研究,逐渐总结出有利于社会进步的分论点,进而形成具有价值的结论以推动社会创新发展。

(二)参与中汲取营养,体验外开拓兴趣

案例是集体智慧的结晶,其开发过程是集体智慧涌现的过程。开发中蕴藏着理论知识与实践经验,这都是创新创业教育的核心组成部分。案例开发的一端连接的是理论知识,学生可以从案例企业选取到案例或使用说明的编写过程中汲取营养、汲取智慧,也就是说学生参与过程中,在保证获得学习成效的同时,或补充或更新学生的知识存量,更重要的是案例开发是一项系统化应用理论知识的过程,有助于构建知识体系,而系统化的知识体系反过来也会促进学生对知识的理解掌握与应用。另一端连接的则是实践,在企业调研,访谈等过程中,学生可以领悟企业家精神,拓展管理思维,提升战略格局,增强创新创业精神,而创新创业精神是推动学生开展创新创业实践的必要非充分条件,在创业实践的演化过程中,精神是具有强化作用的。

在案例开发以外,学生也可以基于体验培养自己的兴趣,并将兴趣转化为意念,这不仅有助于创新创业教育的生动化与互动性,更有利于创新创业教育成果的转化,即推动学生投身于创新创业实践,进而为经济发展注入新的活力,为社会进步贡献智慧和力量。

(三)理论实践并重,助推教学改革

创新创业是大学教育的生命线和原动力,创新创业的素质和技能,离不开学校的培养和引导,创新创业教育必须融入高校人才培养全过程,并从中激发全体学生的创新精神和创业意识,进而形成创新创业的文化氛围。案例开发的创新资源可以作为创新创业教育的入口和载体,通过案例开发的作用机制有助于促成创新创业教育成果(图3)。

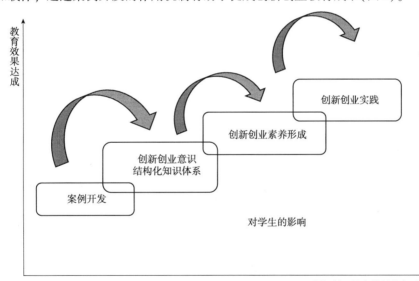

图3 案例开发对创新创业教育的影响

案例开发是一种探究性学习,这种教学设置强调知识的主观与客观、知识的接受与发现、知识的解构与建构、知识的抽象性与具体性、知识的明确与默会等诸多关系的统一,并要求以学生为主体,充分发挥学生的主观能动性,教师在其中扮演指引角色。从"学而不用"到"学以致用",案例开发有效地提高了学生将理论应用于实践的能力,重点体现在培养学生的创新创业意识和结构化知识体系,进而促进其创新创业基本素养的形成,在一定程度上可以有效解决理论与实践脱节的问题,这也是教学改革切实需要解决的难题。因此,将案例开发纳入教学体系中,对于盘活僵化的教学模式具有重要的意义,案例开发可以显著提升学生的创新创业能力,推动创新创业教育的实践化,进而提高课程的实践性,助推教学改革,促成认知性实践、社会性实践的教与学。

参考文献

[1]陆宇莺,赵秋兰.对构建创新创业教育课程体系的思考——以高职经管类专业为例[J].教育教学论坛,2018,(52):250-251.

[2]张立涛.管理案例开发、教学与评价的持续改进模型研究[J].管理观察,2014,(15):138-139,141.

[3]田明华,贾静潮,王艺霖,等.乐刻——把握健身行业新风口,中国管理案例共享中心 http://www.cmcc-dut.cn/Cases/Detail/3508

[4]郝越,侯娜,罗瀚闻,等.天使之橙:无人零售的贴地飞行,中国管理案例共享中心[R/oL]http://www.cmcc-dut.cn/cases/detail/3510

[5]刘雯雯,张燕琳,侯娜,等.梅子淘源:"吃货"改变中国土地,中国管理案例共享中心[R/oL]http://www.cmcc-dut.cn/Cases/Detail/3506

[3]赵曙明.加强中国案例开发与教学,构建创新型人才培养模式[J].管理案例研究与评论,2017,10(5):429-432.

[4]王少非.论案例开发的教师教育意义[J].当代教育科学,2004,(18):6-8.

[5]胡孝平.价值共创理念指导下的高校课堂教学改革研究[J].常熟理工学院学报,2017,31(5):95-99.

[6]查腾飞,吴小明,杨柳.关于我国创新创业教育教学改革的研究现状和研究趋势分析[J].教育教学论坛,2018,(51):223-224.

Practice of casedevelopment in innovation and entrepreneurship education

Liu Wenwen Hou Na Zhang Jie Hao Yue

(School of Economics & Management, Beijing Forestry University, Beijing 100083)

Abstract Innovative entrepreneurship education is essentially a practical education, and its effect is evaluated on the basis of students' innovative entrepreneurial practice. However, c case development has its own practicality, which is the carrier of the application of theoretical knowledge in practice, and plays a very important role in promoting innovative entrepreneurship education. Based on the classic case development model and practical experience, this paper puts forward the trinity model of process, seminar and competition, discusses the role mechanism of case development in innovation and entrepreneurship education. Finally, the impact of case development on innovative entrepreneurship education is analyzed based on the model and mechanism.

Keywords case development, Innovative Entrepreneurship Education, practice, Innovative Entrepreneurship Literacy

教育部"百校百题"赛事回顾与思考

周 莉[1]　李辰颖[1]　胡冬梅[2]　张 岩[1]

(1. 北京林业大学经济管理学院，北京　100083；
2. 北京福耀玻璃有限公司，北京　100007)

摘要： "百校百题"应用型(财税领域)创新课题大赛，是教育部备案的全国高校校企合作"双创"实战演练平台主题竞赛。大赛采用资格审核、大区赛、全国总决赛三级赛制，注重论文评审、现场答辩和过程管理。我校会计系组队参赛，研究北京福耀玻璃有限公司存货资金占用与管理模式，获得E区第一，最终荣获全国总决赛铜牌。本文通过详尽分析参赛过程、关键点及其结果，总结经验，以期更创佳绩。

关键词： 百校百题；大区赛；全国总决赛；校企合作

一、赛事的基本情况

"十三五"国家科技创新规划战略(国发[2016]43号)，是把科技创新和体制机制改革创新双驱动发展作为国家的优先战略，其中，要求明确企业、高校等各类创新主体功能定位，构建开放高效的创新网络。教育部要求部分高校本科向应用型转变(教发[2015]7号)。鉴于此，高校如何进行体制机制创新？尤其是经济管理类软科学的应用性转型，怎么转？高校科教研如何结合？如何与企业专业协作，并将其科研创新成果转化为企业应用？如何在新形势下建立经管类人才培养模式？基于这一系列问题的回应，2016年大赛尝试首次推出了"百校百题"应用型创新课题(财税领域)大赛(简称为"百校百题")，它是由教育部备案，教育部学校规划建设发展中心主办，北京燕园智库管理咨询中心和半月谈杂志社承办，是全国高校校企合作"双创"实战演练平台主题竞赛，其特点是以解决财税专业实际问题，突出应用实践为目的，针对区域经济社会发展和企业转型升级所面临的现实挑战，促进高校深入探索企业实际需求，具有导向性、实践性和创新性的应用课题大赛。以全国各大高校组队参赛，由教育部学校规划建设发展中心匹配企业，就企业实际问题确立课题，采用高校和企业双导师制，共同组成联合课题组进行课题研究。大赛采用资格审核、大区赛、全国总决赛三级赛制，从2016年10月教育部发文到各大高校，高校组队申报且初选，2017年5月区域复赛，2017年9月底全国总决赛，历时1年。大赛注重论文评审、现场答辩和过程管理，并制定了严格的评分标准，具体参见公式1：大区赛评分标准；公式2：全国总决赛评分标准；表1：过程管理评分标准。

作者简介：周　莉，北京市海淀区清华东路35号北京林业大学经济管理学院，副教授，vfvf@263.net；
　　　　　李辰颖，北京市海淀区清华东路35号北京林业大学经济管理学院，副教授，lilisanxi163.com；
　　　　　胡冬梅，北京市朝阳区来广营西路318号北京福耀玻璃有限公司，公司副总兼财务总监，2355787155@qq.com；
　　　　　张　岩，北京市海淀区清华东路35号北京林业大学经济管理学院，副教授，zhangyan.1965@163.com。

表 1 "百校百题"大赛过程管理评分标准

一级指标	二级指标	过程管理评分标准	满分
工作记录	小组记录	资料提交及时程度(1 次提交不及时-5 分,1 次提交不全-3 分,扣完为止)	25
		记录内容清晰详细程度(很好 21~25 分,好 16~20 分,以此类推,5 分为一档)	25
	个人记录	小组成员个人工作日志记录及时程度(同小组记录)	25
		记录内容清晰详细程度(同小组记录)	25
学习记录	学习/培训	小组成员需完成线上必修课程(1 个成员未修完-5 分)	25
	记录表	学习记录表填写完整清晰(缺少 1 次-5 分)	25
	分享记录	召开学习分享会,向课题组外学生分享学习经验 以视频记录数量计分(每个 5 分)	25
		分享会内容翔实程度(同小组记录中记录内容得分标准)	25
宣传记录	学校支持	学校官网宣传 1 次得 5 分,官微宣传 1 次得 3 分 给予课题组经费支持得 10 分	30
	视频	按时提交大赛相关宣传视频,1~3 分钟(每个 5 分)	15
	照片	按时提交大赛相关宣传照片(每个得 2 分)	20
	文字	学校官网、官微发布宣传文稿(每提交一份得 5 分)	15
		文稿内容翔实程度(同小组记录内容得分)	20

二、参赛过程及其结果

北京林业大学经济管理学院会计系,阅读了校长批示的参赛文件,组建队伍(该队伍简称"项目组")参加本次竞赛,力压北京大学、中央财经大学、对外经贸大学等强手,获取大区赛 E 区第一名,最终荣获全国总决赛铜奖,并由教育部奖励一万元奖金。

整个参赛流程和时间节点由图 2 所示。

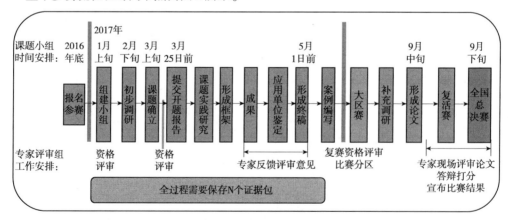

图 2 三级赛制、参赛流程与关键时间点

资料来源:根据《"百校百题"大赛参赛指南补充说明》整理所得。

按照资格审核、大区赛、全国总决赛三级赛制回顾整个赛事,可以分成以下 3 个阶段:

(一)第一阶段,资格审核:学院助力,全面整理资料,通过资格审核

2016 年 12 月,报名参赛的高校 282 所,390 个课题组申报,遍布全国 31 个省级行政单

位;经专家审核,最终238所高校,328个课题组入围,其中985、211学校46所。由此,学校学院实力是本轮获胜的关键之一。其次是团队实力。在只知研究方向是财税领域,而不知匹配企业,不知科研题目的情况下,参赛队伍决定申报参赛时,时间仅剩1个星期。在与参赛方做了深入沟通之后,按照要求填写、收集和提交了3类资料,即报名表、参赛人员及其资质与荣誉证明、学校及院系的详细介绍。参赛队伍由2名教师和10名学生组成,学生队伍由会计系研究生与高年级的本科生组成,其特点是具有一定专业理论基础,多名学生获取会计从业资格证、管理会计师证、证券从业资格证、证券投资顾问能力资格证;具有一定的科研和实战基础,如参加国家社科基金、教育部人文社科基金的研究生,参加过"梁希杯"大创赛并获奖的本科生。因此,人才队伍的理论、科研和参赛经验对通过第一阶段的资格审查至关重要。

(二)第二阶段,大区赛:聚焦科研,攻克系列难题,顶级高校对决,斩获E区第一名

第二阶段历时约6个月(2017年1月–2017年6月),是科研真正实施和赛事展开的关键时期。经过前期审核和初赛评选,在328个课题中,进入复赛的课题共197个。复赛分为5个区,北京林业大学会计系项目组与北京大学、中央财经大学等高校被分在E区,在济南大学经过激烈角逐,斩获E区第一,顺利进入全国总决赛。

1. 研究课题情况

本次比赛的特点是导向性、实践性和创新性的应用型大赛。紧密结合大赛特点,教育部为项目组匹配的企业为北京福耀玻璃有限公司。项目组与企业导师反复沟通,并进行文献梳理、数据演绎,发现该公司乃至所属行业,存在存货积压严重,占用企业过多资金,严重影响企业经营业绩。结合该典型问题,研究题目确定为"北京福耀玻璃有限公司存货资金占用与管理模式研究",并制定研究方案,经过开题研讨会,邀请同行专家、理论与实践工作者共同探讨,最终确定研究方案(图3)。该研究具有实践性和创新性:第一,理论研究结合落地应用研究。通过校企合作的方式,使得理论研究结合了现实情况,而现实中的条件也使得研究的方案、结论获得更切合实际的修正,从而得出有意义的研究结论。研究结论也可以在同类型企业中推广;第二,通用化研究结合专用化研究。该研究针对存货为汽车玻璃的福耀汽车企业进行研究,结合汽车玻璃的特点,设计存货管理模式,得出的研究结论更具有针对性和实用性。第三,存货管理提升资金效率。将存货管理与资金效率结合起来,不单单考虑存货的合理管理,而是将其提升到资金管理的高度,使得企业的仓储部与财务部门能结合起来,共同重视存货的合理管理问题。通过存货的合理管理从而减少资金的占用,提高资金的运营能力,具有极强的应用性与实践性。

2. 大区赛参赛情况

按照本阶段比赛的评分公式1,进行项目组分组。项目组分为撰写组、资料支持组和过程管理组。

$$大区赛得分 = 论文评审得分 \times 40\% + 现场答辩得分 \times 30\% + 过程评审得分 \times 20\% + \\ 人气值得分 \times 10\% + 案例加分(5分) \quad (公式1)$$

(1)论文质量是关键,案例撰写是必须

论文占本次比赛评分40%,而案例撰写即能加分,因此撰写组牢牢把握这两点。项目组4月中旬之前,主要为撰写的高水平论文服务。在研究方案确定后,项目组拟定了论文提纲,并分配任务,在收集整理资料的同时,拟定调研方案和问卷,与企业导师反复沟通调研细节,尤其是访问与存货管理相关利益者,如何获取企业数据以及何种数据等问题磋商。在企业导师的密切配合和指导下,4月中旬形成论文初稿。在这个过程中,攻克了一系列科研难题,例如:北京福耀玻璃企业规模较大,产品型号多,销售客户众多且分散,存货分类方法选择难度大;影响订货因子较多且不确定性较高,导致经济订货模型建立困难。

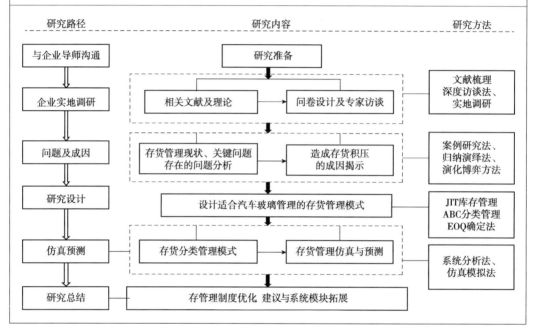

图3 研究目的、主要内容与研究方案、技术路径

最终,在理论、实践专家的反复讨论和学生们反复论证的基础上,获取了理想的研究结果:以企业提供的典型存货为例,以项目组模型进货管理,比原库存节约60%。在此基础上论文建立的企业分类存货管理模式,受到了企业的认可和高度评价。4月中下旬,论文初稿形成后,撰写组分为2组,即论文组和案例组,论文组修改完善论文,案例组在论文中摘录关键部分撰写案例。最终,在比赛节点顺利完成了论文和案例提交工作。

(2)过程管理提高项目管理和研究质量

过程评审占本次比赛的20%,因此,项目组建立了过程管理组,负责财务工作、会议组织与记录、大赛时间节点的各种资料的平台传输工作,以及资料的保留管理工作。过程管理工作是非常琐碎繁琐的工作(图4),项目组建立了每周一次例会制度,并留有完整的会议记录,解决已有难题并整理新的问题,提出解决思路、实施方案和时间节点,有效地保证了研究项目高质量运行。

(3)扎实的研究功底、机智的现场答辩,斩获E区第一。

在校企齐心,团队聚力,始终把握论文质量,高效过程管理的基础上,项目组顺利进入复赛,即大区赛答辩环节。在这个环节,项目组被分到E区,在济南大学进行答辩。该组参赛队伍实力强劲,有北京大学、中央财经大学、对外经贸大学、北京工商大学、山东大学、济南大学等15个课题组。项目组的答辩队伍5人,其中2个答辩手。项目组答辩手是

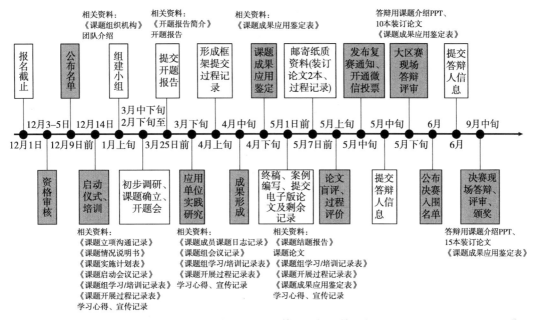

图4 "百校百题"过程管理需提交的材料

资料来源：《"百校百题"大赛参赛指南补充说明》

全程参与项目，且承担论文的主撰写工作，队长为主答辩手，与副答辩手配合默契，其他3名成员负责与大区赛方沟通、差旅服务及财务工作。在答辩前，项目组专门模拟答辩，由带队教师和高校导师提出各种问题并作答。在赛区现场，项目组有专人观察并总结专家所提问题和其他项目组答辩选手的表现，形成经验教训，以供项目组答辩选手参考。当现场答辩时，答辩手准备充足，表现出色。最终，以E区第一名的优异成绩，入选全国总决赛。

(三)第三阶段，全国总决赛：提升论文深度，脑洞大开，全面梳理关键问题、作答，现场机智答辩，荣夺全国总决赛铜奖

第三阶段历时近4个月(2017年6月–2017年9月)，最终有6支队伍进入全国总决赛。我校项目组与东北财经大学、南京财经大学、西南财经大学、重庆工商大学等财经类高校对决，最终项目组荣获全国总决赛铜牌，教育部奖励一万元。

这个阶段的评分标准是论文和答辩2项，由11名专家共同打分，去掉最高分和最低分后得出最终成绩。参见公式2：

$$全国总决赛得分 = 论文分数 \times 40\% + 现场答辩得分 \times 60\% \quad (公式2)$$

这个阶段主要工作有3项：稳定团队、答辩准备以及继续提升论文深度，其中答辩准备是关键。项目组成员的变化，是此阶段项目组遇到的最大困难。经历了激烈的大区赛的压力和疲惫，项目组学生有些不堪重负，同时，一部分本科学生已经毕业，另一部分研究生开始找工作，剩下的学生要实习，团队人员有所调整。因此，在自愿原则的基础上，首先确定了3位答辩手，其中主答辩手不变。其次，项目组总结了大区赛专家提出的各种问题和建议，并与企业导师沟通后，拟定了论文修改方案：在企业存货分类管理模式的基础上，进行系统设计初探。从典型的企业库存管理模式延伸到行业性的系统模块设计，从典型性到通用性、应用性的创新设计，提升论文的深度。根据研究方案和学生需求，项目组学生在自由安排的基础上，继续分工收集整理资料，论文撰写工作由3位主答辩手负责，以备答辩。8月底，修改的论文工作完成；9月初组织召开了论文答辩模拟会，并聘请了相关资深专家参与答辩。在此基础上，项目组反复开会，全面梳理与研究论文相关的问题，并进行了分类处理和作答。9月下旬，沿用大区赛的经验在北方工业大学参加总决赛。参赛现场,有些问题已经梳理,因此准备充分。答辩手在现场机智答辩,最终获得全国总决赛铜奖。

三、参赛经验及思考

回顾教育部"百校百题"赛事。第一届赛事历经约1年时间,我校项目组取得了较好成绩。现总结两点经验,供后续参赛队伍借鉴,以期更创佳绩。

(一)聚焦赛事评分标准,紧扣专业,周密筹划和实施

赛事相对短暂,却兼具科研过程和比赛过程,缜密且复杂。因此,必须聚焦目标管理,每一阶段的目标就是评分标准,据此分组分解任务,落实到人。本次赛事的过程管理要求,使项目组由被动提交各项资料成为主动进行时间任务管理,因此,项目组仔细阅读赛事要求和时间节点,列表说明各阶段任务和时间节点,专人负责,传达到每一位小组成员。

从专业而言,始终坚守"专业论文质量"和"论文答辩水平"。

(1)围绕赛事特色,确定研究题目是关键。"北京福耀玻璃有限公司存货资金占用与管理模式研究"是本次赛事的研究题目。首先,该题目典型具体,符合本次大赛的特点导向性、实践性和创新性。它是企业的现实问题,属于行业典型性问题,研究结果具有很强的应用价值。其次,项目组对该题目有扎实的研究基础。本次大赛最终均为学生答辩,因此,学生应对该题目的相关理论有较好把握。项目组导师有相关研究,而学生也系统地学习过相关理论模型,最终,项目组结合企业现状,优化后的存货订货模型可以为企业节约资金60%,得到理想的研究结果,并得到企业导师的认可和答辩组专家的好评。

(2)结合论文撰写、修改过程,连续全面梳理论文中的问题,从容应对答辩。在整个赛事中,论文的撰写、修改工作贯穿始终,在答辩环节之前,结合这个过程将会议纪要中的问题、论文中已解决的关键问题、还需要进一步研究的问题全面梳理,并作答,从而在答辩现场从容应对。同时,要对主答辩手、副答辩手的主次任务、答辩顺序进行合理划分,以应对现场的突发问题,从而机智应对。

(二)校企齐心,团队聚力,外部资源保障比赛的高水平发挥

项目组作为团队参加比赛,其凝聚力极为重要。在整个赛事中,每一位成员积极配合,完成各自任务分工极其重要。本着自愿参加的原则,初始有约20位学生,到最后全国总决赛的主要5位学生。能坚持到最后的学生是团队的主力军,团队需要不断地分组调整以应对变化。其中,带队教师、企业导师和学生队长在团队中的作用至关重要。本次赛事中,项目组的企业导师从研究数据、企业资料的获取以及研究中相关问题的提出和解答,都起到了至关重要的作用,因而与企业导师良好的关系至关重要。学生队长是本次赛事大区赛和全国总决赛的主答辩手,兼具专业能力和沟通能力,在学生中是具有凝聚力的关键人物,对团队的分工协作、研究的顺利进行也是至关重要。除此之外,外部资源也至关重要,本次赛事得到校长的参赛批示,得到学校、学院和系里的高度重视,在资金和组织协调方面给予了积极支持,保证了项目组集中精力聚焦专业和赛事,从而在赛事中高水平发挥。

教育部的"百校百题"第一届赛事已过,却也引发了一些思考。这次大赛,是财税领域的应用型大赛,通过这场赛事,系里聘请了一些高水平的专家和实践工作者,作为导师指导学生学习和研究。培养了一批学生,增强了其专业领域问题深入研究、探索的能力并提升了其综合素质和协调能力。大赛案例进一步开发并成为教育部学位中心与全国会计专业学位研究生教育指导委员会入库案例,应用于本科与研究生课堂教学,从而提升课堂教学的实践应用水平。但大赛后如何继续研究行业、企业实际问题?如何将研究成果转化为企业生产力?如何将赛事中的经验运用于培养人才队伍?这一系列问题还需要进一步深思、探究和解决。

参考文献

[1] 国务院. 国务院关于印发"十三五"国家科技创新规划的通知[Z]. 2016-7-28.

[2] 教育部, 国家发展改革委, 财政部. 关于引导部分地方普通本科高校向应用型转变的指导意见[Z]. 2015-10-23.

[3] 教育部学校规划建设发展中心. 关于举办2016第一届大学"百校百题"应用型创新课题(财税领域)大赛启动仪式暨大赛培训通知[Z]. 2016-12-6.

[4] "百校百题"大赛组委会. "百校百题"大赛参赛指南补充说明(2017版)[Z]. 2017年1月.

[5] 教育部学校规划建设发展中心. 2016第一届大学"百校百题"应用型创新课题(财税领域)大赛简介[EB/OL]. http://www.100mooc.org/introduction/.

Review and thinking of "Hundreds Research Subjects with Universities" competition by the Ministry of Education

Zhou Li[1] Li Chenying[1] Hu Dongmei[2] Zhang Yan[1]

(1. Accounting Department, Beijing Forestry University, Beijing 100083;
2. Beijing Fuyao Glass Co., LTD., Beijing 100007)

Abstract "Hundreds research subjects with universities"applied (finance and tax field) innovation topic competition, is the ministry of education for the record of "two innovations"theme competition practical training platform between universities and enterprises. The competition adopts the three-level system of qualification examination, regional competition and national finals, and pays attention to paper review, on-site defense and process management. The Accounting department of our university organized a team to participate in the competition and studied the inventory capital occupation and management mode of Beijing Fuyao Glass Co., LTD., which won the first in E regional competition and the bronze medal in the national finals. This article through the detailed analysis of the competition process, key points and results, summarizes the experience, in order to create better results in the future.

Keywords Hundreds research subjects with universities, regional competition, national finals, university-enterprise cooperation

基于大创项目的大学生科研素养能力培养与提升

高俊琴

（北京林业大学生态与自然保护学院，北京 100083）

摘要：近年来实施的大学生创新创业训练计划项目为大学生的科研素养培养与提升提供了非常好的平台和契机。本论文基于笔者多年指导大创项目的经历和感悟，总结了大创项目"五阶段"的实施过程，以及学生在此过程中应该得到的初步科研训练，有利于学生的文献阅读与写作能力、思考创新能力、解决问题能力和团队协作等能力的提升。学生通过主持或参与大创项目，对该学科研究方向有初步了解，有利于学生后续科学研究方向的选择，为持续的科学研究奠定了坚实的基础。

关键词：大学生创新创业训练计划项目；科学研究；科研素养；能力培养

近年来，大学生创新创业教育得到越来越多的关注和重视，全国高校设置了大学生创新创业训练计划项目（简称"大创项目"），对大学生的科研素养和实践能力进行培养提升，促进学生全面发展，取得了较好的成效[1-2]。在大创项目实施过程中，在遵循"兴趣驱动、自主实践、重在过程、追求实战"原则的前提下[2]，如何有效培养和切实提升大学生的科研素养和实践能力，显得尤为重要。本论文基于笔者多年指导大创项目的经历和感悟，以湿地生态学学生申请和实施的大创项目为基础，分析大学生科研素养能力的培养和提升，为培养生态文明建设所需的高素质综合型人才提供支撑。

对大学生来说，在大学阶段主持一项大创项目是非常好的科研锻炼机会，也是寻找自己未来科学研究兴趣点的良机。自2011年开始，本人累计指导了11项大创项目，其中国家级和北京市级6项，校级5项。目前已结题项目优良率达到100%，其中部分研究成果已经发表在SCI期刊和中文核心期刊。所有项目主持人在本科毕业之际都选择了继续攻读硕士研究生学位，且研究生阶段科研工作非常顺利，可以说与大学阶段主持大创项目的科研经历是分不开的。因此，指导学生实施大创项目，让学生真正得到科研训练，是指导教师服务学生、提升人才培养质量的重要内容，更是为学生的研究生生涯奠定坚实基础的重要举措[3]。

一、大创项目"五阶段"

（一）准备阶段：文献阅读

大创项目的准备阶段主要包括文献阅读、专业知识储备和实验操作技能等。大学生在顺利适应大学阶段学习生活之后，就可以边学习专业知识边阅读文献，学会查阅专业文献，并做好文献阅读笔记。同时，引导学生充分利用学院的导师制，在指导老师的指引下进入实验室，参与研究生的实验，参与导师组会，为思考和解决问题提供基础。导师要引导学生涉猎专业文献，鼓励学生分享并讲解文献，鼓励合作精神。在此过程中，大学生可以得到实验技能的锻炼，并对专业方向和科学研究有了初步的思考。

作者简介：高俊琴，北京市海淀区清华东路35号北京林业大学生态与自然保护学院，教授，gaojq@bjfu.edu.cn。

资助项目：卓越农林人才培养项目"水文连通变化下黄河口湿地土壤碳氮储存功能评估"（201810022070）。

(二)选题阶段：凝练问题

一般在大创项目申请之前至少半年时间，进入选题阶段，时间会比较充足。此阶段由指导老师和学生共同完成，通常结合指导老师的研究方向和学生个人的兴趣点进行，选题不宜过大，工作量要适中，切合本科生时间和精力投入的实际情况[5]。指导老师通常会提供两个及以上选题方向供学生考虑，并鼓励学生细化凝练出科学问题，以此促使学生进一步思考并体会科学研究的魅力。此时，学生提前参与导师组会的优势就体现出来了，在组会潜移默化地熏陶中，学生能自主思考和凝练科学问题。在此基础上，学生进一步查阅相关国内外研究进展，文献查阅和综述思考能力也得到了初步锻炼。

(三)申请阶段：撰写申请书

一般在正式申请之前一个月完成初稿。学生尝试撰写初步的申请书，指导老师进行逻辑框架性指导。之后，逐步细化，进行第二轮、第三轮等指导和修改。文本完善之后，学生独自完成PPT进行试讲，指导老师和其他学生提出完善建议，学生再行修改完善，一般需要2~4个回合修改，视学生能力水平而定。在此过程中，学生可以进一步完善思路，并得到登台答辩的锻炼。

正式递交申请书和答辩时，学生可以从容进行，并对评委老师的问题能进行自己的思考和回答，体会科学研究项目的严谨。

(四)实施阶段：工匠精神

这一阶段需要学生静下心来按照研究方案来完成实验。就湿地生态学大创项目来说，有的需要外业调查和采样，有的需要温室模拟实验，有的进行实验室分析，都需要严格按照方案来进行。在此过程中，学生会遇到很多没有预料到的事情，比如外业的项目地和自己预想的不一样，甚至无法选择理想的实验地；室内分析仪器出问题等等情况，需要学生思考如何解决问题，并在无法解决的情况下第一时间寻求指导老师的指导。例如，学生在实施黄河三角洲的大创项目时，在7月份外业采样时遇到黄河调水调沙，黄河水位大涨浮桥无法通行的问题，在与指导老师综合权衡，决定恢复通行之后再去一次完成采样。虽然实际实施比预计的时间推迟了，但是保质保量地完成了野外工作，学生也体会到项目实施的艰辛与严谨，以及在此过程中需要精益求精的工匠精神，而不是遇到问题妥协放弃。

(五)总结阶段：论文写作

项目实施过程中，学生要及时将所获得的数据进行统计分析，并撰写论文和总结报告。在此过程中，学生需要学习并使用统计软件，学习科技论文的写作方法。同时，需要深入查阅文献，对自己的研究结果进行深入讨论。在指导老师的指导下，学生将深切体会科技论文写作的严谨与规范，以及学术道德问题，为后续本科毕业论文创作和科研写作打下良好的基础。

二、大学生科研素养的培养与提升

(一)文献阅读和写作能力

文献查询、阅读和管理是学科研究的基础。通过大创项目申请和实施，学生初步学会了使用Endnote等文献查询和管理软件，学会了如何查找自己所需要的文献，增强了文献阅读能力，扩充了专业知识，了解了相关国内外研究进展及发展态势。通过申请书撰写和论文撰写，初步学习了科技论文写作流程。大多数学生第一次进行科研写作，规范性和严谨性很不够，经常会有低级错误出现，例如语句不通顺、错别字等，还有前后不一致，逻辑思维不清晰等问题，导师要进行认真细致的指导，相当于给他们扣好写作的第一粒扣子。

(二)思考创新能力

通过大创项目的申请和实施，学生思考和认识专业问题的能力得到进一步锻炼。因为有项目的目标驱动，学生会主动思考，尝试解决问题。例如，学生从最初问简单的问题，或者简单问题回答不上来，到后来能讲好整个实验故事，还能提出较为深入的专业问题，有自己的见解，大大提升了对专业探索的兴趣。

(三)解决问题能力

大创项目实施过程中，会遇到形形色色的问题，没有统一的解决办法。学生在遇到每一个实际问题时，需要积极主动寻求解决方案，这锻炼了学生解决问题的能力。虽然遇到问题会产生挫败感，但问题解决后也能获得成就感。科学研究本身就是一个充满困难与挑战、探索与失败的复杂过程[3]，很可能实验达不到预期结果，此时要引导学生进行原因分析与经验总结，或许会有新的发现。

(四)团队协作能力

大创项目通常是由3~5名学生组成的团队。在项目实施过程中，项目负责人需要协调每名学生的任务和时间安排，尤其大学生们课程较多，在团队协调上需要花费时间与精力，让大家能够团结协作，共同分担、共同成长[4-5]。此外，大创项目往往需要利用暑假和寒假的时间来进行，这就对项目负责人和团队成员的假期时间安排提出了更高的要求[5]。例如，项目负责人在项目实施之初就做好了时间任务和分工表格，提前协调安排好了暑期轮流照看植物、轮流监测植物指标的工作。因此，团队协作能力在此过程中得到了很好的锻炼。

三、结语

大创项目为大学生的科研素养培养与提升提供了非常好的平台和契机。通过大创项目"五阶段"的实施，即准备阶段——文献阅读，选题阶段——凝练问题，申请阶段——撰写申请书，实施阶段——工匠精神，总结阶段——论文写作，学生得到了初步的科研训练，在文献阅读与写作能力，思考创新能力，解决问题能力和团队协作能力等方面都得到提升。此外，学生通过主持或参与大创项目，对该学科研究方向有初步了解，有利于自己后续科学研究方向的选择，为持续的科学研究奠定了良好的基础。指导教师在指导学生实施大创项目过程中，一方面践行立德树人，提升人才培养质量的要求；另一方面可以从中挖掘到优秀的科研好苗子，为优秀研究生生源选拔、科学研究和人才队伍建设提供支撑。

参考文献

[1]陈真."大学生创新创业项目"指导中存在的问题及对策[J].新西部,2018：121-122.

[2]王志明,包永强,唐蕾.基于大创项目提高大学生创新实践能力的探索[J].课程教育研究.2018,43：211.

[3]黄大可,桂丽,王盛花,等.在校大学生创新实验项目的实践与管理[J].教育教学论坛,2018,42：9-10.

[4]周善,王明霞.大学生创新创业训练项目对大学生创造性培养研究[J].安徽文学,2018,423：158-159.

[5]马尔妮,林剑,商俊博.教师在大学生科研训练计划中作用的改革探讨[C]//于志明.秉烛者的思考与实践——北京林业大学教学改革研究文集.北京：中国林业出版社,2015：94-97.

Improvement of scientific research ability based on innovative training program for college students

Gao Junqin

(School of Ecology and Nature Conservation, Beijing Forestry University, Beijing 100083)

Abstract The innovative training program for college students in recent years provides a very good platform and opportunity for the cultivation and improvement of scientific research ability. Based on the experience in supervising innovation programs, this paper summarized the implementation process of the "five stages" and the initial scientific training which students could learn from the programs. This process can improve the abilities of students' literature reading and writing skill, thinking and innovation, solving problem and team cooperation et al. By presiding or participating in training programs, students have a preliminary understanding of the research field, which is conducive to students' choice of follow-up scientific research, and build a solid foundation for sustainable scientific research.

Keywords College Student Research and Career-creation Program, innovation training program, scientific research, Ability training

基于虚拟仿真实验教学的创新创业教育探索与实践

薛永基　苏跃

(北京林业大学经济管理学院，北京　100083)

摘要： 实验教学在创新创业教育中具有重要作用，是培养创新创业人才的重要环节。北京林业大学经济管理实验中心根据实践探索出了一套较为科学合理的实践教学模式。该模式采用了虚拟仿真技术的最新成果，对企业经营过程进行全方位模拟，让学生了解企业经营的全貌。通过合理的教学方式，提升学生们学习创新创业知识的兴趣。并在学习后通过择优培训、选拔人才、支持创业等一系列环节培育创新创业人才。最后，本文介绍了在该模式下，北京林业大学经济管理实验中心所取得的成果。

关键词： 创新创业；虚拟仿真；实验教学；创业孵化

实验教学是经管类人才培养的重要环节，是培养学生创新意识、创业能力和综合实践素质的关键。北京林业大学经济管理学院实验教学中心经过不懈探索和实践逐步形成了一套完整、科学的实践教学培养体系。"虚拟商业社会环境VBSE"多专业创新实践项目以"营造企业经营管理情景"为手段，基于其所具有的"对抗性""仿真性"和"角色体验性""开放性"等特征，通过全方位、多维度体验现代企业生产经营管理工作全过程的方式，全面提高经管类专业学生的经营管理水平、信息技术水平和综合能力。这种教学模式可以让学生们在实验室中体验企业经营决策的过程，达到模拟企业经营的效果，使学生接触到一个企业的核心业务、参与企业整个经营过程，帮助学生理解和掌握一个企业的全貌。

一、基于实验教学的创新创业教育模式的提出

在创业活动中，学生作为一名创业者，未来的职业素养和发展空间在很大程度上取决于其理论联系实际能力、决策能力和领导能力等多方面综合素质。但就目前而言，学生创新创业还面临两大突出难题：①在企业实践学习中难以接触到企业的核心业务与整体经营过程，造成学生无法了解一个企业的全貌，阻碍其创业进程。②创业初期由于缺乏支持(如资金、技术、场地等)造成创业步履维艰。基于以上认识，北京林业大学经济管理实验中心探索出一套了大学生创业指导与孵化的典型模式，受到业界(京内高校、北京市良乡大学生创业园等)的广泛好评。该模式为：通过虚拟商业社会创新实践项目和校园"林场"选择具有创业想法的学生进入实验班，系统讲授创业的规律；对掌握创业规律的学生给予大学生创新创业实践活动支持，让学生开展充分调研；对调研可行的项目，在大四寻找创业孵化基金，并推荐到学校的科技园进行具体孵化(图1)。

作者简介：薛永基，北京市海淀区清华东路35号北京林业大学经济管理学院，教授，xyjbfu@163.com；
　　　　　苏跃，北京市海淀区清华东路35号北京林业大学经济管理学院，硕士研究生，13651107564@163.com。
资助项目：北京林业大学教育教学研究重点项目"农林业经营虚拟仿真教学特性分析与教学设计"
　　　　　(BJFU2017JYZD005)。

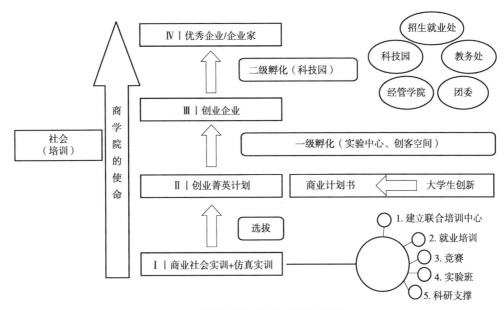

图1 大学生创业指导与孵化模式图

总而言之，该模式围绕"普及性"与"选拔性"双核心展开。其中"普及性"指面向所有经管及相关专业开展国家级、市级、校级大学生创新创业教学或实践活动。而"选拔性"指在"普及性"活动的基础上，将市场前景好的项目团队纳入"大学生菁英计划"，进而通过基地孵育创新创业菁英。

二、"普及性"的大学生创新创业训练

依据《北京林业大学大学生创新创业训练项目学生工作指南》，基地承担经济管理类国家级、北京市级和北京林业大学校级创新创业训练，旨在增强学生科学研究兴趣、创新创业意识及团队合作精神，强化大学生创新创业能力训练，提升大学生综合素质，培养适应创新型国家建设和社会经济发展需要的高素质创新型人才。

（一）全仿真的创新创业实训

在"把市场搬进教室，把课堂教给学生"的指导思想下，通过"机构仿真""环境仿真""流程仿真"三位一体的虚拟仿真形式对真实商业社会环境中常见组织、部门与岗位的模拟，建立商业经营的"虚拟社区"。让学生通过身临其境地岗前实习，使学生认知并熟悉现代商业社会内部不同组织、不同职业岗位的工作内容和特性，训练学生从事经营管理所需的综合执行能力、综合决策能力和创新创业能力，培养学生的全局意识和综合职业素养。

（二）全方位普及教学

就选择课程方式而言，创新创业实验教学提供了多种选课方式，为学生安排课程提供了极大的便利，学生可以通过"小学期""竞赛训练营""专业必修""专业选修"等多种形式选择本课程。就覆盖专业而言，各专业学生都可以选择本课程，主体专业主要包含农林经济管理、工商管理、市场营销、人力资源管理、国际贸易、会计学、金融学、统计学等11个，此外还辐射风景园林、林学、生物学、水土保持等创业相关专业。就包含课程而言，课程依托用友新道"虚拟商业社会环境VBSE"平台，融合包括"农林业经营管理虚拟仿真实训课程""沙盘推演实验实践课程"等在内的多套课程。就覆盖学历而言，同时服务于硕士和博士相关学科。

三、"选拔性"的大学生创业菁英训练计划

中心已于 2014 年启动"创业菁英领航计划"训练,该计划的核心是邀请和选拔市场前景良好的项目团队组建创业实验班,计划每期招生 40 人,共分为 8 组,一组 5 人。通过创新创业培训、创业支持辅导等一系列手段进行培育孵化。被选入实验班的学生可以免费参与培训,并获颁结业证书。毕业后有创业意向的学生将会获得创业支持。

(一)教学两大核心:"创业慕课"与"翻转课堂"

实验班采用"创业慕课"和"翻转课堂"两个方式进行教学。"创业慕课"的核心在于基地围绕虚拟仿真实验教学构建起具备现代化教学功能的教学平台,学生可以借助该平台与局域网在校园内任何位置登录软件系统,从而方便学生进行课下实验。平台服务于教学与管理,也通过数据中心服务于科研,使信息技术在教学科研上的典型应用。"翻转课堂"的核心在于在教学活动中,学生由传统的"被动接受"转变为"主动决策",而老师的身份则由"教练员"转换为"裁判员"。学生以小组形式参加到学习任务中,组成一个"企业",并按照分工理论担任 CEO、营销经理、财务经理等职务,按照职位说明书展开工作。教师则不直接干预任何虚拟经营主体的经营管理决策,仅确保所有虚拟经营主体在一定商业规则下平稳运行与组织课堂讨论。通过角色转变设计,增强了实验课程的趣味性与互动性,提升了学生的团队协作与沟通协调等能力。通过"创业慕课"与"翻转课堂"相结合的教学方式,一方面,学生可以在课下利用互联网、移动互联网等在线平台进行线上学习,打破了学生在学习时间、地点上的限制;另一方面,充分调动了学生自主学习的积极性,锻炼了学生的动手能力和创新实践能力。

(二)孵育两大步骤:选拔培养与创业支持

就实孵育步骤而言:第一,选拔培养。学习时间在第一课堂之外,主要利用晚间、周末和假期的时间进行,与第一课堂不冲突。培养期间采用动态管理机制,即实验班内的同学如不能按照要求完成指定任务,将被淘汰出实验班;实验班外的同学如果能够提供符合要求的创业作品,也可以进入实验班进行进一步学习。学习期满后,合格的学生将获得 3 个公共选修课学分,以及由基地签发的"结业证书"。第二,创业支持。毕业后,基地将为日后真正具有创业理想的学生提供创业方面的支持,为学生提供高质量的创业平台,让学生在其中进行具体孵化,并通过企业捐赠等形式设立"创业孵化基金",对可行的项目给予创业资金支持。同时,由基地专职(经济管理学院教师)和兼职(校外企业高级管理人员)的教师共同担任辅导老师,对创业的学生加以科学地引导,给予合理的建议。

四、实践成果

经过不懈的努力和探索,北京林业大学经济管理实验中心基于虚拟仿真,创新实验教学逐步形成了一套"围绕一条主线、建设两个平台、构建多套课程、服务多个专业、促进协同创新、培养卓越人才"的实践教学培养体系,旨在增强学生科学研究兴趣、创新创业意识及团队合作精神,强化大学生创新创业能力训练,提升大学生综合素质,培养适应创新型国家建设和社会经济发展需要的高素质创新型人才。在本模式的运行下,实验中心并取得了良好的成果。

近年来,实验中心共指导国家级创新创业活动 50 项,北京市级创新创业活动 40 项,校级创新创业活动 125 项,共 215 项。已经立项的 215 个创新创业团队全部按时间完成任务,累计参与学生约 1100 人,体现了广泛的群众性。本模式提高了学生积极参与科研和实践活动的兴趣,提高了学生的分析问题、解决问题能力,不仅启发了学生积极参与创新实

践的热情，更提高了学生的综合能力。

此外，本模式在执行中对学生的创意进行评判，进而推荐市场化程度高的项目参加相关的大学生赛事，受到学生的欢迎。目前，通过该项目推荐赛事作品100多份，获得各类奖项20多项，典型的有"娃哈哈营销教育实践基地创意大赛全国第3名""娃哈哈营销教育实践基地创意大赛北京第1名""全国商科院校技能大赛品牌策划专业竞赛全国特等奖"、"北京市大学生创业设计竞赛特等奖"等，取得了较好的教学效果。

五、结语

本模式以虚拟仿真实验教学为基础，面向全校学生授课。通过选拔的形式，筛选出一批有创业意向的优秀的创新创业人才，并通过特色的教学与合理的支持为创业人才提供创业方面相关的支持与保障，从而为国家培育出一批优秀的创业者。本模式是在创新创业教育领域中的一次有益尝试，并取得了一定的成果。但是同时，创新创业教育依然存在待论证和研究的空间，本模式作为一次积极地探索，许多地方还存在不足，有待进一步完善。

参考文献

[1] 张玉臣，叶明海，陈松. 创业基础[M]. 北京：清华大学出版社，2015.
[2] 李家华，张玉利，雷家骕. 创业基础[M]. 2版. 北京：清华大学出版社，2015.
[3] 吴晓义. 创业基础——理论、案例与实训[M]. 北京：中国人民大学出版社，2014.
[4] 施永川. 大学生创业基础[M]. 北京：高等教育出版社. 2015.
[5] 李肖鸣，朱建新. 大学生创业基础. 2版. 北京：清华大学出版社，2013.
[6] 胥悦红. 企业管理学(第2版)[M]. 北京：经济管理出版社，2013.
[7] 卢福财. 创业通论[M]. 北京：高等教育出版社，2012.
[8] 朱瑞富. 创新理论与技能[M]. 北京：高等教育出版社，2013.
[9] 约翰·贝赞特，乔·蒂德. 创新与创业管理[M]. 北京：机械工业出版社，2013.
[10] 陈永奎. 大学生创新创业基础教程[M]. 北京：经济管理出版社，2015.
[11] 许湘岳，邓峰. 创新创业教程[M]. 北京：人民出版社，2011.
[12] 杰夫·戴尔，赫尔·葛瑞格森，克莱顿·克里斯坦森. 创新者的基因[M]. 北京：中信出版社，2013.

Exploration and practice of innovation and entrepreneurship education based on experimental teaching

Xue Yongji　Su Yue

(School of Economics and Management, Beijing Forestry University, Beijing　100083)

Abstract　Experimental teaching plays an important role in innovation and entrepreneurship education, and is an important link in cultivating innovative and entrepreneurial talents. The economic management experiment center of Beijing Forestry University has explored a set of more scientific and reasonable practical teaching mode according to practice. This mode adopts the latest results of virtual reality technology to conduct all-round simulation of the enterprise operation process, so that students can understand the overall picture of enterprise operation. Through reasonable teaching methods, students' interest in learning innovative and entrepreneurial knowledge can be enhanced. After study, we will cultivate innovative and entrepreneurial talents through a series of links, such as merit-based training, talent selection and entrepreneurship support. Finally, this paper introduces the results of the economic management experiment center of Beijing forestry university under this model.

Keywords   Innovation and Entrepreneurship, Virtual Reality, experiment teaching, business incubation

基于实践项目运作的大学生
创新创业教育研究

李小勇　罗媛媛　籍仕第　曾　鹏　郑　傲　马雪莹　高　溪

（北京林业大学经济管理学院，北京　100083）

摘要：大学生创新创业教育是大学教育研究的热点议题，如何切实提升效果又是其中的难点。本文以两个具体的创新创业项目为例，描述了项目开展的全过程以及实际运作情况。本研究认为，创新创业教育的核心并非培养创业型人才，而是培养创新思维。有价值的大学生创新创业教育应注重实践性，而非评价"结题式文本"，强调项目的实践运作，通过实践体验培养学生的创新意识。有效的项目应来源于社会需求和充分的调研。

关键词：实践性；大学生；创新创业教育；项目运作

自 2014 年 9 月夏季达沃斯论坛"大众创业、万众创新"提出以来，再经写入 2015 年《政府工作报告》，以及在各大重要会议频频阐释，一时创新创业在中国大地风起云涌。国家层面成立相关机构列为国家战略进行大力推进，激发民族的创业精神和创新基因，试图把"创新创业"作为社会进步的动力。中国每年有 700 多万高校毕业生，被认为"双创"的主体，因为他们具有高素质和创新创业的激情。随着经济低迷，加上就业难，对大学生寄予厚望，希望通过"双创"催生新供给，释放新需求，成为稳增长的重要力量。

在此背景下，大学生"双创"活动受到广泛关注，各级政府出台鼓励政策，设立专门的大学创新创业园，众多企业设立创新创业基金、高校大力开展和推进创新创业教育，各种"挑战杯""创业杯"赛事层出不穷，参加的学生日创新高。但是，基于我国传统的教育模式，当前大学生创新创业现状及教育仍旧存在不少问题。大学生只是"被推着走"，被动接受创新创业教育。大学生创新创业教育和实践缺乏实践，过于偏重理论，"结题式"文本报告导致创新创业效果不明显。大学生创新项目模仿性多，创新性不足。

要解决上述问题，真正激发大学生创新创业精神，关键在于大学生创新创业教育开展的方式，即实践性，强调大学生创新创业必要有体验，要进行实际的项目运作。项目最终是否成功不是大学生这个阶段创新创业及教育成败的标志，关键通过实践的过程让学生真正体会创新创业的真谛，在未来的就业工作中，能够脚踏实地开展创造性地工作，推动国家发展、社会进步。本文以作者指导的两个实践项目作为案例，阐述了基于项目实践导向的大学生创新创业教育开展努力的方向。

作者简介：李小勇，北京市海淀区清华东路 35 号北京林业大学经济管理学院，副教授，leexymarket@163.com；
　　　　　罗媛媛，北京市海淀区清华东路 35 号北京林业大学经济管理学院，研究生，luoyuanyuan_bjfu@163.com；
　　　　　籍仕第，北京市海淀区清华东路 35 号北京林业大学经济管理学院，研究生，931986015@qq.com；
　　　　　曾　鹏，北京市海淀区清华东路 35 号北京林业大学经济管理学院，本科生，1404109718@qq.com；
　　　　　郑　傲，北京市海淀区清华东路 35 号北京林业大学经济管理学院，研究生，2398405114@qq.com；
　　　　　马雪莹，北京市海淀区清华东路 35 号北京林业大学经济管理学院，本科生，abbygirlying@163.com；
　　　　　高　溪，北京市海淀区清华东路 35 号北京林业大学信息学院，本科生，gaoxi1992@hotmail.com。

资助项目：北京林业大学 2018 年教育教学研究重点项目"MBA 教育和本科人才培养的融合研究——以工商专业为例"（BJFU2018JYZD013）。

一、文献综述

大学生创新创业教育近年来成为大学教育研究中的一个热点问题,许多学者从不同角度,例如课程设置、师资力量、学分要求、竞赛等对此进行了讨论,取得了很多可喜可贺的研究成果。

在大学生创新创业教育重要性探究中,一些学者认为创新创业教育契合时代发展,学生能够实现自身价值并为社会创造价值[1];创新创业教育看齐国家战略,为创新型国家建设持续提升育人能力、储备一流创新创业人才[2]。

在大学生创新创业教学模式探究中,有专家提出"三全育人"模式进行创新创业教学,全员、全方位、全过程三管齐下,贯彻大学生创新创业教学培养[3]。也有人提出"三融六元"一体化教育理念,从理念、专业、课程、师资、实践和评价管理六个方面进行创新创业教育的内外融合、学创融合、产教融合[4]。还有的提出"六位一体"的教育新模式,明确双创理念转变固有思想,优化双创实践基地营造实战氛围,借助新媒体扩大师生交互平台,完善双创激励评价制度并提供保障机制,突出双创形式载体和对象载体培训重点方面,强化双创和专业以及实践的融合,最重要的是高校、政府和企业三方合作,共同打造立体化的双创教育平台[5]。

Dewey以经验理论论证实践教学存在的基础,他认为教育的核心是学生的经验[6]。创新创业教学模式具体体现在学校课程设置方面,例如将双创计入学分量化,增加第二课堂活动如营销大赛、创业大赛等[7],加强第三课堂实践,如校企合作实训基地[8],为学生提供创新创业学习机会,提高学生的参与感和积极性。互联网是当下便捷的媒介,整合全国甚至全世界优质课程实现资源共建互享,创建"互联网+创新创业教育"形式[9]。大学生创新创业教学模式除了课程设置上的改进外,教师对大学生创新创业起主导作用,高层次人才教师可以起到良好的示范作用,同时高层次人才教师前沿的教学资源和方法可以强化学生实践培训[10]。学校可以借助互联网搭建大学生创新创业师生互选平台[11],导师和学生之间双向选择可以促进专业教育和人才优化的结合,教师可以提供更加有针对性地指导,引导学生,培养学生的创新创业意识与能力。

综上所述,已有的创新创业教育研究主要是对于创新创业教育的重要性和教学模式进行研究论述。学者们对于创新创业教育一致的观点是:对于双创而言,实践是最为成功且最有效的方法。学者们从不同的实践内容和方法出发,探究创新创业教育问题。这些研究成果的取得表明了大学生创新创业教育取得的成效,同时也有力地指导了创新创业教育的开展。关于创新创业教育研究也存在一些不足。在研究对象的选择上,创新创业教育的研究基本上特定于某一个高校或者某一个专业,研究具有特定性,没有普遍性;在研究内容上,创新创业教育是一个阶段问题,采用实验对比更能体现出已有的实践方法是否可行和有效,已有研究基本上是对现有教育做总结,缺少强有力和更直观的数据说明。特别的,这些研究很大程度上是基于自上而下的思路,虽然强调实践性的开展,但是更多是"文本"角度,从"文本"的角度来安排、检测创新创业教育的开展思路及成效。但是很明显,创新创业活动来源于实践,没有实践,再多的创新创业活动都停留于纸面。自下而上,以学生为主体的,以实践项目为主要内容的研究目前还是比较少,研究成果也比较少。本文的研究试图在这方面进行探索。

二、项目案例

为更好地开展研究,作者引入指导过的两个创新创业案例(表1),《松子工作室:校园移动二手交易服务》和《简·减》就是具体实践运作的大学生创新创业项目,学生利用课余时间进行创新创业实践，既结合了所学专业特色，又兼顾了课程的学习，提升写作能力的同时培养了创新实践能力，短期内还可收获成效。

表1 案例概况

项目名称	项目等级（校级/北京市/国家级）	主持人	立项时间	结题评价（优秀/良好/合格/不合格）	项目成果（详细列出发表的论文、申请或取得的专利、发明成果、竞赛获奖、制作的实物等）
松子工作室：校园移动二手交易服务	国家级	高溪	2013年	优秀	（1）"天翼华为杯"华北五省及港澳台地区计算机应用大赛三等奖 （2）百度云骑士之夜极限编程挑战赛三等奖 （3）软件著作权名称PickMe——移动校园二手交易平台 （4）可觅PickMe移动校园交易平台
简·减	校级	马雪莹	2018年	还未结题	北京林业大学"互联网+"大学生创新创业大赛三等奖

（一）"松子工作室：校园移动二手交易服务"项目

"松子工作室：校园移动二手交易服务"项目是一款基于校园的移动二手交易平台，取名可觅PickMe，定位于C2C(Consumer to Consumer)的消费者之间的平台，交易模式为O2O(Online to Offline)的"卖家线上发布+买家线下支付"。结合基于校园的身份认证体系，提供可靠的安全机制。这样一个平台系统可以极大地便利校园用户，使用者只需打开照相功能就可以上传发布商品，满足其随时随地发布、浏览校园商品的需求。同时，相对传统移动二手交易类系统（如淘身边、58同城客户端），有稳定的消费群体和更加可靠的校园身份认证机制、信用体系。

项目运营以二手交易平台为基础吸引用户，在积攒了一定的使用量之后，结合校园用户其他购物的需求以及校园周边商家的宣传需求，加入团购、周边商家推荐的功能服务，该平台将不仅仅局限于二手商品的浏览和发布。一方面扩展了系统提供的服务范围，刺激使用量，另一方面向商家收取费用成为了项目主要的盈利模式。在系统发布使用的同时，通过第三方接口进行数据分析和统计，统计用户的交易类别等信息，提供行业内用户需求分析以及同行业水平、垂直分析。分析结果做到真实可靠，帮助商户优化自身服务与业务模式，迎合市场需求提高自身竞争力。

项目预计用户日平均使用时长20min，日平均浏览20个页面，一个页面40KB计算，一天0.8M，月浏览天数20d，得出月使用流量为16M。可见产品不会对用户造成过多流量损耗，适合校园用户日常使用。最终，面向个人消费者提供系统的商品检索、发布服务，面向商家推介、置顶、数据提供的服务。打破传统的校园移动平台模式、传统的二手交易模式、传统的移动购物模式、传统的移动二手交易系统模式，做到整合校园二手信息资源、校园周边商品及商家信息资源的结果。

可觅PickMe2.0版本于2014年5月下旬开发更新完毕并发布于各大安卓市场，google和百度搜索现已能捕获关键词。迁移至阿里云平台之后，2014年4月4日—6月9日进行统计，目前总注册人数为435人，商品总数500件，DNS解析（网站访问量）日均500次，最高820次，最低350次。关于日活跃用户量（DAU），2014年4月4日—6月9日期间最高23人，最低0人，平均10人；日新增（DNU）用户最高18人，最低0人，平均4人。期间共增加201人；日在线用户（DOU），最高34人，最低1人，平均23人。首日留存最高100%，最低 0%，平均 15.75%。日留存最高 50%，最低 0%，平均 6.04%，14.5%的天数达到 20%以上留存率。

目前，百度搜索和谷歌搜索"可觅 PickMe"均能在第一条显示（图 1），最近更新时间为 2018 年 12 月 28 日，更新至 2.5 版本，在应用宝等安卓应用商城均能下载，运营情况良好（图 2）。

图 1 "可觅 PickMe"搜索界面图

图 2 "可觅 PickMe"腾讯应用宝搜索结果

（二）"简·减"项目

"简·减"项目是基于微信小程序，拥有互联网思维体系，以用户为中心，致力于使减肥餐实现个性化定制的健康餐饮平台，旨在提供减肥餐的个性定制服务。借用微信平台，方便快捷，用户可随时随地自主搭配喜爱的食材，体验定制化服务。通过重量计价，每种食材的下方会标有卡路里，用户可根据选定的材料、搭配的酱料及做法等，得知自己搭配的一顿饭的卡路里含量，从而达到食低脂食品减肥的功效。该项目以用户体验至上为准则，通过外包物流，低价饮食及配送服务于用户，利用环保的材料呈现极简主义风格的包装，符合当下审美及流行趋势。

公司也会在与用户交互的过程中通过用户的意见及反馈不断迭代更新。模仿互联网公司将主要服务和产品同盈利分离的运营方式，例如 Google 为用户提供最大价值的搜索平台是免费的，而其盈利来自搜索结果外挂的广告；项目的主要产品是按照用户挑选的食材制作减肥餐，利用食材成本低的优势，低定价以放大用户规模，同时以销售较高利润的精制饮品来盈利。

以用户为中心，不断为用户提供满意的服务与产品，力求把产品、服务和用户体验做到极致，把工作重点放在客户关系的培养上，通过与用户的交互，不断使产品迭代更新，在不断开发新客源的同时，利用20%的用户为企业带来80%的利润这一原理，为企业长期盈利创造条件；通过以低价的配送费模式吸引消费者购买产品，从而达到盈利；客户所偏爱的食物和服务能够形成一些小市场数据，可将数据有偿提供给有需要的数据分析公司帮助其进行大数据分析，从中获得一定的利益，是一个双赢的渠道；通过 VIP 服务制度，用户办理会员卡，从而达到公司盈利。多元化的盈利模式增加了项目的现金流和成功的可能性。

在实践运作过程中，《简·减》项目组设计出了微信小程序交互界面，自己购买原材料，租用北京林业大学附近餐厅，并做出了减肥餐样品，项目组成员自行送餐。项目进行了线下试运营，成果颇丰：项目试运营以来创造了消息刚发出十分钟内就达到九份订单、全宿舍多人全部订餐、中午提前截止晚餐预定等销售记录等。由于人员有限，项目运行到后期，又是临近考试，无人送餐，项目组只好暂停了项目运行(图3)。

> 2018 年 12 月 19 日
>
> "简·减"项目试运营圆满结束，太感谢大家的支持了。没有大家一直以来的陪伴就没有今天项目的成功。也太遗憾和愧疚，没能一直做下去，没能一直满足大家的需要。试运营前早就做好了卖不出去最后到期结束的心理准备，可出乎意料的是，最后提前结束运营的原因是销量超出预期能力供给跟不上。项目试运营以来创造了消息刚发出十分钟内就达到九份订单、全宿舍多人全部订餐、中午提前截止晚餐预定等销售记录。太感谢大家能包容我们，大冷天过来自取，容忍我们出错和晚点，太感谢大家能够一直给我们反馈并且从始至终陪伴我们成长。感谢一直支持我们给我们指导的老师，感谢您在繁忙之中给了我们太多太多的指导。同时，也特别庆幸一直拥有好的伙伴，整个团队从计划书初创以来就一直饱有细心耐心热情，无论是线上线下开会还是 N 次修改还是项目落地，都一直高效地合作，从来没有出现过意见不合或争吵或拖延的现象。大华姐独立撑起项目试运营全过程，前期准备中期运营做的面面俱到，真的太厉害了，还一直不厌其烦地帮助跑材料。何晋熬夜做设计，做 app，无论怎么催，都一直态度极好。还有俩大傻子，外出调研惊险重重。纪念我们一起熬过的夜。哈哈哈！感谢帮我们宣传的朋友们，感谢乌龟考试之余还过来帮忙，而且帮助策划，特别快速的打入其他高校内部，感谢花花加班回来还来捧场###……爱你们。这段经历真的真的永生难忘！

图3　"简·减"项目负责人微信感言

学生利用课后时间与外部企业的沟通交流为他们提供了良好的社会观察体验，为将来的就业提供了宝贵的经验，让每一个参加项目的学生意识到创新创业不仅仅是上课写论文那么简单，创新创业实践、身体力行更加重要。

三、结论与建议

作为大学生教育的重要组成部分，尤其在社会对综合性人才需求日益迫切的今天，大学生创新创业教育成为大学生教育的关键问题。通过分析上述两个北京林业大学创新创业教育项目的实践经验，本文认为，深化大学生创新创业教育，需要从实践出发，培养创新意识，并从实践项目的选择和操作层面提出以下观点：

(一)实践是创新创业教育的关键渠道

大学生创新创业教育不能停留在表面，要跳出传统教育的固化思维模式，走出课堂，为学生搭建由思维到实践，由知识到实践的平台。要统一对创新创业教育的根本认识，塑造和引导学生塑造开放的创新创业思维。需要清晰认识的是，创新创业教育，不仅仅是上课，不仅仅是写论文，不仅仅是比赛，而是要更加注重实践，身体力行。实践既是创新创业教育所要实现的目标，也是实现和提升创新创业教育质量的渠道和方法。唯有实践，才能提升学生独立思考、独立解决问题的能力，唯有实践，才能引导学生跳出舒适区、关注生存环境。以北京林业大学为例，把创新创业教育融入课程的讲解、日常的实践中，结合自身的教学特色、专业特色、学生特色，为学生提供切实可行的实践机会和交流平台，是创新创业教育所要解决的首要问题。

（二）实践的目的在于培养创新意识

创新创业实践的关键在于开拓思维，培养学生创新意识，提升个人综合实力。实践出真知，通过实践，引导学生认识真实的商业社会，提升个人的专业能力和专业素养，也就是所谓的硬实力。更关键的在于，创新创业教育的核心并非一定要培养创业型人才。换言之，开展创新创业实践，并不是一定要创业、一定要就业，核心内容是引导学生关注个人所处的生存环境、社会环境，通过对社会的观察体验，开放自己的思维，培养创新意识，把创新融入自己的思维模式中，关注个人与社会，提升个人软实力。

（三）重点关注实践项目的选择

要谨慎选择实践项目。在明确实践对于创新创业教育的重要作用之后，在选择实践项目时，要把握以下几个要点：(1)典型性强。应该结合专业特色，选择有代表性、典型的实践项目，提升学生全面认识。(2)投入较少。需要明确的是，实践训练只是大学生教育的一部分，学生们还要兼顾课程、论文、实习等诸多事项，所以在具体的项目选择上，应该尽量避免那些需要占据大量时间和精力的项目。(3)周期较短。结合学校学院的培养计划，应该将每个实践项目的周期保证在一定范围内，避免时间过长占据大多精力。

（四）引导学生充分调研

在实践项目的具体操作时，要进行充分的调研。由于缺少实践基础和对现实商业社会的认识，在进行实践训练时，需要通过充分的调研，真实地了解具体商业模式的运转、市场供需的变化等情况。充分的调研既是实践训练的基础，也是提升实践能力的过程，需要引导学生脚踏实地地深入到市场、深入到社会中去。通过调研，发现需求，提升自己的认识和能力，在短期内进行具体的实践和操作。在此过程中，老师需要发挥好引导作用，及时交流沟通。

四、结语

在大学生创新创业教育过程中，首先应该理解创新对于创业的重要，这种创新是根植对生活的体验，对社会的观察，对需求的把握，源于思考，"双创"绝不是凭空能来的。以实践项目运作的实践教学在大学生创新创业教育发挥着难以替代的作用。它是书本理论知识转化为学生实践能力、创新能力桥梁和纽带。相关主管部门、大学教学部门应潜心研究，将更多的资源资助在学生相关项目的实践。

参考文献

[1]杨茹玮.高校创业教育的必要性及路径探索[J].继续教育研究，2017，(3)：26-28.

[2]闻羽."双一流"高校创新创业教育的价值追求与实施策略[J].创新创业理论研究与实践，2018，1(7)：1-3.

[3]林鉴军，陈逢文，苏勤勤.大学生创业教育教学模式研究——基于"三全育人"理念[J].重庆科技学院学报(社会科学版)，2018，(6)：107-109.

[4]万是明．高职院校"三融六元"一体化创新创业教育模式构建——基于中部地区高职院校"双创"教育实证调查[J]．职教论坛，2018，(10)：147-152．

[5]刘芳芳，王艳超．新形势下高校"六位一体"创新创业教育模式的构建[J]．黑龙江畜牧兽医，2018，(23)：222-226．

[6]Dewy. Domocracy and Education, An Introduction to the Philosophy of Education[M]．New York：Macmillan，1916．

[7]冷蓉．第二课堂活动在人才培养中作用的思考和建议[J]．科教导刊(下旬)，2017，(1)：17-18．

[8]吴丽丽．校企合作模式下的大学生就业创业实践创新[J]．继续教育研究，2017，(6)：98-100．

[9]徐利明．关于完善大学生创新创业教育体系的思考[J]．教育与职业，2017，(22)：37-38．

[10]王艳秀，崔岩．高等教育中青年人才创新创业教育模式探讨——基于战略性新兴产业高层次人才能效发挥的视角[J]．南方农机，2018，49(23)：102-103．

[11]方虹，郑超欣，高鹏飞．"互联网+"背景下高校创新创业师生互选机制研究[J]．河北工程大学学报(社会科学版)，2018，(4)：126，129．

Research oncollege students' innovation and entrepreneurship education based on practice project operation

Li Xiaoyong Luo Yuanyuan Ji Shidi Zeng Peng Zheng Ao Ma Xueying Gao Xi

(School of Economics & Management，Beijing Forestry University，Beijing 100083)

Abstract Innovation and entrepreneurship education for college students is a hot topic in university education, and how to effectively improve the effect is one of the difficulties. In this paper, two specific innovative entrepreneurship projects were taken as examples to describe the whole process and actual operation of the project. Some conclusions were conducted. The core of innovation and entrepreneurship education was not to cultivate entrepreneurship talents, but to cultivate innovative thinking. Valuable innovative entrepreneurship education for college students should pay attention to practicality, Instead of evaluating "text", emphasize the practical operation of the project, and cultivate students' innovative consciousness through practical experience. Effective projects should come from social needs and adequate research.

Keywords practicality, college students, Innovation and entrepreneurship education, project operation

新时代背景下关于大学生创新的研究

冷懿[1]　田园[2]　周可柔[1]　余月[1]　胡浩然[1]　赵广瀚[1]

(1. 北京林业大学林学院，北京　100083
2. 北京林业大学马克思主义学院，北京　100083)

摘要：新时代对创新提出了更高的要求，作为创新的主力军，高校及大学生肩负重大责任的同时也面临着重大的挑战。本文从我国创新事业的发展状况入手，综合分析高校创新教育发展现状，结合当今大学生创新过程中存在的问题，就推动大学生创新提出可行措施，着重分析了"互联网+双创"模式及其对大学生创新的促进作用。在新时代建设"创新型国家"的大背景下，深化高等学校创新创业教育改革势在必行。而创新创业教育的关键是创新教育，重点是培养大学生的创新能力，这是一项艰巨的工程，是一个多维度系统工程。

关键词：新时代；创新型国家；大学生；创新；教育

在中国共产党第十九次全国代表大会上，习近平总书记作了题为《决胜全面建成小康社会　夺取新时代中国特色社会主义伟大胜利》的报告，指出"中国特色社会主义进入了新时代"。在此背景下，依靠创新推动社会发展的要求明显加强，创新已经成为解决我国主要矛盾的重要手段。要加快建设创新型国家，首先需要创新的教育。建设教育强国是中华民族伟大复兴的基础工程，开展高校创新教育，是夯实创新基础的重要举措，也是信息化时代对高校发展提出的重要要求。通过创新教育，有助于促进学生自主发展，实现自我价值。

一、我国创新事业发展的时代背景及现状

2006年，胡锦涛总书记在全国科学技术大会上提出，"走中国特色自主创新道路，为建设创新型国家而奋斗"。2010年6月，胡锦涛总书记在中国科学院第十五次院士大会、中国工程院第十次院士大会上强调：要全力建设创新型国家。2017年10月，党的十九大报告提出"加快建设创新型国家""创新是引领发展的第一动力，是建设现代化经济体系的战略支撑"①，并规划了我国"创新型国家"的发展蓝图：到2035年基本实现社会主义现代化，届时我国经济实力、科技实力将大幅跃升，跻身创新型国家前列。建设创新型国家，是我国实现中华民族伟大复兴中国梦的战略选择。

(一)"创新"对国家发展的重要性

1. 创新是国家兴旺发达的不竭动力

科学技术是第一生产力，科研能力和科研成果标志着一个国家的科技水平，强国的形

作者简介：冷懿，北京市海淀区清华东路35号北京林业大学林学院，本科生，13520302363@163.com；
　　　　　田　园，北京市海淀区清华东路35号北京林业大学马克思主义学院，讲师，tianyuan2266@163.com；
　　　　　周可柔，北京市海淀区清华东路35号北京林业大学林学院，本科生，zkrxx@qq.com；
　　　　　余　月，北京市海淀区清华东路35号北京林业大学林学院，本科生，yueyu0826@gmail.com；
　　　　　胡浩然，北京市海淀区清华东路35号北京林业大学林学院，本科生，905091277@qq.com；
　　　　　赵广瀚，北京市海淀区清华东路35号北京林业大学林学院，本科生，zhaoguangham@163.com。

成离不开科学技术的发展，而创新是提高科学技术的条件。创新水平的提高有利于生产力的发展，因此创新是现代科学技术发展的原动力，也是富国强民的必由之路。我国近年来经济增长较快，但这种增长主要是资源型、粗放型的增长，这种增长方式消耗高、成本高但效益较低。只有创新科技，走集约型发展之路，才能推动经济又好又快地发展，才能实现经济社会的全面协调和可持续。

2. 创新是提高国际竞争力的需要

当今国际竞争的实质是以经济和科技为基础的综合国力的较量。在新世纪，创新力在国家实力中的作用进一步凸显，成为国家发展的源动力、综合国力的核心、国家竞争的关键因素。我国建设成为"创新型国家"，是以当今世界范围内经济和科技竞争形式为依据的必然选择，是应对国际科技革命的挑战和提高我国国际竞争力的必由之路。

3. 创新是解决我国目前发展阶段主要矛盾的要求

提高自主创新能力建设创新型国家，不仅是提高我国国际竞争力的客观需要，也是贯彻落实科学发展观、全面建成小康社会的重大举措。党的十九大报告指出，中国特色社会主义进入新时代，我国社会主要矛盾已经转化为人民日益增长的美好生活需要和不平衡不充分的发展之间的矛盾。创新是解决我国目前发展阶段所面临的突出矛盾和问题的紧迫要求。

（二）我国科技创新的发展现状

创新是引领发展的第一动力，是建设现代化经济体系的战略支撑。在加快创新型国家建设的过程中，从科研院所、企业到科研工作者正合力跑出中国创新"加速度"。新中国成立后，经过几代人艰苦卓绝的持续奋斗，我国科技事业取得了令人鼓舞的巨大成就。以"两弹一星"、载人航天、杂交水稻、高性能计算机等为标志的一大批重大科技成就，极大地增强了我国的综合国力，提高了我国的国际地位，振奋了我们的民族精神，为我们提高自主创新能力，建立创新型国家奠定了必要的基础。

国家统计局、科学技术部、财政部近日发布《2017年全国科技经费投入统计公报》，2017年我国R&D(研究与试验发展)经费投入强度(R&D经费与GDP的比值)再创历史新高，达到2.13%，较2016年提高0.02个百分点。2017年，我国科技经费投入力度加大，研究与试验发展(R&D)经费投入、国家财政科技支出均实现较快增长，研究与试验发展(R&D)经费投入强度稳步提高，投入强度已达到中等发达国家水平。2017年，我国R&D经费投入总量为17606.1亿元，其中，文教、工美、体育和娱乐用品制造业R&D经费100.5亿元，R&D经费投入强度0.63%[②]。教育部科学技术司发布的最新《2017年高等学校科技统计资料汇编》显示，2016年共有256所高校年度科技经费超过1亿元[③]。

二、高校创新教育发展现状

党的十八大以来，习近平总书记把科教兴国、人才强国和创新驱动发展战略放在国家发展的核心位置，高度重视人才、重视教育。2015年，中央明确提出"大众创业、万众创新"的新理念新要求，国务院出台《关于深化高等学校创新创业教育改革的实施意见》，教育部下发《关于做好2015年全国普通高等学校毕业生就业创业工作的通知》，高校越来越重视大学生创新创业能力的培养与提升，大学生创新活动总体上呈现良性发展态势。

（一）为创新培养人才已成为时代新命题

"创新"和"人才"是党的十九大报告中出现频率极高的两个词，创新是强国动力，人才是强国保障。创新驱动发展战略和人才强国战略的整体实施、协同并进是创新型国家建设的必经之路。

习近平总书记历来重视人才的培养，他指出："我国要在科技创新方面走在世界前列，必须在创新实践中发现人才、在创新活动中培育人才、在创新事业中凝聚人才。"习近平总书记在党的十九大报告中对青年一代提出殷切希望,"青年兴则国家兴,青年强则国家强。青年一代有理想、有本领、有担当,国家就有前途,民族就有希望。"这意味着,培养创新能力、实施创新驱动发展战略、建设创新型国家必须从青少年抓起,高校责任重大。

(二)高校创新教育改革进展显著

高校作为开展大学生创新活动的主阵地,均加强了对大学生创新教育工作的组织领导,学生处、团委、教务处和科研处牵头组织实施和管理,并从制度、机制、条件保障等方面进行了有益的探索。为鼓励学生积极参加科技创新活动,培养学生的创新精神与创新能力,各高校出台了多项鼓励大学生创新创业的政策。例如,我校专门设立科技创新学分,此外,在奖学金申请、研究生推荐免试申请时,创新奖项也是加分项。各高校的活动组织形式也不断推陈出新,通过推进大创立项、开设创新讲座、举办科技节系列赛事等创新活动,激发学生创新意识,培养学生创新能力,取得了显著的效果。

(三)大学生对创新的重视度非常高

创新是时代发展的必要条件,大学生作为创新的主力军近年来对创新的重视程度明显增长,参与创新活动的热情也显著提高。据问卷调查结果显示[④],仅有4%的同学认为大学生创新在国家创新体系中可有可无,超过八成同学认为学校有必要开展大学生创新项目。目前,我校"梁希杯"大学生课外学术科技作品竞赛作为"挑战杯"全国大学生课外学术科技作品竞赛的校内选拔赛,以其自身强有力的魅力,吸引了大批青年学生参与科技创新、提升学术能力、展现青春风采。据统计,我校第十一届"梁希杯"大学生课外学术科技作品竞赛共有13个学院,134支队伍,800多人次参与到竞赛之中,共收到自然科学类学术论文33份;社会调查报告和人文社科类学术论文71份;科技发明制作30份,总计134份科技创新申报书[⑤]。从我校学生的创新活动参与度可以看出,新时代大学生对创新的重视度非常高。

三、 大学生创新过程中存在的问题

理论上说,大学生经过大学四年的本科培养,掌握了许多专业上的新知识、实践中的新技能,应该具有开放的视野、丰富的想象力和创造力,进入社会后,可以担当起在工作中不断创新的重任,开创工作的新局面。但是从目前高校的毕业生来看,大学生还普遍缺乏创新意识和创新行为,也缺乏创新的技能[1]。

(一)高校在创新教育中的突出问题

1. 高校对"创新"教育认识不到位

很多高校将创新创业教育的目的定位在为了提升大学生的就业率,以此缓解就业压力,将创新创业教育视为就业指导教育,偏离了创新创业教育的实质。各个高校每年虽然会组织大量的创新创业活动,鼓励大学生申报创新创业项目,但目前大学生的参与积极性不高,致使参与率偏低、覆盖面较窄。由于以论文发表、获奖、专利申请、转化效益等固定标准来衡量学生的创新活动成果,虽然形成了学生科技创新的激励机制,但是,这种激励标准太高,让大部分学生望而却步,不利于调动广大学生的积极性、参与面,形成不了创新的校园氛围。

2. 不同层次大学的创新教育发展存在明显的不平衡

从学科、专业种类上看,理工科院校的学生科技创新活动开展情况明显要好于文史经管类院校,理工科专业学生在发明创造、科技制作、工艺设计等方面有专业优势,文科专业学生在论文发表上明显多于理工科专业学生。从参与的学生层次来看,研究生在校期间几乎都参加过科技创新活动,而本科生参加的科技创新活动明显少于研究生。

(二)大学生在创新活动中的突出问题

1. 大学生的想象力和创造力相对低下

据报道数据[6]:中国学生在计算能力方面表现非常强,但是想象力却相对偏弱,而创造力更是在所有的调查国家中排名倒数第五。爱因斯坦曾说:"提出一个问题往往比解决一个问题更重要。因为解决问题也许仅是一个数学上或实验上的技能而已,提出新的问题却需要有创造性的想象力,而且标志着科学的真正进步。"一流教育的出发点和归宿是培养一流人才,一流人才的核心品质就是丰富的创造力[2]。中国学生想象力和创造力低下的现状值得我们对整个国家的教育体制进行深思,尤其是高校大学生如果缺乏创造力和创新能力,对国家提高综合国力以及科技竞争力会带来很大的负面影响。

2. 大学生实验基础、理论基础不足

通过与高校老师就大学生创新问题的访谈[7],我们了解到,目前大学生的实验基础和理论基础都还达不到开展科研项目、开展大学生创新的水平。主要原因有以下两点:一是因为学校在学时上安排的不合理,每一学科的理论课程要学习的相关理论知识很多,但是因为学时的限制,大学生的理论知识学得不够深入、不够扎实;二是因为在中学的时候由于各方面因素的限制,大学生之前很少接受实验实习方面的教育,自己动手操作的机会少,导致缺乏实验的能力和经验,从而使高校创新教育的开展受到限制。

3. 部分学生为了完成任务而应付创新

近来屡屡爆出学术造假事件,如学位论文抄袭、论文代写代投、伪造评审等,甚至爆出大量中国论文被国际学术期刊撤稿的丑闻。目前高校中的学术不端现象依旧严峻,就问卷调查结果显示[8],仅有不到三成的同学没遇到过学术不端的现象。大学生学术不端行为,一方面原因是大学生本身的学术意识较差,对学术不端行为缺乏基本概念[3],没有意识到自己的行为是在剽窃抄袭,例如撰写论文时引用了别人的观点而没有注明出处,引用的数据资料没有标明来源等;另一方面也有部分大学生主观上存在应付创新的心理。

四、推动大学生创新的方法

一个民族没有创造力就没有了未来,高校大学生如果没有了创造力又何谈成为中国特色社会主义建设事业的践行者和接班人?越来越多的高校把大学生创新创业作为教育的关键环节,但创新创业教育对于高校来说既是机遇,也是挑战。

(一)转变传统创新教育理念

随着时代的快速发展,传统创新教育模式已经很难适应社会的发展,转变创新教育模式势在必行。培养大学生要因材施教,遵循学生健康成长成才的发展规律。培训与实践是实现创新教育的重要环节,高校加强培训与实践,有助于提高学生的主观能动性。在学生掌握基本理论知识的同时,要注重引导学生将理论与实践相结合,积极组织学生参与社会实践活动,通过实践学生能够正确意识到市场竞争的激烈,有助于学生明确发展方向,提高学生的学习能力和创新能力,加强对创新知识的再次学习。

(二)加强创新教育体系建设

要完善创新教育体系,首先应加强课程建设。高校开设创新教育专业课程,教务部门以及院系应积极调研以提高教育课程的质量,结合教育部大纲要求完善课程内容,将创新课程设置成学生必修课,并根据学时要求进行学分管理。课程内容可结合多元化的创业比赛等活动,聘请具有成功创业经验的企业家到学校开展专题讲座,对学生进行创新指导。其次,应促进创新教育与专业教育的融合,加强创新教育专业师资队伍的建设。创设专业教职岗位，坚持教师与学生互动的原则，鼓励专业教师参与创新实践并聘请具有专业知识的成功人士走入课堂，担任创新兼职教师，有助于学生增强创新知识的理解与吸收。第三，各高校还可出台相关激励措施，促进大学生创新热情。例如大学生创新予以资金奖励或者可将创新成果作为毕业设计内容等方式予以支持。对高质量的项目，可以引进企业与之合作，给予大学生项目在资金和技术方面的支持。此外，还应完善对学术不端现象的惩处措施，加强有关学术道德方面的教育，尽最大努力杜绝学术不端事件的发生。

（三）探索"互联网+双创"模式新应用

近年来，各大学充分运用互联网平台，满足现代大学生对信息的强烈渴求，以卓有成效的实践成果响应了李克强总理提出的"互联网+"战略③，形成了实质上的"互联网+双创"育人模式，赋予了大学校园文化以新的内涵，增强了校园文化的开放性、自主性和互动性，有助于从多方面培育学生的健全人格和人文情怀。随着"大数据+云计算"日益成为连接一切因素的智能化根基，学校应把校内外自然资源、社会资源和信息资源等更加高效地整合起来，以更加开放、自主、快速和互动式的信息传播方式，逐步建立起"资源共享、优势互补、利益共赢、责任共担"的创新教育网络协同机制[4]。

发达国家和地区特别是一些创新型国家都非常重视科技创新公共服务平台和设施建设，其成功做法和经验值得我们借鉴和参考。围绕信息共享、科技成果转移、科技金融、检测认证、科技咨询等服务环节的"互联网+"平台建设是创新发展战略的重要内容。高校借助自身优势组织协调多个领域的核心资源，配合创新创业教育为大学生提供全方位多样化的全链条服务，通过共性的服务产出个性化的成果，通过个性的表现形式最终形成共性平台的影响力。

高校"互联网+双创"需在以下几方面加强建设：一是加快"互联网"人才队伍建设。建设服务平台、教育引导学生需要大批大数据、云计算、人工智能等方面的老师，人才培养和核心团队建设是第一位的。二是深化数据资源开放和应用。有的高校虽然已经在网络教学平台上提供了一些课程资源，但仅仅共享了精品课的教学资料，其他大部分课程依旧是传统灌输式的教学模式，学生缺乏交叉学习的方式，无法通过网络共享得到其他更多优质的教学资源。三是开拓"互联网"创新创业新格局。高校和科研院所开放创新资源，形成线上线下结合、产学研用协同的新模式。交大的"饿了么"、复旦的"爱回收"都是"互联网+双创"的成功范例，非常值得各高校借鉴。

在新时代建设"创新型国家"的大背景下，深化高等学校创新创业教育改革势在必行。而创新创业教育的关键是创新教育，重点是培养大学生的创新能力，这是一项艰巨的工程，是一个多维度系统工程[5]。仅仅靠学校力量明显不够，它必须发挥家庭、学校、企业、政府等各方力量，相互协作，才能为大学生创新创业提供良好的外部环境。高校要坚持从实际出发，把大学生创新教育放在建设"创新型国家"的时代背景下，系统谋划、精心组织、扎实推进，使创新创业教育工作步上健康可持续的发展轨道。

注释

① 习近平：《决胜全面建成小康社会夺取新时代中国特色社会主义伟大胜利——在中国共产党第十九次全国代表大会上的报告》。
② 国家统计局、科学技术部、财政部：2018 年 10 月 9 日发布的《2017 年全国科技经费投入统计公报》
③ 教育部科学技术司：2018 年 5 月 22 日发布的《2017 年高等学校科技统计资料汇编》
④《关于大学生创新教育的调查》问卷，回收有效答卷 456 份（您认为学校有必要开展大学生创新项目吗？认为很有必要的大学生 381 人；认为没有必要的 19 人；选择无所谓的 40 人；不清楚什么是大创的 16 人）
⑤ 北林科协公众号：2018 年 12 月 15 日推送
⑥ 教育进展国际评估组织对全球 21 个国家进行的调查

⑦就大学生创新问题访谈北京林业大学林学院副教授戴伟老师
⑧《关于大学生创新教育的调查》问卷，回收有效答卷456份（在从事科研活动的过程中，您曾遇到过哪些学术不端的现象？[多选]选择编造数据的228人次；选择抄袭文章的227人次；选择挂名划水的241人；选择没遇到过的122人次）
⑨李克强：2018年3月5日政府工作报告

参考文献

[1] 王敏. 基于大学生创造力培养视角的高校休闲教育研究[J]. 教育现代化, 2018, 5(18)：34-36.
[2] 李硕豪. 论一流本科教育的基本特征[J]. 中国高教研究, 2018, (7)：12-16.
[3] 于苗, 汪蓉我国大学生学术不端行为影响因素分析[J]. 科教导刊, 2017, (1)：57-59.
[4] 韩雅丽. "互联网+双创"构建校园文化建设新格局[J]. 中国高等教育, 2015, (23)：36-38.
[5] 杜悦英. 建设创新型国家, 何处着力[J]. 中国发展观察, 2018, (6)：6-8.

Research on college students' innovation in the context of New Era

Leng Yi　Tian Yuan　Zhou Kerou　Yu Yue　Hu Haoran　Zhao Guanghan

（The College of Forestry, Beijing Forestry University, Beijing　100083）

Abstract　As new era puts higher demands on innovation, colleges and college students, the main force of innovation, shoulder major responsibilities as well as major challenges. Starting with the development of China's innovation undertakings, the article comprehensively analyzes the status quo of the development of innovative education in colleges and universities, proposes feasible measures to promote college students' innovation by combining the problems existed in the process of college students' innovation, and focuses on analyzing the "Internet + double innovation" model and its promotion on college students' innovation. Under the background of building an "innovative country" in the new era, it is imperative to deepen the innovation and entrepreneurship education reform in Colleges and universities. The key of innovation and entrepreneurship education is innovation education, and the key is to cultivate the innovation ability of college students. This is an arduous project and a multi-dimensional system project.

Keywords　new era, innovative country, college students, innovation, education

融合专业教育的大学生创新创业教育途径探讨

——以北京林业大学电子商务专业为例

樊 坤

(北京林业大学经济管理学院,北京 100083)

摘要:创新创业教育是以培养大学生的创业综合素质及创新型能力为目标,不仅在于培养学生的创新创业意识与精神,更要走出校园面向社会,对于有创业意识及正在创业的团队,进行创新思维训练和创业技能的培养。当前北京林业大学已全面展开并大力推行创新创业教育,本文以电子商务专业为例,在介绍我校电子商务专业创新创业教育现状的基础上,总结出该专业创新创业教育存在相关课程针对性不强、无法保证学生学习的普及性,以及缺乏实践途径等问题,并提出融合专业教育的电子商务专业创新创业教育的途径。

关键词:创新创业教育;专业教育;电子商务专业

2015年3月,李克强总理在《政府工作报告》上正式提出"大众创业、万众创新"和"互联网+"行动计划。同年5月4日国务院办公厅发布《关于深化高等学校创新创业教育改革的实施意见》(国办发36号),明确指出:"在普通高等学校开展创业教育,是服务国家加快转变经济发展方式、建设创新型国家和人力资源强国的战略举措,是深化高等教育教学改革、提高人才培养质量、促进大学生全面发展的重要途径,是落实以创业带动就业、促进高校毕业生充分就业的重要措施。"由此,各个高校的创新创业系统教育全面展开。

北京林业大学经济管理学院早在2001年就建立了市场营销专业(电子商务方向),开始了第一批电子商务专门人才的培养。2011年该专业顺利通过教育部审批,正式更名为电子商务专业,这标志着我校电子商务专门人才的培养进入了一个崭新的阶段。在"互联网+"背景下,推动电子商务专业教育与创新创业教育的深度融合,对于提升该专业学生创新创业能力、促进就业水平具有重要意义。

一、我校电子商务专业创新创业教育现状

依据最新的2018版电子商务专业教学计划,该专业开设的创新创业教育相关课程基本情况如下表1所示。

表1 2018版电子商务专业教学计划中开设创新创业教育相关课程情况

序号	课程名称	课程类别	学时	开课学期	承担单位
1	创业基础	通识必修课	32	第5学期	教务处
2	创新创业管理	专业拓展选修课	32	第6学期	经管院

作者简介:樊 坤,通讯作者,北京市海淀区清华东路35号北京林业大学经济管理学院,教授,fankun@bjfu.edu.cn。

资助项目:北京林业大学研究生课程教改项目"智能算法研究专题课程教学改革研究"(JXGG19029);
北京林业大学教育教学研究项目"基于课堂派和雨课堂的在线互动平台的教学方法改革及效果评估"(BJFU2018JY040)。

(续)

序号	课程名称	课程类别	学时	开课学期	承担单位
3	大学生科技创新	综合拓展环节	—	第1~8学期	经管院
4	创新及就业指导课程体系	综合拓展环节	—	第3、6学期	招就处
5	创新创业教育	综合拓展环节	—	第1~7学期	教务处

由表1可知，目前电子商务专业共开设了5门创新创业教育相关课程，分别由教务处、招生就业处以及经济管理学院三个单位承担。"创业管理"是通识教育平台课（必修），在大三上学期开设，共32学时。"创新创业管理"属于专业教育平台课中的专业拓展选修模块中的课程，在大三下学期开设，共32学时。"大学生科技创新""创新及就业指导课程体系""创新创业教育"这三门均属于综合拓展环节中的课程，并分布在多个学期开设，没有具体学时显示。其中，"创新创业教育"须根据《北京林业大学本科生创新创业学分管理与应用办法（试行）》执行。由此看来，在新的2018版教学计划中，电子商务专业的创新创业课程可以说是比较完备的，这也是经过了多年的不断完善才达到如今的状态。

二、电子商务专业创新创业教育存在的问题

虽然电子商务专业已经具备5门创新创业相关课程，但是依然会存在一定的问题，主要体现在以下几个方面：

（1）由学校部门承担的创新创业课程是面向全校所有专业的，很难做到针对不同专业展开更有针对性的创新创业指导。尤其是电子商务领域，具备非常优良的创新创业环境。

（2）目前经管学院承担的"创新创业管理"课程属于选修课程，开设在大三下学期，主要目的是针对那些具有较强创新创业想法的学生选修，然而由于其选修的课程性质，因此又无法保证学生学习的普及性。

（3）虽然创新创业课程的数量已足够，但是实际上不仅缺乏进行创新创业实践的途径，而且缺乏相应的指导教师以对创业学生加以有效指导。

三、融合专业教育的电子商务专业创新创业教育途径

在如今互联网和电子商务高速发展的时代，电子商务专业紧密联系着社会的生产与发展，这使得电子商务专业人才的培养越来越受到社会和高校的重视。同时，推进高校创新创业教育，是我国实施创新驱动发展战略、推动经济提质增效升级的迫切需要，也是推进高等教育综合改革、促进高校毕业生更高质量创业就业的重要举措[1]。由此，如何把专业教育与创新创业教育有效融合起来已成为电子商务专业教育的关注点，本文提出以下几种方式可供参考。

（一）鼓励专业教师在电子商务教学过程中融入创新创业教育理念

我校目前已将创新创业教育贯穿于整个大学教育中，并面向全体学生开展创新创业教育，但在探索创新创业教育与专业教育的融合方面还需继续努力。由于师生对专业领域内的创新创业教育认识和理解尚不够全面和深入，因此，在让专业教师对创新创业具有全面认知的基础上，鼓励他们在电子商务教学过程中融入创新创业教育理念，使得学生提高对创新创业的认知。一是在电子商务专业开设专门的创新创业课程基础上，专业课的教学也融入创新创业教育的相关知识，培养学生的创业意识、创业心理、创业精神和创业知识体系，使他们具备创业所必备的知识体系；二是电子商务专业创新创业教育不仅是教会学生懂得有关创办企业的知识和能力，更重要的是要让学生具备像企业家一样思考问题的意识；三是培养大学生的创新创业不一定要他们自主创业，关键是要具备战略眼光、沟通能力和决策能力等[2]。

(二)在电子商务实践项目中提升学生创新创业的经验与能力

电子商务实践项目主要包括：电子商务实践教学、电子商务校外实践和与电子商务相关的创新创业比赛及科技项目等。电子商务实践教学是以模拟实验为主，模拟企业对企业（B2B）、企业对消费者（B2C）、消费者对消费者（C2C）、电子政务等进行任务训练，以了解电子商务的各个环节，体验电子商务中卖家、消费者、采购商、供应商、物流公司、银行、政府等各种角色，提高理论应用水平，培养创新能力。电子商务校外实践是学生借助假期到企业直接从事与电子商务专业相关的工作，主要训练学生在电子商务运营管理、策划、网络营销、网站设计与建设等方面的能力。此外，学生还可以在从业技能与规范、知识应用和职场业务沟通等方面得到锻炼。通过电子商务校外实践，该专业的学生在提高自身实践能力的同时，还可以通过在实际企业中的历练提升自身的创业能力。目前，与电子商务相关的创新创业比赛及科技项目有很多，例如：全国大学生电子商务"创新、创意及创业"挑战赛、全国大学生网络商务创新应用大赛、大学生创新创业训练项目等。实际上，凡是创新创业类的大赛，以电子商务为创业主题的内容都可以参与。鼓励电子商务专业的学生参加各种级别的创新创业比赛，能够极大提升他们的创新创业能力，甚至有的学生以此为契机展开创业，并获得天使投资。

(三)加强电子商务专业双师型及企业兼职导师的队伍建设

电子商务专业是一门应用性较强的专业，要求从业者具备较强的电子商务网站建设、运营、策划、营销等多方面的能力。因此，电子商务专业教师最好是由"双师型"教师和来自企业一线的兼职导师组成。所谓"双师型"教师，即要求教师既要具备丰富的专业理论知识和较高的教学能力，又要具备较强的专业实践技能和良好的职业道德、职业素养等综合能力[2]。电子商务专业"双师型"教师既能在电子商务课程教学中熟练运用专业理论知识，又能在电子商务项目实践中娴熟地指导学生解决实际问题。企业兼职导师往往是聘请来自企业一线的具有影响力的电子商务创业者和大伽们一起来参与高校电子商务专业的课程教学或实践指导。他们的创业经历和从业经验对于在校学生具有很强的吸引力和影响力，学生可从他们创业的经历或职业精神中获得多方面收益。

(四)结合林业特色开展电子商务专业创新创业教育

我校属于林业院校，具有很强的行业特色，因此电子商务专业的创新创业教育除了常规培养外，还应结合林业行业特色来展开。学校应依托林业产业的资源，培养学生树立服务于林业电子商务的发展理念，紧密结合林业产业的发展现状和趋势开展创新创业教育。一方面有利于我校在电子商务专业培养中紧跟农林行业发展态势和精准把握未来趋势；另一方面可使学生深入了解林业电子商务，精准实施服务。

四、结语

培养大学生创新创业与专业融合教育是一个复杂和漫长的过程，不仅高校要出台相应的政策保障机制，而且需要社会、企业的鼎力支持[2]。电子商务专业是一个需要跟随时代不断发展的专业，电子商务专业的创新创业教育一定要与专业教育相融合。总之，这条融合之路需要在实践中不断探索，并要协同社会资源、企业资源和高校资源，通过政府、行业、高校的联动来共同发展，从而最终得以实现。

参考文献

[1]黎勇. 融合推进创新创业教育与专业教育[N]. 人民日报，2017-09-21.
[2]杨正昱. 创新创业教育与专业教育融合的路径与实践研究——以广告学专业为例[J]. 美与时代（上），2018，（11）：22-24.

Discussion on the ways of university students' innovation and entrepreneurship education with professional education: Taking the e-commerce Major of Beijing Forestry University as an example

Fan Kun

(School of Economics & Management, Beijing Forestry University, Beijing 100083)

Abstract　Innovation and entrepreneurship education is aimed at cultivating university students' comprehensive entrepreneurship and innovative ability. It is not only to cultivate students' awareness and spirit of innovation and entrepreneurship, but also to train innovative thinking and entrepreneurial skills for the graduates and those teams starting business. At present, Beijing Forestry University has launched and vigorously promoted innovation and entrepreneurship education. Taking the e-commerce major as an example, this paper summarizes the problems existing in the innovation and entrepreneurship education of this major after introducing the status, which includes less targeted courses, inability to guarantee the universality of student learning and a lack of practical approaches. At the same time, the paper proposes several ways to integrate the professional education with innovation and entrepreneurship education.

Keywords　innovation and entrepreneurship education, professional education, E-commerce major

创·青春：敢闯勇创

2020

大学生创新实践能力培养模式的探索与实践

张 东

(北京林业大学生态与自然保护学院，北京 100083)

摘要：大学生科研创新训练项目是培养本科生创新实践能力的重要途径。本文结合实际案例总结了多年指导大学生科研创新训练项目的心得体会，通过优化课程教学体系，运用导师制平台与学生加强互动，拓展学生科研视野，因材施教，摸索出一套以"智、信、勇"为核心培养目标的本科生科研创新能力培养方案，使本科生在教学实践中自主发现和挖掘科学问题，从科学问题确立、科研方案设计、科研计划实施、科研成果总结等环节得到系统训练，有效提升本科创新人才的培育质量，满足国家对双一流创新型人才的需要。

关键词：本科生；创新能力；导师制；科研训练

  大学生创新创业训练项目是培养大学生创新实践能力的重要途径，对于依托我校一流学科建设的野生动物与自然保护区管理特色专业的后续人才培养尤为重要。近六年，笔者以动物学、动物学实验、动物学实习课程及自然保护区学院设置的本科生导师制为依托，对本科生科研训练及其培养方式进行了系统探索。笔者从教以来，以"怀爱生之心，守为师之道；做利生之事，谋导航之策"为理念，组织并撰写了《动物学》和《动物学实验》的过程式教案，均获得了北京林业大学本科课程优秀教案二等奖，主持完成了多项教改项目，在项目中承担了本科生创新能力培养的探索性工作，培养了大批的优秀本科创新人才，同时也摸索出了一套行之有效、特色鲜明的，以"智、信、勇"为核心培养目标的本科生科研创新能力培养方案。先后获得北京林业大学本科生科技创新计划优秀奖(指导教师)(2013年、2015年、2016年)、北京林业大学"师德标兵"称号(2014年)、北京林业大学"优秀教师"称号(2016年)、北京林业大学教学名师(2017年)、北京林业大学教学成果一等奖(2017年)、北京市教学成果二等奖(2018年)等教学奖励；先后指导本科生8个团队23人次，共获得国家级立项4项、校级立项4项，本科生32人次发表科研论文20篇，其中SCI论文15篇，本科生为第一作者论文9篇，目前已有近10人受全额奖学金资助或被保送至墨尔本大学、加州大学戴维斯分校、帝国理工学院、北京大学和清华大学等国内外著名高校进一步深造，多名学生保研留校，延续本科创新训练内容，从事基础科研。"大学生科研创新训练项目"在本教学团队成功实施的根本在于教师的合理引导和师生间的默契配合，笔者就多年指导大创项目中引领学生开展科研创新训练的工作谈谈自身的心得感悟。

  1. 优化课程教学体系，遴选适于本科生的科研训练的系列课题

  改革动物学理论课形式，强化"引导式"课程教学，引入前沿及跨学科的研究理论，参考国际权威出版的英文教材用以更新课件，不断完善教学内容，为具有不同研究兴趣的同

作者简介：张 东，北京市海淀区清华东路35号北京林业大学生态与自然保护学院，教授，ernest8445@163.com。
资助项目：北京林业大学2018年本科精品课程建设项目"动物学实验"(BJFU2018JPK014)；
    北京林业大学第四届教学名师项目"基于一流学科建设的动物学课程体系建设——以无脊椎动物教学体系建设为例"(LDMS2017001)。

学提供更为广泛的参考资料，请国内知名专家来校讲学，打开学生科研视野，寻找学生科研兴趣所在，有效提高教学质量和吸引力，激发学生对动物学和自然保护的兴趣，首次提出并摸索出基于学生兴趣和方向、自身科研创新和保护实践能力、导师组综合评议的"师生双向互选的分流调转"机制，将其有效地融入动物学类课程教学体系中。

实践课向综合型、研究型、探索型转变。在无脊椎动物实验课程中，以寄生在新疆普氏野马的马副蛔虫为实验材料，指导学生解剖其成虫，了解无脊椎动物的形态结构，2013级本科生修玉娇、高云云同学在观察及解剖过程中对这种寄生线虫感染普氏野马的情况产生了兴趣，并且萌生出进一步探究寄生线虫感染普氏野马强度的想法。在与老师探讨后学生组成团队先后就此科学问题申报了一项国家级和一项市级大学生创新项目，并均以优秀结题；在无脊椎动物昆虫专题实验课中，笔者在课堂中让同学们学习制作不同类型的昆虫标本，并进一步引导学生明晰昆虫的每一个身体部位的结构与功能，其中2010级本科生刘贤慧对昆虫形态多样的触角产生了浓厚的兴趣，在查阅大量文献资料并在老师的指导下开展了"几种常见寄生性蝇类触角感受器比较形态学研究"，并以优秀结题。通过大学生兴趣导向，教师指导，以及完整的科研训练过程后，上述几名同学分别保研、考研、保送至本学科或国外高水平大学继续深造，为学科领域培养了优秀人才。

通过专题式野外实习，调动学生主动性，激发学生的开创性思维，形成了一套完整的"动物学"课程野外实习方案。让同学们自由组成专题小组，对实习地点进行动物本底调查，熟练掌握各类昆虫标本制作，编写检索表，拍摄生态照片等，同时鼓励学生从自然探索中发现科学问题，帮助学生突破思维定式，通过引导的方式激发其创新意识和主动进行科研探究的热情，锻炼学生的观察能力，使其能够主动在与常态不同或有对比的现象中寻找、挖掘科学问题，从中获得探索未知的乐趣。例如2014级本科生在野外实践课程中，发现不同食性（访花、食腐等）昆虫的口器不同，并以此为自己研究的课题；2015级本科生在北京松山国家级自然保护区进行动物学实习时，小组成员徐雯恬在整理采集的昆虫标本时发现了一种特殊的"熊蜂"，经仔细比对发现它并不是膜翅目的蜂类，而是双翅目的一种"奇特"昆虫，后来学生请教老师经过鉴定后其为双翅目狂蝇科的小头皮蝇（*Portschinskia magnifica*）。学生对这种精妙的拟态行为产生了极大的兴趣，并在实习结束后与老师进行了深入沟通交流，在老师的引导下，徐雯恬同学依据前沿国际杂志上的创新科学方法，拟定了一项科研课题，并成功申请了一项国家级大学生科研创新项目。

通过动物学理论课程内容的铺垫，结合动物学实验、实习等实践性探索，构建适合创新人才培养的动物学课程教学体系，充分考虑学生兴趣特点等因素，鼓励学生自主探索思考。本科生尤其是低年级时期的日常课程及事务繁多，并且在思想及科学思维上还处于成长阶段，不适合进行长周期、高密度以及较为困难的科学实验探索，因此，选定一个设计合理、内容新颖同时难度适中的研究课题，是指导学生开展科研训练的关键问题。科研训练的选题要考虑大学生知识背景的深度和广度，还要兼顾研究的学术性、实用性和创新性等基本原则，既要锻炼学生的创新能力和科研能力，又要保证课题的实际应用价值，因此，选题要注意易而新的特点。笔者在实践中，引导学生从一些无脊椎动物的形态观察、形态解剖等相对容易的科研工作入手，进而通过比较形态学研究，使学生对探索物种形态多样性的形成机制产生浓厚的研究兴趣，并确保科研内容能够产生阶段性的研究成果，既激发了学生的研究热情，又保持了学生工作的积极性。选题同时还要考虑到参与者的时间分配问题，尽量选择不需要每天都进行长时间连续实验的工作，例如昆虫不同类群的形态演化研究和系统分类研究、昆虫生物学习性观察等相对宏观的生物学课题，学生可以充分利用课余时间循序渐进地进行，非常适合科研入门阶段的学生。

2. 依托本科生导师制密切交流，亦师亦友

密切的师生交流是提升创新训练计划执行效果的重要保障，充分运用导师制平台，在学生对科研工作有一定接触的基础上，鼓励学生申请相关科研项目，加强学生文献阅读能力的培养，加深学生对基本问题的理解，定期与学生交流研究进展与实验心得，了解学生科研兴趣所在，有利于帮助学生阶段性的明确科学问题及科研课题方向。

科研过程中不免会遇到诸多困难，教师要不断给予学生鼓励，教会学生如何查阅相关资料，积极分析实验中遇到的难题，并与学生一起研讨，交流心得体会，使学生能够在教师的引导下不断优化实验方案，最终找出解决问题的办法，避免本科生一开始在背景知识和科研经验都欠缺的情况下，耗费过多的宝贵时间，多走冤枉路，特别是过早丧失科研信心。在项目实施过程中，指导教师指导学生制定合理可行的目标，对前期采集过程中的各项指标做好评价，所有设计的数值均有其统计学意义，培养学生实验设计标准化、科学化的理念。例如在北京市级大学生创新项目《新疆圈养普氏野马常见线虫感染强度及其抗药性分析》中，有部分对土壤中寄生线虫虫卵进行计数的实验。通过教导学生查阅相关经典及最新文献，总结出了被广泛采用的采集方法，结合新疆的实际情况（冬天冻土较硬，无法采集到足够深度的土壤），最终确定了土壤采集深度及采样量的标准。实验设计完成后，督促学生定期对实验结果进行总结和分析，培养学生良好的科学思维和科学习惯，并使学生逐步建立起科研自信，遇到困难，鼓励学生查阅文献，探索方法。例如 13 级本科生在完成《圈养野马常见线形类寄生虫鉴定及其数据库构建》这一国家级大学生创新项目中，遇到了线虫内部结构不清、难以观察的问题，后经过对不同透明和染色方法的探索，确定了最佳方案，成功解决了问题，有利于培养学生自主解决问题的能力；15 级本科生在完成《三种双翅目昆虫与火红熊蜂的拟态研究》过程中，由于没有相关专业背景，在计算机软件编程操作方面遇到了瓶颈，在与老师沟通交流后，老师鼓励学生向介绍此种方法的论文作者发邮件请教，最终与国外的研究者取得了联系并顺利解决了问题。最终在教师引导下，学生能够自主寻找科学问题，设计实验计划，独立完成实验，具有基础实验能力及思考、解决科学问题的能力。

3. 探索本科生科研训练培养模式，因材施教

培养创新能力是大学生科研创新训练的根本目的。拓展学生的专业视野是进行科研创新的基石，指导学生查阅大量文献尤其重要，特别是精读学术经典著作和学术前沿论文，教会学生使用 Web of Science、Wiley-Blackwell、Springer、Elsevier-ScienceDirect、BioOne、JSTOR 等国际生物学领域的重要文献数据库，传授学生如何在浩如烟海的文献中准确获取自己目标文献的技能，学生能够在查阅文献的过程中较为全面系统地了解研究领域的相关研究进展、研究现状及前沿的发展方向，系统地掌握专业知识，有利于学生站在更高的平台上看待自己的科研题目，从他人的研究成果中得到启发，同时还能及时发现自身知识储备的缺遗，并能够借鉴相关高水平论文的科研思路和方法，将其应用到自己的科研实践中。除了对学生自身科研能力的培养，还要强调团队合作的重要性，积极引导学生团队开展学术讨论，围绕科学实践中的具体问题，成员能够产生不同思路的碰撞，在科研方法、科研思路等方面不断创新，例如：笔者指导的"蝇类触角感受器超显微结构研究"项目，学生引入石蜡切片技术，首次成功观察到了蝇类触角内部感觉囊的结构，这一实验技术的创新使得项目团队在 SCI 期刊 *Parasitology Research* 上连续发表多篇学术论文；通过精细的文献阅读，学生在国际同行普遍认可的 5 种触角感受器类型的基础上，补充发现了板型感受器和钟型感受器，使得项目研究团队科研工作水平获得了全面的提升，相关成果也引起了国际同行的关注。在团队合作中，要及时发现团队成员的长处和短处，依据不同学生的喜好与特长，不断调整分工，因材施教，在《三种双翅目昆虫与火红熊蜂的拟态研究》中，徐雯恬同学在动手能力及光镜照片拍摄方面表现突出，而刘根廷同学在软件使用和野外采集方面

较为感兴趣,因此两位同学分工合作,最终较好地解决了项目实施中遇到的问题。

部分拔尖学生在具备了上述工作能力的基础上,需要导师不断地提供创新的研究机会。笔者在实践中积极鼓励他们参与到国家自然科学基金和教育部新世纪优秀人才等国家级和省部级的重要科研项目中,以此激励学生保持科研创新的激情。学生在不断的科研历练中,循序渐进、由浅入深、不断明确更高的目标,例如:在做好了物种的分类工作后,再开展物种间的比较形态学研究,进而发现这些形态特征的演化方式,其后再构建物种间的系统发育关系。由于全程参与了科研训练的各个环节,他们能够敏锐地发现研究工作中的关键科学问题,学会围绕关键科学问题开展相关工作,例如在昆虫触角形态学研究中,发现了哪些属于新类型的感受器、这些感受器的功能是什么等一系列的关键问题,并思考下一步的主攻点。同时,笔者通过邀请国际合作团队中的世界顶级科学家来访,使学生有机会与他们进行面对面的学术交流,亲身体会如何构建更高水平的科研计划,如何能够形成高水平的科研思路,从而更加激发了学生科研创新的热情。

4. 培养本科生科学素养,言传身教

培养学生自主创新能力的过程是极其艰难的,指导教师需要在此过程中言传身教,向学生传达勇于创新和刻苦钻研的忘我精神,让学生了解到科研不仅需要严谨的思维和发现问题解决问题的能力,更需要大量的时间与精力的投入,才有可能做出较为优秀的成果。教师要在培养学生能力的同时着重培养学生持之以恒的优秀品质。科学素养是科技工作者的灵魂,提高科学素养是学生未来学术发展和工作创新的关键。要想学会做科研,必须具备优良的科学素养。生命科学研究是以客观事实为基础,探究自然规律的科学实践,必须保证标准化、规范化和可重复性。因此,从事生命科学研究的工作人员,必须具备客观、严谨的态度,以及坚韧不拔的意志。教师指导学生进行科研实践的过程中,强调科研工作的去主观化,尽量避免人为因素造成的实验失误。要求学生设计出高质量的研究方案,具体到每个实验步骤都需要引自相关的参考文献,特别是多采用国际通用、同行认可的实验方法,或是属于当前国际前沿的实验技术,只有这样才能保证实验目标明确、思路清晰、可操作性强。鼓励学生的批判性思维,不盲目地相信非专业或没有被证实的结论,对科学问题及结论有独立及科学的基本判断。

此外,学生在进行科研成果的总结过程中,也时常遇到科研论文或是研究报告需要反复修改,甚至重新写作的情况,这个过程也是磨炼学生意志的机会。教师要注意培养学生在科研论文写作中学会如何发现科研结果的亮点,如何用科学术语精准地描述发现,准确表达自己的观点,使学生充分认识到每一个字、每一句话,甚至每一个标点符号的使用在科研论文写作中都至关重要。这些实践细节可以不断让学生体会到科学素养的重要,从而帮助他们在完整的科研训练中养成良好的科研习惯,这将使学生的科研生涯受益终生。

Exploration andpractice of undergraduate innovative practice ability training model

Zhang Dong

(School of Ecology and Nature Conservation, Beijing Forestry University, Beijing 100083)

Abstract Undergraduate scientific research innovation training program is an important way to cultivate the undergraduates'innovative practical ability. This article summarizes the experience of guiding undergraduate scientific research innovation training projects for many years. By optimizing the curriculum teaching system, using the mentoring platform to strengthen interaction with students, expanding students'scientific research horizons, teaching students based on their aptitude, and exploring a set of "intelligence, trust, and courage"The undergraduate innovative ability training program as the core training goal enables undergraduates to independently discover and excavate scientific problems in teaching practice, and obtain systematic training from the establishment of scientific problems, the design of scientific research programs, the implementation of scientific research plans, and the conclusion of scientific research results. Effectively improve the quality of cultivating undergraduate innovative talents and meet the country's needs for "double First-class" innovative talents.

Keywords　undergraduate, innovation ability, tutorial system, scientific research training

从大学生创新训练项目到数字媒体技术专业课程体系构建的方法探讨

——以基于细节沙画模拟算法典型案例为例

杨 猛　丁 曙　杨 刚

（北京林业大学信息学院，北京　100083）

摘要："大学生创新创业训练计划"项目是人才培养模式的创新，应与学生所学专业相结合，打造"特色大创"。本文以"基于细节的沙画模拟算法研究"的典型案例为例，重点探讨大学生创新创业训练项目到融会贯通数字媒体技术专业所学课程的方法，特别是对专业课程体系的理解、构建以及与专业课程的特色结合的方法（特别包括数字图像处理、计算机图形学、计算机动画、虚拟现实、人机交互与可视化等专业核心课程内容）；同时也为后续研究生阶段的学习打下一种无缝衔接的坚实基础；最后，本文重点总结该典型案例过程中成员参与大创的心得感悟以及项目成果展示。

关键词：数字媒体技术；典型案例；特色大创；沙画模拟；心得体会与项目成果

一、项目特色介绍

（一）数字媒体技术专业简介

数字媒体是设计创意、视听觉艺术、媒体技术、计算机技术、艺术学等多学科交叉的新兴学科，既具有宽口径的专业知识需求，又具有应用面广、技术种类多、技术更新快的特点[1]，适应文化创意产业、虚拟现实和数字媒体创意产业人才发展的需要。数字媒体技术专业[2]对人才的培养与塑造十分全面，专业课主要包括计算机图形学、图像处理、计算机动画技术、计算机视频处理等，相关的专业基础课包括 C 语言、C++、数据结构等，相关的基础课包括高等数学、线性代数、概率论等基础学科。数字媒体课程体系如图 1 所示。

作者简介：杨　猛，北京市海淀区清华东路 35 号北京林业大学信息学院，副教授，yangmeng@bjfu.edu.cn；
　　　　　丁　曙，北京市海淀区清华东路 35 号北京林业大学信息学院，研究生，61733998@qq.com；
　　　　　杨　刚，北京市海淀区清华东路 35 号北京林业大学信息学院，副教授，yanggang@bjfu.edu.cn。
资助项目：2020 年度全国高等院校计算机基础教育研究会计算机基础教育教学研究项目"典型案例驱动的交叉课程科教融合教学方法探索与改革"（2020-AFCEC-167）；
北京林业大学 2019 年"科教融合"项目"基于典型科研案例的本科生研究性学习方法与考核方式探索与改革"（BJFU2019KJRHJY007）；
北京林业大学 2019 年课程思政教研教改专项课题"新媒体技术"（2019KCSZ083）；
北京林业大学 2018 年教育教学研究项目"'计算机动画原理与技术'课程教学内容建设"（BJFU2018JY088）；
北京林业大学 2020 年研究生课程建设项目"'虚拟现实理论与算法'课程思政改革探索"（KCSZ2017）；
中央高校基本科研业务费专项资金"森林景观及林业生产过程虚拟仿真关键技术研究"（2015ZCQ-XX）；
国家自然科学基金项目"不同形态水与树木交互作用可视化仿真研究"（61402038）。

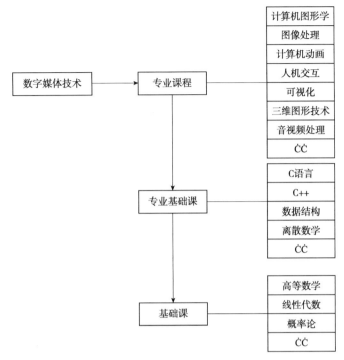

图1 数字媒体技术课程体系示意图

(二)沙画项目案例特色

1. 项目的意义及发展过程

沙画是一种独具古老和传统的艺术表现形式[3],但是由于沙画制作的设备专业性强、工具不易携带等问题的存在,使得沙画在日常的传播与兴起受到了一定的限制。为了能将计算机技术与传统艺术相结合,并且能够让大众更多地接触沙画,我们于2015年末组成沙画仿真软件优化的项目小组,结合数字媒体技术专业的课程,致力于设计出一款兼具趣味性与真实性的沙画仿真模拟系统。

为提高用户体验的热情,"沙画"项目最初选用连接Kinect实现人体交互来完成模拟沙画的绘制。但通过前期调研中用户的测试反馈情况来看,我们发现人机交互的灵敏度没有达到预期水平。用户的体形,手举起的高度,两手间的距离等因素都对体感交互的灵敏程度有不同程度的影响,过度频繁的灵敏度问题也会打击用户的创作热情。此外,Kinect本身不会根据用户的体形等外界因素自动调整内置参数,用户不得不调整自己的姿态以求得系统的响应,这也极大地降低了作画的流畅度。最终,我们选择放弃Kinect,而是选择将鼠标与数位板当作画笔,直接在电脑上进行绘制。

完成沙画技法的补充和笔触改善工作后,为丰富沙画系统功能,引入"彩沙"的概念。考虑到项目中沙粒的模拟是通过像素来完成的,我们在其中插入调色板,通过改变R、G、B的值来改变沙粒的颜色,实现了彩沙的功能,也是项目的特色之一。

一年的时间里,我们会根据研究过程中的实际情况来判断研究方向,包括绘制手法的选择、沙粒自适应的模拟、彩沙的实现。在共同交流的过程中,"沙画"项目有了不断的优化和完善。

2. 专业特色在"沙画"项目上的体现

数字媒体技术专业注重培养学生艺术与技术的融合[4],通过对技术的深入学习和创新,来完成对艺术的传播与变革,使得艺术突破时间和空间的限制走进大众。而"沙画"项目当属专业特色的典型呈现,涵盖了大量的专业知识,其主体结构如图2所示。

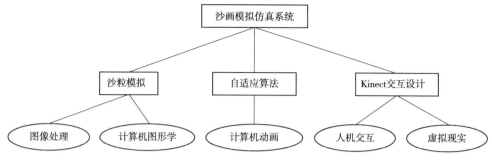

图2 项目主体结构与课程对应关系

图2展示了项目与数字媒体专业课程之间的层次对应关系,如果将沙画模拟系统作为第0层,那么该系统中所涉及的技术创新点称之为第1层,第1层中各技术所对应的主要专业课程称之为第2层。第1层与第2层之间的具体联系分析如下。

沙粒的模拟主要涉及图像处理和计算机图形学。图像概念体现在将显示器上呈现的$M*N$分辨率的画布看作一张二维网格,其中一个像素点坐标用(i,j)表示,其中$0 \leqslant i \leqslant M-1$,$0 \leqslant j \leqslant N-1$;计算机图形学概念体现在将每一个像素点上的沙粒称之为沙柱,坐标为(i,j)的像素点上沙柱的高度用h_{ij}来表示。根据实际沙画绘制结果,以亮度值体现沙柱堆积的高度,得出画布上某点沙柱高度值越大,该点亮度值越小;反之亦然,如图3所示[5]。

自适应算法则是运用了计算机动画的相关知识。在沙粒的堆积和塌陷两个过程中,为了得到更加细致的模拟效果,对需要处理的部分(笔触接触的部分)的每个像素再划分为一个2*2的子像素,如图4所示"0"区域为原像素,"1"区域为拆分后的像素,相当于每4个"1"是每个对应"0"的自适应区域,继而在此基础上进行沙粒的堆积和塌陷[6]。这些运动效果的呈现需要计算机动画处理技术。

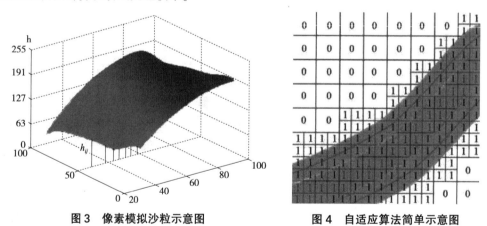

图3 像素模拟沙粒示意图　　**图4 自适应算法简单示意图**

Kinect交互设计是项目与人机交互、虚拟现实的重要尝试。"沙画"项目最初主要使用体感交互设备Kinect为开发者提供人体骨骼信息[5],并应用Kinect SDK和Developer Toolkit开发应用系统。按照多数人惯用右手特点,将用户右手位置设置为光标位置,即用户可用用手进行绘制操作。为区分沙画绘制与功能按钮选择操作,系统引入对左手位置与左肘关节位置的识别。若用户左手处于举起状态同时挥动右手,则执行绘画操作;若左手处于放下状态同时挥动右手,则执行按钮选择操作。

沙画模拟系统最终效果显示需要可视化技术;最终Demo展示又涉及后期配音与视频剪辑,即音视频处理技术。

3. 沙画模拟系统效果展示

"沙画"项目于 2016 年 3 月成功申请国家级大学生创业项目，并进行了为期一年的项目研究。在 2017 年 3 月，顺利结题并获得"结题优秀"的认定。图 5 是用户体验绘制的两幅效果图。

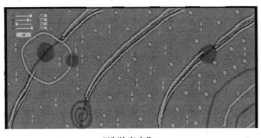
"浩瀚宇宙"

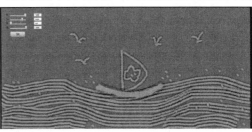
"一帆风顺"

图 5　沙画模拟效果图

二、项目系统实现与课程体系构建

（一）"大创"与课程体系建设的联系

专业里不同的课程如同七巧板上的不同模块，而大创项目则是将各个模块拼凑完整的桥梁和纽带。因为课程时间和课程内容的限制，学生往往是在不同时间接受"同一模块"的集中练习，而缺乏专业整体的运用能力。

大学生创新项目的实践有效性要求学生必须将所学知识有机结合起来，因此也能促使学生构建出清晰的课程思维体系。本文的沙画项目除了基本的算法编程，涵盖数据结构、计算机图形学、虚拟现实、计算机动画、三维图形技术、界面设计等多项专业课程。在项目过程中，学生能够学习到如何将这些课程联系起来，了解到完整的项目需要哪些课程知识的运用。由此，在专业课程设置中，也能通过此类方式搭建合理的三维体系，从而掌握专业学习的整体框架，而不是疲于课程题目练习，得不到有效的专业实践能力培养。以沙画项目为例，在其中体现的数字媒体专业的课程三维体系如图 6 所示。

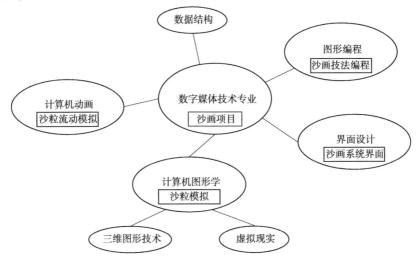

图 6　沙画项目中体现的数字媒体专业的课程三维体系

在课程体系构建方面，我们秉承由浅入深、逐层深入的理念，对课程的教授时间安排以及教学内容进行了较大程度的修订，使学生不但能够掌握所学知识，还能够举一反三。具体课程系统构建方式如下：

（1）首先，在本科二年级上学期开设"新媒体技术"课程，以科普为目标重点剖析数字媒体专业的课程设置与内容的魅力，培养学生对数字媒体专业的兴趣，引导学生在后续的大类分流中选择数字媒体专业。

（2）其次，我们从实际前沿发展需要出发，调整教学计划，将"界面设计""计算机图像处理"与"虚拟现实"课程安排在本科二年级下学期，这样有助于学生及时捕捉当前的前沿热点技术的同时，培养学生的艺术灵感。

（3）再次，我们将"图形编程技术"这种编程能力要求较高的课程录制成网课，这样给学生提前学习以及多次学习提供了便利；将"三维图形技术""计算机图形学"这样的专业必修核心课安排在本科三年级上学期，这样有助于巩固学生之前的学习成果，进而为高级的设计与研究打下良好基础。

（4）最后，我们将"计算机动画""可视化"等专业选修课程安排在本科三年级下学期与本科四年级上学期，同时对其中部分课程做了教学大纲美化上的调整，通过实际案例的实践来培养学生动手能力，并对科学研究方法进行启蒙，为今后的工作与研究生学习打下坚实基础。

由此可见，我们的沙画模拟系统项目较好地体现了上述课程体系构建的实际效果。

（二）沙画项目进行过程中的关于课程学习的心得

1. 进行前期调研与分析，明确后期规划与目标

做一件事，良好的开端是成功的一半。沙画模拟系统研究小组成立之时，该系统已经是一个半成品，系统中包含几种简单的沙画技法供用户利用 Kinect 体感交互的方式进行沙画制作。如何对该系统进行全新的优化，应该从使用者的角度去看到问题、提出问题，才能有针对性地去解决问题，真正做出一个能够兼顾趣味性和真实性的沙画仿真模拟系统。

因此，我们从一开始就没有盲目地制定工作目标，而是选择了用户调研。调研采用用户现场体验和填写电子调查问卷相结合的方式，邀请了北京林业大学的老师、研究生和本科生参与现场体验，共收集有效问卷 56 份，利用专业数据分析软件 IBM SPSS Statics 23.0 对问卷调研的条目进行了信度检验和因子分析。最终根据数据结果分析出当前系统所存在的问题，包括真实度的模拟不够、手势设置不够人性化、整体功能过于简单、界面较为普通等。由此，我们通过最终的集体讨论，制定了之后的工作计划和目标。

实实在在的前期调研工作能够让我们了解到用户真正的需求并找到努力的正确方向，这并不徒劳无功，而能事半功倍。

2. 夯实专业基础，根据能力进行分工

沙画软件的源文件是用 C#语言编写的，而平时的课堂学习大部分是 C 或者 C++语言，所以项目实施的一开始就有了第一个难题，难于上手。幸好基础的编程语言都万变不离其宗，项目组四人通过分段通读代码，并随时查阅图书馆相关书籍，在短时间内不仅对 C#语言进行了了解，也达到了熟悉项目源代码的效果。

通过熟悉代码了解到程序整体的框架与构造后，对成员进行合理的工作分工是必要的环节。一个完整的项目不应该只把它定义成敲代码这一件事，它其实包括资料调研、文档编写、算法设计、界面优化等多种工作。很多大创小组就是因为总是通过代码编写的多与少来判断每个人的工作量才引发冲突的。而实际上，一个项目中，每个人首先主动去做自己擅长的事，各司其职，才能达到最优质的高效。例如在投稿我们第二篇论文的时候，我们就根据实际"兵分四路"，分成资料查找，调试代码，论文撰稿、英文翻译四部分工作，互不冲突又互相关联，提高了效率。一个小组中每个成员从一开始就该对彼此有清晰的定位，清楚各自的欠缺口，发挥长处，才能更快地推进项目的进程。

同样，在课程学习过程中，要清楚每类课程的重点，并在每堂课程学习过程中有意识地去自觉加入其他课程知识内容，扩展思路维度，才能高效运用整个课程体系。在小组训练中，也能做到功能最大化。

3. 重视集体讨论，学会举一反三

我们项目组一般两周进行小组汇报，在汇报过程中，我们会交流各自遇到的问题，然后一起想对策，同时能清楚地了解两周内每个人的工作量，及时地进行调整并制定下一阶段的计划。一个人固然需要沉下心来的思考保持工作的独立性，但集体讨论更是使项目始终处在正轨的前提。我们小组曾在项目中遭遇过瓶颈期，针对软件中如何能够改善沙粒在堆积和塌陷过程中的平滑程度以提高真实性的问题一直没有被解决。我们及时和指导老师沟通，通过两个晚上的集体讨论，参考现有论文中类似的沙画模拟仿真案例的解决方法，举一反三，从提出不切实际的算法构想到争执不同设想的诟病，从预估算法的可行度到精简整体逻辑，最终成功地接近问题的解决办法，"自适应"的概念就是在讨论中被敲定，最终运用到技法算法中，解决了这个问题。

定期的小组讨论，能促进团队气氛，也能在潜移默化中做到互相督促的作用。最重要的是，它能让人迸发灵感，在瓶颈时期最直接地找到突破口。

专业中很多课程之间都是息息相关，环环相扣的。大创项目会经历由简单到复杂的过程，而在课程体系设置中，也存在所授课程由简到难的先后顺序。如何合理地对课程进行排布，更能诱导学生进行"举一反三"的思维逻辑，也是大创能带给课程体系建设的灵感。

4. 合理安排课余时间，戒骄戒躁坚持到底

选择做大学生创新项目，一开始就要做好牺牲课余时间的准备。在保证自己的学业不被落下的前提下，对自己的项目保持热情并不是一件易事。

我们的项目在进行到后半程的时候，几乎同时每个成员开始进入倦怠期，一开始的热情消失殆尽，项目的进度也在大家的懒散之下停滞不前。指导老师及时地召开集体会议，分析原因，也在共同的商量之下实行每日打卡制度。除了考试周，我们会每日在小组群简短地汇报当日工作进度，仪式感和使命感很好地拯救了那段时间的怠惰。此外，在我们所投稿的第二篇 SCI 论文撰写后期，也遇到同样的问题，不断邻近的提交日期和不停修改论文的繁琐，使得所有成员进入焦躁期。此时，项目主持人应当发挥作用，安抚好组员情绪，鼓励大家提高士气，才能有效地减少不必要的矛盾。

项目的开始是集体信念的落实，而坚持到底才是实现信念的根本。

三、结语

在此期间，回到数媒专业课程学习中，也总结了更多行之有效的经验。

（1）重视基础语言编程，夯实根基，在授课过程中，让学生了解不同种编程语言的特点与优缺点，让学生通过实践体会不同种语言的适用内容，才能在之后高效地选择合理的编程语言；

（2）专业课程体系建设的目的不应该只在于完成所有课程的教学，而是应该结合项目实践过程，建立符合学习逻辑的课程体系，将课程安排合理化，实际化；

（3）增强课程建设的关联性，开设专业综合实践课程，不仅能锻炼学生的团结协作能力，更能提高学生对专业所有课程的综合运用能力。

沙画这个团队从前期调研开始就倾注了我们很大的心血，所以组员之间也很珍惜这一年来的陪伴。这过程中，我们遇到过各种各样的问题，一个人负责的部分出了状况，我们不是选择任由他自己解决，而是会一起想方设法跨过这个坎。当有人因为个人原因缺席组会的时候，我们也会选择体谅而不是计较，并且会在会后会及时向他传达组会内容。当项目陷入瓶颈期时，我们会以积极的态度去共同面对，积极讨论。在指导老师的帮助下，在我们四个人共同努力下，沙画这个项目才能收获如此多的成果：发表 SCI 论文 1 篇、EI 会议论文 1 篇、获得第四届全国大学生数字媒体科技作品竞赛一等奖 1 项、获得软件著作权 1

项、申请专利 1 项、参加第十届全国创新创业年会并进行项目展示 1 次。

参考文献

[1] 文永革,彭声泽. 数字媒体技术专业课程体系建设探析[J]. 计算机产品与流通,2018,(10):231-232.
[2] 许弘毅. 数字媒体技术专业培养方案分析[J]. 电脑迷,2016,(7):124.
[3] 魏文. 论沙画艺术的意象造型观[D]. 青岛:青岛大学,2018.
[4] 陈青,谢兰凤. 数字媒体技术:助力艺术品走向大众[J]. 艺术教育,2018,(22):6-15.
[5] 杨猛,贺晓宇,胡成,等. 交互式沙画模拟算法. 计算机辅助设计与图形学学报[J]. 2016,28(7):1084-1093.
[6] Meng Yang, Luyan Jiang, Shu Ding, Xinyang Zhang, Shu Yan, Gang Yang. Self-adaptive Algorithm for Simulating Sand Painting in Real-time[J]. Chinese Journal of Electronics, 2019, 28(3):559-568.

Exploration anddiscussion on methods of transfer from college students innovative training project to major construction of digital media technology: Take typical cases of Sand Painting Simulation algorithm based on details for example

Yang Meng　Ding Shu　Yang Gang

(School of Information Science & Technology, Beijing Forestry University, Beijing　100083)

Abstract　The "College Student Innovation and Entrepreneurship Training Program" project is an innovation of the talent training model, which should be combined with the students' professional learning to create a "Characteristic Creation". This paper takes the typical case study of "study-based sand painting simulation algorithm" as an example, focusing on the methods of college students' innovation and entrepreneurship training programs to integrate the courses of digital media technology, especially the understanding and discussion of professional curriculum systems and the combination of professional courses. (In particular, it includes professional core course content such as digital image processing, computer graphics, computer animation, virtual reality, human-computer interaction and visualization.) At the same time, it also lays a solid foundation for the subsequent postgraduate study. Finally, this paper focuses on construction of the experience of members participating in Daiso in the typical case process and the project results.

Keywords　digital media technology, typical case, characteristic creation, Sand Painting Simulation, Experience and project results

为科研努力，筑建食品梦

——北京林业大学大学生创新创业训练项目心得感悟

李莹灿　杨航宇　朱保庆

(北京林业大学生物学院，北京　100083)

摘要：北京林业大学大学生创新创业训练项目的主要意义在于，在导师的指导下，本科生以个人或团队的形式自主完成创新性研究项目设计、研究条件准备和实施实验、研究报告撰写及学术成果交流等工作。我们实验团队在生物学院朱保庆老师的带领下，以笃斯越橘果酱为研究对象，采用两种萃取方法结合气相色谱质谱联用技术同时辅以气相色谱嗅闻联用技术分离鉴定其香气成分。本文重点总结整个项目的实验过程和心得感受，为食品科学的研究贡献自己的一份力量。

关键词：大学生创新创业训练项目；笃斯越橘果酱；香气成分；气相色谱-质谱法

2014 年，在北京林业大学的号召下，在生物学院朱保庆老师的指导下，我们食品 12-3 班的 3 名同学开始了大学生创新创业训练项目的申请。从最开始的项目申请、材料准备，到中期实验开展，再到最后项目结题和论文撰写，我们都怀着对食品科研项目的热爱和坚持，完成了这次创新创业训练项目。

参加完学校的大学生创新创业项目宣讲会之后，我和同班同学鲍杰、颜志秀就决定申请报名。随后，我们找到了班主任朱老师，朱老师鼓励我们积极参与科研创新项目，并与我们进行了深入沟通，结合所学的专业知识，初步确定了研究方向——对蓝莓酒中呈现蓝莓典型香气的成分进行分析。

在项目申请过程中，小组进行了合理的分工：鲍杰负责查阅文献，进行文献的分类和整理，并总结国内外对于蓝莓酒香气成分的研究现状；我和颜志秀负责结合已文献，制定研究方案，确定研究方法和技术路线。在经过充分的准备之后，我们成功申请到了校级的科研项目。

2014 年的暑假，我们在朱老师的指导下，在学院的实验室开展实验，探索利用高效液相色谱、感观分析分离和气相色谱—质谱联用定性的方法对蓝莓酒中的呈香组分进行了分离，并通过对比蓝莓鲜果气味识别和鉴定出蓝莓果酱中能呈现出蓝莓特征气味的成分物质的分析方法。经过不断的实验摸索，到 2015 年初，我们采用液—液萃取、固相微萃取法结合气质联用技术，对笃斯蓝莓果酱的香气成分进行了分离鉴定，比较了两种不同方法的萃取效果，并对后者进行了定量分析。结果表明，液—液萃取法检出化合物 62 种，固相微萃取法检出 70 种，液—液萃取法萃取烷烃类及苯环类化合物的灵敏度高，固相微萃取法适合萃取醛酮类、醇类及萜类化合物。此外实验采用气相色谱—嗅闻技术，对液—液萃取的蓝莓果酱中的活性香气成分进行了鉴定，蓝莓果酱的香气以焦糖香、烘烤香、水果香、花香、甜味、草本香气等为主。本实验采用液液萃取、固相微萃取两种方法提取蓝莓果酱中的挥发性成分，以气相色谱—质谱法分离鉴定，并采用气相色谱—嗅闻技术鉴定蓝莓果酱的香

作者简介：李莹灿，北京市海淀区清华东路 35 号北京林业大学生物科学与技术学院，本科生，13261571759@163.com；
　　　　　杨航宇，北京市清华东路 35 号北京林业大学党委学生工作部，助理研究员，yanghangyu2015@163.com；
　　　　　朱保庆，北京市清华东路 35 号北京林业大学生物科学与技术学院，副教授，zhubaoqing@bjfu.edu.cn。
资助项目：北京林业大学创新创业训练计划（X201410022034）。

气特征，为蓝莓果酱的风味评价和工艺改进提供理论依据。

我们的项目已于2015年4月正式结题，并在朱老师的指导下，撰写了一篇科研论文《笃斯越橘果酱特征香气成分分析》，发表于国内食品学科核心期刊《食品与发酵工业》。

在项目实施过程中，我们小组成员团结合作，实现了从申请项目、搜集资料、项目预实验、项目执行、项目数据处理与分析这一系列过程，在这一过程中，我们遇到困难，解决困难，在朱老师的指导下，成功地完成了所有实验的内容。

通过项目研究，加深了我们对果酒香气提取与定性方面的认识。通过查阅大量文献，建立了一套由萃取、旋蒸、高效液相色谱分离、感观分析和气质联用定性技术来对蓝莓果酱中呈现蓝莓典型香气的组分进行鉴定的方法。此外，在本项目中对蓝莓果酱中呈现蓝莓典型香气的组分的鉴别，不同于其他相关研究中所用的气质联用外接嗅口，而是通过感官分析来确定能体现蓝莓典型香气的化合物，之后利用GC-MS来定性，这样使得实验具有可重复性，并降低了实验对设备和人员技术的要求，这是我们的实验创新点。

通过大学生创新训练项目，我们更新了对科研实验的认识，提高了创新实验能力。科学实验并不是我们想象中的那么简单，在实验的设计过程中，需要查阅大量资料来验证试验的可行性以及实验的创新性；在实验开展之前首先要进行预实验，预试验成功以后才能进行项目开展；在项目执行过程或是执行结束要及时处理数据并进行分析。在整个流程中我们获得了食品相关的理论知识，提高了实验水平的能力；将理论与操作相结合提高了对食品研究领域的认识，培养了我们不断探索的精神。

通过大学生创新训练项目，我们学会了团队合作和坚持不懈的科研精神。虽然在实验过程中遇到了很多问题，但是我们都能一一克服和解决。不仅是科研，学习和生活也是一样的道理，人生的困难和磨炼会时常出现，但是克服困难和接受磨炼的勇气和决心也不应该缺席。只要有梦想，一切困难都不再是困难。在这里要感谢给予我们帮助的所有老师和同学，也感谢一直默默坚持的我们！为了我们热爱食品科学与工程专业，我们愿意付出所有努力与坚持，筑建属于我们的食品梦！

参考文献

[1] 朱智明. 野生笃斯果的营养和经济价值评述[J]. 生物学杂志, 1990(5): 18-22.

[2] 吉宁, 马立志, 王瑞, 等. 蓝莓果酒香气成分的研究[J]. 酿酒科技, 2014(6): 107-112.

[3] 张玉玉, 宋弋, 李全宏. 食品中糠醛和5-羟甲基糠醛的产生机理、含量检测及安全性评价研究进展[J]. 食品科学, 2012, 33(5): 275-280.

[4] 王寅. 超高压处理对蓝莓汁的品质影响研究[D]. 北京林业大学, 2013.

[5] 张春雨, 李亚东, 陈学森, 等. 高丛越橘果实香气成分的GC/MS分析[J]. 园艺学报, 2009, 36(2): 187-194.

[6] 何聪聪, 苏柯冉, 刘梦雅, 等. 基于AEDA和OAV值确定西瓜汁香气活性化合物的比较[J]. 现代食品科技, 2014, 30(7): 279-285.

[7] 梁贵秋, 李全, 吴婧婧, 等. 顶空固相微萃取与气相色谱-质谱联用分析桑椹果醋挥发性成分[J]. 蚕业科学, 2012, 6: 030.

[8] 卢静茹, 林向阳, 张如, 等. HS-SPME-GC-MS联用分析美国巴旦木香气成分[J]. 食品科学, 2015, 2: 030.

[9] 蔡建, 朱保庆, 兰义宾, 等. 蛇龙珠与卡曼娜葡萄酒主要呈香物质鉴定[J]. 中国酿造, 2014, 33(5): 90-97.

Work hard for scientific research and build a dream of food: Inspirations from the College Student Innovation Training Project of Beijing Forestry University

Li Yingcan Yang Hangyu Zhu Baoqing

(College of Biological Sciences & Biotechnology, Beijing Forestry University, Beijing 100083)

Abstract The main significance of the College Student Innovation Training Project of Beijing Forestry University is that under the guidance of the supervisor, the undergraduates independently complete the design of innovative research projects, the preparation of research conditions and the implementation of experiments, the writing of research reports, and the exchange of academic results in the form of individuals or teams jobs. Our experimental team, led by associate Professor Zhu Baoqing from the College of Biological Sciences and Biotechnology, took blueberry jam(Vaccinium uliginosum) as the research object, and used two extraction methods combined with gas chromatography-mass spectrometry technology and gas chromatography sniffing technology to separate and identify its aroma components. This article focuses on summarizing the experimental process and experience of the entire project, and contributes to the research of food science.

Keywords   the College Student Innovation Training Project, bilberry jam, aroma components, gas chromatography-mass spectrometry

自然之旅

——北林校园昆虫科普走过的四季

黄佳璐　李　涛　李颖超

（北京林业大学博物馆，北京　100083）

摘要：本项目旨在以北京林业大学校园昆虫为内容、以区域昆虫科普为导向，面向对昆虫感兴趣的非专业大学生，运用新的科普思路并融合多媒体、互联网等信息技术，探索昆虫科普新模式。

关键词：大创项目；昆虫科普；北京林业大学

冬风凛冽，万物蛰伏。他们的项目已经度过了两个春秋。

春播·结识于自然

2016年初秋。

把三人聚到一起的不知是那聒噪的蝉鸣，还是那翻飞的蝴蝶，抑或是想睁大眼睛看看这美丽自然的欲望。

三人相识于博物馆组建的昆虫团队，一个观察自然的小团队便自此诞生。

自然在远郊的山林里、在公园的草丛间，也在我们学习生活的校园中。观察校园中的昆虫便成了这个小团队学习生活之余的活动。

草叶间、石缝里有昆虫藏匿；花丛中、水面上有昆虫翩飞；夜深人静时分，夜行昆虫离开安乐窝爬上了人行道。昆虫所布之处就是这三人的流连驻足的位置。

"我们用相机把它们记录下来吧！"她提出了一个建议，或许大家都没想到这句话将是整个故事的开端。

言行相随，接下来的日子里，这三位趴在草地里拍摄细小生灵的身影遍及整个校园。他们将这些影像收集到了一起，校园植物已经有了导览，那么昆虫呢？

春播·科普立项

2017年春。

一年一度的大学生创新创业（简称：大创）项目开始申请了。昆虫团队的指导老师正在团队中呼吁成员们积极申请大创。

"我们这个算是创新吗？"她问。

三人找到老师，说出了这个想法：他们想要以"北京林业大学校园昆虫图鉴"为题申请大创。

老师向三人提出了"科普"一词，指出：不该将这个项目局限于一本传统图鉴，还应

作者简介：黄佳璐，北京市海淀区清华东路35号北京林业大学园林学院，本科生，13977321302@163.com；
　　　　　李　涛，北京市海淀区清华东路35号北京林业大学林学院，本科生，295834330@qq.com；
　　　　　李颖超，北京市海淀区清华东路35号北京林业大学博物馆，实验师，liyingchao@bjfu.edu.cn。
资助项目：北京林业大学创新创业训练计划（201710022079）。

考虑如何把自己观察到的自然分享给他人，让其他人也能通过这个项目了解自然、热爱自然，如此才能使这个项目更有意义和活力。不仅是满足三人的个人爱好，更要把自己发现的自然之美告诉大家，把独乐变成众乐。

三人在老师的指导下，发现自己的立意还是狭隘了些，应当从更高的层面思考问题，升华项目内涵。

而后三人又去查找了很多关于科普的资料，最终确定了这个科普创新项目：区域昆虫科普新方法——以北京林业大学校内昆虫为例。其重点不只是做出一本昆虫图鉴，更加入了对现阶段昆虫科普方法的探究。

两位学习专业昆虫知识的组员负责鉴定昆虫，搜集相关资料，她负责整理资料并撰写科普文章。"创新！创新！这个项目的亮点在于将互联网与纸质图鉴结合，以无限的网络为有限的纸张扩容。而难点就在于如何将专业科学的知识，转化为生动易懂的语言告诉读者，让他们休闲娱乐的同时还能学到新知识。人们其实不喜欢直白刻意的'填鸭式'内容，所以将知识编进一个生活场景中娓娓道来，更能激发读者的阅读欲。"

经过紧张地准备、申请和答辩，项目获批成立，三人小队开始了在其中的磨砺与成长。

夏灼·拍摄一难

自然孕育的东西当向自然请教。

一套完整的"科普流程"，从拍摄昆虫开始。这不是一件易事，昆虫大多体形偏小，平时不易被人察觉；且昆虫们多数时间都生存于寄主植物上，需得拨开草木花叶才能找寻到。为了观察昆虫们在自然中最真实的状态，须投入大量时间和精力。在素材累积阶段，她做得最多的事就是定期与组员扛着相机在学校内观察昆虫，拍摄生态照。

发现新事物的结果是愉快的，但是过程不一定顺畅。

"有时候为了找到新昆虫，三个人要钻进灌木丛里，如果是带刺的，例如黄刺玫，那就比较无奈了。"她耸耸肩，当时的困难如今提起已变成一桩趣事。

拍照看似简单，但小小一张照片背后暗含着摄影者付出的体力和心力。

昆虫们是不会乖乖待在原地摆好姿势等人来拍照的，第一张便拍出可用生态照的几率很低，摄影者大多时间都在跟随着它们的身影移动，不断调整镜头方向以找到更合适的角度。

为了撰写油菜花露尾甲的科普小短文，她与一位组员在二月兰花丛中足足待了3个小时。花丛这么大，密密匝匝的花朵层叠，要找到体长3mm左右的小虫子可不容易。弯腰仔细寻找露尾甲的踪迹，一旦窜入视野，他们便立刻举起相机记录。机会转瞬即逝，若未能把握第一面，那就要一直保持低低弯腰的姿势，用镜头追寻露尾甲的活动痕迹。

她摸摸脖颈道："长时间保持同一个姿势是非常累的，但我觉得弯腰不算最累，抬头才是。有次为了拍摄意大利蜜蜂在山桃花间穿行采花粉的照片，我们在树下站了一个多小时，全程一直仰着头高举相机。相机能捕捉到高处飞行的昆虫已是不易，还要给蜜蜂各个角度都来一张照片。拍摄结束后感觉自己都不会低头了。"

拍照是很磨炼毅力的，因为这是一个不断发现问题解决问题的过程，永远都是下一张照片最好（图1）。

作为摄影新手，一开始三人拍摄出的生态照完全不合格。照片内昆虫形象不完整、取景角度不佳、光线掌握不好等诸多问题将三人困扰。

他们将自己拍的照片与优秀作品相比较，只知道自己的照片不如优秀作品好看，却无

图 1 工作照

法发觉其中具体的差距。为此他们求助于老师，老师给出了专业的生态摄影指导。

"有次老师指着一张照片说，你的昆虫怎么缺胳膊少腿儿，我想这可能就是某次取景失误罢了。然而当老师一连翻出十几张'缺胳膊少腿儿'的照片时，我才意识到，自己拍照的时候没有全局观念，只把着眼点放在局部，忽视了整体完整性。"

她印象特别深刻的一件事，是将小豆长喙天蛾的照片拿给老师看。为了使其与同一批照片色调统一，在老师指导下修改了十几次。刚开始看着原照片未察觉问题，后经对比发现，处理后的照片质感与和谐度提升了一大截（图2）。

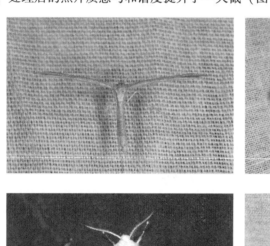

图 2　部分拍摄照片展示

夏灼 · 文笔二难

在接触项目之前，她其实从来没有撰写过科普小文章，刚开始时感到无从下手。

"你以为自己悉心编写的是严肃中不乏活泼的文章，想让读者在吸收知识的同时还能会心一笑，其实说不定他们在屏幕后根本没有耐心读完长长的文字，因为你的文章太乏味了。仅仅是想到这一点，我就会觉得很沮丧也很羞愧。"她说道，"但人都是从青涩走向成熟的，如果一直羞于露怯，那你根本没有打磨自己的机会。我只能坦然接受这点，然后不断磨砺自己的文笔。"

即便现在也不敢说自己文笔好，但她认为在老师的提点下，相较最开始那种平铺直叙的冰冷文字，现在行文更具温度。

老师认为一张好照片可以述说一段故事，故事性是科普文章的灵魂和温度。例如马铃薯瓢虫"体背密生短毛"，可描述为"鞘翅上密密生着白色短毛，让它看起来毛茸茸的"。两者描述的是同一种性状，但由于换了一种说明方式，文字更富画面感。

在将科普文字整理制作成推送文章的过程中，她有幸获得一位微信公众号运营经验丰富的友人的提点。比如推送文章的排版形式和写作方式，一般以 14 号字体书写正文便足够，上一级标题或特别提醒段落可以用 16 或 18 号字体；推送主体两侧要与边界有间距。朋友为她的成长提供了诸多帮助。

夏灼·鉴定三难

两位组员们也经历着不同困难。

保证文章科学性的第一步，就是准确鉴定昆虫。

有些昆虫鉴定特征相似，例如蝼步甲属昆虫——毛蝼步甲和草原蝼步甲，它们的分类特征差别细微，难以分辨，若以大家的能力贸然定种，可能弄巧成拙。

"宁可退而求其次只鉴定到属，也不要主观臆测这只昆虫的身份。要时刻提醒自己为写下的每个文字负责，不能向读者传递错误的信息。"一位组员说道，"一定要阅读足够数量的文献，寻找它们对某种昆虫描述的共同点，你才能说，哦，这个特征是大家公认的。"

从不会到会，从粗心到严谨，从概念模糊到词义清晰，慢慢地学会了"成年人的处事态度"，这是项目带给成员学习、工作态度上最大的成长。

夏灼·信念四难

除了项目本身难点带给她的困难，心境上的阻滞也是一道需要跨越的坎。

项目成立一年后一位成员退出了大创项目组，她代替该成员成为了主持人。这件事对整个项目影响深远。

"项目成员减少意味着人均工作量增大，主持人肩上的担子也更重。"她觉得两人因为成员的退出低迷了好长一段时间，"就像心里有一块突然垮了，干什么都提不起劲儿。外出拍摄昆虫无果、昆虫种类鉴定不出、文章撰写失去灵感都可能成为我们的瓶颈。"

最大的困难来源于人们内心的怯弱。面对这种无力的情况，两人意识到必须肃清心路上的障碍。暂时停止工作一段时间，互相鼓励对方，两人慢慢走出困境。老师多次直截了当直指问题症结所在，也以刺痛感醍醐灌顶。

也正是遭遇这次变动，让两人心境更提升了一层。

她觉得"当你开始逼着自己坚持而不是顺水逐波时，会发现自己成长了。怠惰是人们的天性，谁都想懒洋洋地躺在阳光下休息，但是自律的人不会沉迷。感谢这段低迷期，我和组员的心性大概又坚韧了一些。有时候人的成长是不被自我察觉的，同件事处理起来，现在的自己觉得'我就该这么办，不是理所应当的么'，对于过去的自己而言，可能是一道难以跨过的鸿沟。"

秋收·阶段成果

路遇荆棘，便应披荆斩棘，他们在成长，项目成果也随之积累。如今清点"家产"，已是收获颇丰。

项目启动以来，她和组员一共开展了 41 次调查，从初春看到深秋，积累了 3000 余张照片。图鉴已有 13 目，61 科，86 种。开通了"虫虫二三事"公众号，累计推送文章 33

篇，吸引公众阅读5654次，后台自动回复图鉴检索系统关键词内容积累已完成2/3。

"这个项目不是科研型的，它的弹性很大，灵活性强，你写的文字都可以经过反复琢磨提炼、修改，而且内容可以随时补充。每当你对自己的文字、排版有更深层次的思考时，都可以完善之前的工作。现在我们就是要将新东西搬进图鉴和公众号的同时，不断调整之前写下的东西。"

冬藏·苦中有乐

春逝冬临，两年期的项目已接近尾声。

对于一直热爱自然的她来说，能够进行一项接触自然生命的工作，还是乐大于苦的。

"虽然拍照过程很累，但当某个小生灵，例如油菜花露尾甲，摇晃着一对触角悄然探上叶尖，或一头扎进金黄的花蕊中，露出半截腹部，在阳光映射下鞘翅泛出迷人的金属绿光泽，配着柔紫半透明的花瓣，便觉得这么长时间的寻找都是有意义的。"

夜晚灯诱时，叫上几位朋友一起，静静坐在灯光下等待昆虫上灯。可以带上两本书翻阅，间或交谈一番，遇见好奇的过路人，还可向其现场科普昆虫知识（图3）。

图3 三人灯诱影成行

"这种时刻你会感觉特别宁静，心中无其他事，唯有在暗处不断延伸的苍翠草地，柔和平静的灯光，布上扑棱着、趴伏着的昆虫和几位好友而已。"她眼角微微带笑。

除了发现自然带来的喜悦感，工作的进步和成长也是乐趣所在。她从一个完全不会摄影的新手，到成为了一个掌握了一定昆虫野外观察和记录能力的老手，中间不知道拍废了多少张照片。但看着手下产出的照片越来越好，她觉得一切都很值得。推送文章有时也能得到朋友或陌生人的夸赞，这些都是成长和进步的印记。

"科学就是一个很严谨的东西，即便是科普这样套着一个活泼外衣的'衍生品'，它的核心还是科学。拍照看起来简单吧，但要是深究起来，构图手法也是一个科学严谨的事。写文章就更不用说了，掌握着科学核心写作，才是一篇成功的小品文。慢慢深入到项目中，我们这一路成长，思维从散漫变严谨，已说不清是我们成就项目，还是项目成就了如今的我们。"

完成大创项目，抑或发展自己的兴趣，使她终身受益的是自我的成长、是解决问题的方法、是挫折中坚定不破的信念，是天道酬勤这个永恒的定律，是对于真理的不断追寻。大创项目终会结束，但她的生活还在继续，而这些成长会牢牢地镌刻进她的生命。

更要感谢一直陪在她身边指导她的老师，帮助她的朋友。在她最困难迷惑的时候他们都在，支持她成长，陪伴她前行。

Nature Journey-Four Seasons of Insect Science Popularization in Beijing Forestry University

Huang Jialu　Li Tao　Li Yingchao

(Museum of Beijing Forestry University, Beijing Forestry University, Beijing　100083)

Abstract　The purpose of this project is to explore a new mode of Insect Science Popularization in Beijing Forestry University with the campus insects as the content and the regional insect science popularization as the guidance, and for the non professional college students who are interested in insects.

Keywords　Students Innovation and Entrepreneurship Training Programs, Insect Science popularization, Beijing Forestry University

创业实践经历分享

——以植优思为例

张倩维

(北京林业大学经济管理学院，北京 100083)

摘要：通过思考北林文创市场的空白，依靠多学科同学们的配合，从0到1，构思、设计、生产至出售的完整过程，把想法付诸实践，尝试打造专属北林的文创产品。多元融合，结合本校特色，立足北林，展望未来。

关键词：创业；文创；大学生

作为一名林业大学的学生，我们总会与花花草草结下不解之缘，如何更好地发挥学校特色并且让更多的人将绿色理念根植于心，是我们北林人一直在努力的事情。基于此，我与几个志同道合的同学一起构思了一个想法，并与老师积极探讨，不断改进更新。

一、案例分析

（一）项目来源

随着我国人民物质生活水平的不断提高，文化需求也不断提高，文创产业方兴未艾。近年来，一些独具匠心又具有流行文化色彩的文创产品受到年轻人的欢迎。如故宫淘宝店，经过精心设计的文创产品将故宫文物历史文化重新赋予新的活力，常常一经上架就被抢购一空。由此可见文创产业蕴藏着巨大的市场潜力。

同时，中国高校的纪念品市场尚未得到重视和发展，就少数几所知名高校如清华、北大、复旦等开发了属于本校特有的几款纪念品，包括纪念册、钢笔、皮质记事本等文具类纪念品，品类繁多，不少项目开发也借鉴了国外的先进理念与创意，做得较为成功，但针对高校纪念品来说才刚刚起步，蕴藏着巨大的市场潜力和增长空间，发展潜力不容忽视。

（二）项目独创性

在经济发展速度极快、生态环境日益恶化的当下，生态文明越来越成为人们关注的热点，"绿水青山就是金山银山"[1]，可持续发展理念成为了大家的共识。伴随着生态危机的蔓延和加深，以及生态经济、生态科学、生态文化等的兴起，生态教育正朝着全民教育、终身教育发展，生态教育的新时代已经到来。立足生态文明，提倡绿色生活，着眼生态教育，从长远的角度来看是一件很有意义的事情[2]。目前高校的大学生群体中植物爱好者越来越多，但植物类文创依然基本处于空白的阶段，所以市场的潜力是巨大的，随着人们消费水平的日益提高，我们相信人们会更加注重精神的消费，同时对于植物文创的需求是一个长期增长的趋势。会有更多的学校学生以及植物爱好者会预定我们的产品，这类的客户群体的需求量大且较为稳定。

我们将项目命名为"植优思"，含义为"植物 use"，即利用植物打造优质产品。初始阶段，我们的客户主体是高校大学生群体，将文创产业与电子商务有机结合。以创新驱动

作者简介：张倩维，北京市海淀区清华东路35号北京林业大学经济管理学院，学生，zhangqw0212@163.com。

发展，发挥北京林业大学在植物学方面的尖端优势，为客户提供"优质、专业、满意"的产品。这一项目立足于生态文明建设的社会背景，在互联网高效发展模式下，为客户带来更便捷的服务。我们坚持以客户为中心，进行市场规划；借助互联网+的迅猛趋势，通过微信、微博等方式进行品牌宣传和推广；利用大数据，针对客户的偏好更新改进产品，实现精准营销，由点及面，发展循序渐进的盈利模式。我们主打植物科普课程、生态体验亲子活动、植物产品销售平台和微景观的设计销售四种推广方式，在不同的群体中打响品牌知名度。

二、项目运营

（一）项目来源

项目源于我来到北京林业大学后想给其他的朋友带去属于北林特色的小礼品，搜寻了一圈，发现现有的北林文创产品价格又高，品质也没有凸显北林的特色，刚好在一次专业课上，现场操作制作手工压花纸，我觉得可以将这个想法付诸实践。与几个同学分享了一下想法，一拍即合，不断将想法思路一步一步地完善落实，最后形成了一个大纲，集思广益，思维的碰撞让我们的想法更加明晰，更加有理有据。通过网络学习了创业项目策划书应该如何撰写，有哪些注意事项，并且去找老师探讨现阶段存在的问题，如何解决，老师也推荐了优秀学长学姐之前参加创业比赛项目的策划书，让我们学习。后续我们按着每个人擅长的不同方向安排了适合自己的分工，想象力丰富的负责项目开发创意与更新，擅长设计的同学负责产品的包装及美工，主攻材料专业的负责产品研发，经管专业的同学负责市场定位以及推广。明确了每个人的分工后，就开始将这个想法落实到了纸面上，在形成了第一版的策划书后，我和同学们再一次聚在一起，继续头脑风暴，看看哪里可以更新改进，文字润色，发给指导老师，请老师从专业的角度来审阅这个策划书，然后再继续修改。

（二）项目发展

多学科的跨度可以让我们从不同的角度去认识同一个问题。起初，我们计划从初级一些简单实用的文创产品入手，例如：书签、手提袋等等，有了想法就要付诸与实践，通过问卷星进行问卷调研，让北林的同学票选一下喜欢书签的风格，最后与艺设的同学商议一下，以简易的彩绘入手，简洁大方，符合当代青年喜欢的简约风格，设计了几版以校园内花朵为素材的原稿，书签收纳袋采用北林特色的银杏叶打底，并且联系工厂打版制作。收到不同印刷版本后，挑选了一款最合适的，进行摆拍，做推文宣传推广，收到不少社团组织的预定支持。

之后又尝试了简约风格的牛皮纸手提袋。主推简约的文字、图形，以及学校 logo 为主要元素。

（三）多元融合

简单的纸制品刚推出时，抢购一空，我们也在不断策划如何打造专属北林气息的文创产品，采纳多方建议，进行可行性分析，设计，并且通过成本压缩，目标人群的规划，结合北林的银杏叶，专属建筑为素材，订制了一批独具本校特色的银戒指、木戒指、校园专属印章以及创新性的银杏造型木制书签。同时联系毕业季的班级负责人，通过集赞宣传的方式，以相对较低的价格订购，确保了我们的销量，同时让大家浏览我们的其他产品可以快速订购。

三、结语

当有想法的时候，一定要记下来，并且与朋友们一起交流。

大家都是刚刚进入这个领域的，都有着一腔热忱想去做到成功，但是凡是都不会一帆风顺，都要经过不断地历练，才可以让项目更加成熟。记得第一次参加比赛的时候，经过初赛的层层筛选，进到了复赛答辩环节，面对这众多评委，我的内心非常激动想与他们分享我们团队的创意,评委们都是站在一个投资人的角度,冷静审视项目的不足,一针见血地指出项目问题的所在,项目内容的定位比较混乱,想做的事情太多,但是能力不足就会被认为是空谈。比赛的失利像一盆冷水一样从我的头上浇了下来,也让我一直躁动的以为就要创业成功的心冷静了下来。再次与团队聚在一起,看到他们低沉的士气,我的内心有了一丝动摇,但是已经走了99步了,坚持下去就可能会有成功的希望,现在放弃就没有希望了。在挫折中我们一次次成长,一次次聚在一起分析其他成功的案例,修改我们的策划以及市场定位。终于,一步一步等到了梦想开花,在2018年创青春首都大学生创业大赛中获得市赛铜奖,并且吸引了一个投资人的注意,将我们的商品进行了完善、生产、包装并且在学校出售,收获普遍好评。始终坚持以顾客需求为中心,扩大泛植物生态圈,以创新驱动品牌发展,紧跟时代潮流,实现多学科交融,希望通过我们的努力,让植优思成为植物文创的代名词。因为北林,所以专业。双管齐下,我们又着手另一个创业项目,并且在2018年北京林业大学暑期社会实践中获校级优秀实践团队,大学生创新创业计划中成功立项国家级创业项目,入选第六届大学生科技创新作品与专利成果展示推介会,创青春首都大学生创业大赛市级铜奖,校级创业大赛优秀奖等一系列奖项。通过比赛的磨砺与评委老师不断给出的意见建议,我们希望可以把项目认真做下去,进行落地。

在创业过程中,我们经历了很多的挫折、失败、痛苦甚至是绝望,我体会最深的是:一个团队要成功,整个团队的合作和齐心协力的努力是创业的关键一环,当然管理和人才也是我们永恒的主题。如何吸引风险投资还不是十分的了解,对大部分创业型公司来说,拥有一个好的项目等于已经拥有资金,也就是说资金不是最大的问题,而管理和人才才是难点所在[3]。但是,这些在课堂上是学不到的,参加创业竞赛让我们有了这方面的初步体会,但真正深刻的体会是在创业过程中。功利性本来就天然地附着在竞赛活动之中[4],我们更应该摆正心态,明确自己要什么,不应盲目随波逐流,最后乱了自己最初的节奏。

参考文献

[1] 黄承梁. 以人类纪元史观范畴拓展生态文明认识新视野——深入学习习近平总书记"金山银山"与"绿水青山"论[J]. 自然辩证法研究, 2015, 31 (2): 123-126.
[2] 温远光. 世界生态教育趋势与中国生态教育理念[J]. 高教论坛, 2004 (2): 52-55, 59.
[3] 曹东. 大学生创业难在何处[N]. 生活时报, 2000-8-14.
[4] 丁三青. 中国需要真正的创业教育——基于"挑战杯"全国大学生创业计划竞赛的分析[J]. 高等教育研究, 2007 (3): 87-94.

Entrepreneurial practice sharing: Take Zhiuse for example

Zhang Qianwei

(School of Economics & Management, Beijing Forestry University, Beijing 100083)

Abstract We think about the blank of cultural and creative market of Beijing Forestry University and rely on the cooperation of multi-disciplinary students. From 0 to 1, the whole process from conception, design, production to sale. We put our ideas into practice and try to build exclusive cultural and creative products of Beijing Forestry University. Based on the characteristics of Beijing Forestry University, we will look forward to the future.

Keywords entrepreneurship, cultural creation, college students

绍阳和他的失败学鸡汤

杨航宇 王绍阳 朱保庆

（北京林业大学生物学院，北京 100083）

摘要：本文以第三人称真实记叙了一位北京林业大学生物学院本科生（绍阳）的科研与出国经历。不同于努力——成功的故事框架，本文表现了绍阳在周而复始的尝试与失败中如何保持执着，调整心态，并做出理性选择，最终获取实现目标的故事。

关键词：大学生创新创业；本科生科研；出国留学；奖学金申请；国家留学基金委员会

我们并不不擅长成功学鸡汤。

那是 2017 年十月五日，中秋节过完的一天。秋风还算凉爽，但也夹杂着一些萧瑟了。绍阳，一个从北京林业大学来的毕业生，披着件大衣，在杭州萧山机场的候机大厅的铁椅子上蜷缩着，时而正坐，时而半躺，就这么凑合了一夜。南来北往的路人很多，但没有人对这个年轻人驻足观看，更没有人问他要不要旅店。

这一夜对这个他很普通，也不怎么舒服，没有做梦；这一夜对他来说又不太一样，因为在下一个能躺下睡觉的夜晚，这个年轻人就得用英语和他的新室友说晚安了——他要出国读书了，而且是第一次出国。

绍阳四年前考上了北京林业大学生物专业。生物和北京，简直是他高中时代的魂牵梦萦。来自小城市的他，总是毫不掩饰地告诉身边人他对自然和科学的热爱；当然他也会毫不掩饰地说，他向往大城市，向往五光十色与繁华，向往广袤的未来。我可以想象他得知被北京林业大学生物专业录取时，乐得有多开心。刚入学时呆坐在宿舍里和室友一起打游戏的他，或许也同样地不会想到他的第一次出国不是旅游代购，而是在国家留学基金委、昆士兰大学和澳大利亚葡萄酒管理局的资助下攻读博士学位。他的研究也将是一个非常前沿的课题。这一切意味着他未来的博士学习中不仅有充足的奖学金支持学费和开销，还会拥有一笔可观的自行管理的科研经费。

看上去绍阳的生活真的充满了幸运。他仿佛为自己选择了一条快车道。作为最了解他的人之一，我知道他根本不想伪装出成功的样子来煮一锅成功学鸡汤，因为他失败的次数太多了。他怕这种失败学鸡汤帮不了任何人。

结识绍阳

我第一次结识绍阳是在第二教学楼。作为生物班的学生，做一项科研训练是必修课。那时候他已经大二了，他后来承认他已经度过了浑浑噩噩迷迷茫茫的大一，觉得是时候做点有意义的事情了。我们课题做是做果酒和发酵果蔬汁的，我真的很好奇这个男生为什么会选择和他专业没太大关系的课题。我问得直截了当，他的回答更直截了当：想出国深造。嗯，好，

作者简介：杨航宇，北京市清华东路 35 号北京林业大学党委学生工作部，助理研究员，yanghangyu2015@163.com；
王绍阳，北京市清华东路 35 号北京林业大学生物科学与技术学院，本科生，wangshaoyang@bjfu.edu.cn；
朱保庆，北京市清华东路 35 号北京林业大学生物科学与技术学院，副教授，zhubaoqing@bjfu.edu.cn。
资助项目：北京林业大学 2020 年教育教学研究一般项目（BJFU2020JY036）。

逻辑没错。我没有对他的想法加以评论。我只希望面前这个学生，别对待他的科研训练跟他的大一一样就行，三分钟过了，最好还有些热度。

他和我们签的第一份任务书是"本科生科技创新专项计划"。他第一个上手的实验是乳酸菌发酵蓝莓汁改善风味的，在这之前他是一个"纯粹"的生物学生，对食品实验一无所知。他从配培养基开始学起，天天端着瓶瓶罐罐在实验室间跑来跑去。发酵的监测是最熬人的，因为需要每过两三个小时取一次样品。连续那好几周，他眼眶黑黑的来找我，我就知道他肯定是没能找到一个肯熬夜的人替他值班。为了尽快凑齐数据，他牺牲了无数个周末和晚上用来做液相色谱。我下班晚，但每次走之前在实验室看到他，都会让他早点回去睡觉。这个时候他变成了一个不听话的孩子，非得把当天的实验做完。后来，随着课题的延展，要测的内容越来越多样，他开始读更多的文献，寻求更好的解决办法。他的组会报告中从来不说自己遇到了什么困难、如何进行不下去云云，而是把问题非常清晰地整理出来，并且给出一二三四的解决方案，让大家讨论并做选择题。

也许改变绍阳的，是一些微妙的转折点。在这些转折点上，他牢牢握住了主动权。在科研训练书上签名算第一件。开始时他真的没和其他学生太不一样，只是每次有事招呼大家来的时候，他从来没有推辞过，几个月过去都是这样。每次交流他给我的感觉都是"应该可以吧，试试先，不行再说"。总之充满了好奇心和尝试的意愿，仿佛有用不完的精力。工作有时很简单，但也会很累。我清楚作为本科生是不必像研究生一样尽职尽责，但他好像一直遵守着一套自己制定的标准。"研究生能做的，为什么本科生就不能做呢？"，这种疑虑，不止一次地被我觉察到。有时我们只灵光一闪的计划，绍阳都想尽办法把它变现，尽管有时耗时很长，结果也差强人意。有时他也固执，在一些无关紧要的东西上执着于自己的判断。撞南墙后他也就死心了，但又抓紧想别的办法解决问题。

其实绍阳在做的早已不是什么课程实验了，而是科研。这么说的原因是因为一帆风顺的科研太少了，至少他没有赶上一帆风顺。他也常常盯着他的数据一筹莫展。他的第一篇文章，花了半年时间折腾，其中包括两个假期的文献整理，得到的却是个典型的科研失败品，实验设计和方法没有亮点、英文写作蹩脚。那阵疯狂地修改—再修改—投稿—返修—拒稿—再投稿—拒稿。他急，我更急。不光是绍阳，所有的参与人都不想让自己的劳动功亏一篑。但结局已经没法改变了，我们越来越想放弃，甚至达成了一种承认失败的默契，我们在最后一次被拒后，已经开始相互安慰了。

我趁绍阳没有离开我们课题组的时候，试探地问他是否想留下继续做些别的，我觉得他真的还有未示人的潜力。他毫不犹豫地答应了，并再次直截了当地说明他需要文章来申请出国，并强调了"需要"。此时时间已经变得紧迫，好在我们还有别的项目，这些项目里都有绍阳能做出贡献之处。我许诺不会让他失望地空手而归。就这样继续跟随了我们几个月后，他和一位学长，树勋，一起完成的一项果酒颜色研究里，终于呈现了有意思的结果。他水到渠成地拿到了共同第一作者的署名。另一个果酒香气的项目里，由于之前的学生已经做好了基础工作，绍阳所负责的后期的数据处理和文章撰写相当顺利。投稿后，他很快得到了第一篇属于自己的文章。

出国申请和奖学金

前后一年多时间的付出有了些回报，绍阳已经沉浸在小小胜利带来的喜悦中。但他此时对出国的计划还非常模糊。和许多同学一样，他参加各种各样的讲座、招生会，从越来越广的渠道里收集信息。我为他提前准备了他所需要推荐信。我们的系的主任，柏林教授，又向几位结识的外国导师推荐了他。他的选择慢慢地变多了起来。

绍阳的申请，其实是更加执着于自己喜欢的方向。他没有过多依赖于我们的引荐，而是优先选择了海投简历。他认真地找到各所大学、研究机构，一个一个看导师的简历和研究兴趣。对于中意的，他统统把对方发表的文章下载下来读，然后把自己的想法整理到套磁信中。幸运地，一位澳大利亚的同样有着酒类研究背景的导师对他很感兴趣，并鼓励他申请澳大利亚葡萄酒管理局的奖学金。

这个奖学金要求也很苛刻，它和绍阳简直是素昧平生。不出所料，他花费了一个月写的申请材料，在他12月生日前付诸一炬，他被拒绝了，就在12月生日的前一天。这盆冷水让这个年轻人再次怀疑自己的努力是否有价值。

碰巧，此时绍阳的一位研究生学长，树勋，也正在规划自己的未来。一个晚饭后的夜晚，这两个迷茫的年轻人相聚在实验室里，无意间开始了畅谈。树勋建议他申请我国留学基金委的奖学金，然而这个奖学金只奖给直接攻读博士学位名额，并要求成绩达到免试直升研究生水平。最后，对于文章发表、申请书、研修计划等的要求，不异于硕士。这下，绍阳感到了巨大的压力。更困难的是，我们课题组无法找到本科生申请成功的先例，一切都需要他自己来操刀了。但当绍阳把想法告诉我时，我还是很鼓励他一试的。我告诉他，申奖和科研一个道理，没人试过，或者不知道是否有人试过，并不代表行不通。

这次，这个年轻人变得无比谨慎。他向他的外国导师说明情况后，用了一个寒假修改他的基金委申请书。在这过程中，树勋和柏林教授为他提供了很多信息资源，默默地给这个连基金书都没见过的年轻人上了一门精妙的写作课。大四那年三月，绍阳提交了向基金委的资助申请。此时，过了英语、有了文章、成绩达标、有外国导师接收、申请书面面俱到、各种材料齐全……他已经一步一步地达到了基金委的全部要求。

好结果

五月底的一个晚上，还在实验室数平板菌落的绍阳再也按捺不住激动，打开电脑一遍一遍刷新着基金委的网站。最后一刻，那个大红喜报让他激动地跳了起来。回想起他那些端着溶液在校园里穿梭的冬夜、一天一夜不睡觉画出的微生物生长曲线、每天背诵两个小时的英语、考了四次的雅思、两次没回老家的春节……长征走完了，松一口气吧。

"不是所有人都和我一样幸运"，他说，"我不幸的时候也有很多，有时候做十次事，九次都是不幸的吧。但我还在做，我有自信，我坚信我的选择没错。"

"失败的时候会对人生充满怀疑。会怀疑自己努力的价值，因为它们在这次没有变现。这时候，想想最坏的结果，并告诉自己这就是我全部能做的，并坚信不管出于什么原因，这次失败都是无法避免的。嗯，这就是失败学。失败学能做的不是教人成功，而是如何快速从沮丧中走出来。"

"我感谢身边的每一位人。感谢我的老师们，感谢学长，感谢在我需要的时候提供给我帮助的人。我最感谢我的保庆老师和柏林老师。他们春风化雨般一点点改变着我的人生轨迹，没有遇到他们我的一切机遇和成果都无从谈起……保庆老师教会我'取乎其上，得乎其中'的道理，以及刨根问底、百折不挠的科研精神；我多少次在深夜看到他在办公室加班，而第二天又是精神饱满，从不将劳累展示给任何人；实验失败时，他也从不批评我，而是客观分析原因，责任也归咎自己……柏林老师极力帮助我融入实验室的大家庭。犹记得他每次开组会都要叫上我，教会我旁听与分享见解，不因为我是本科生就给予差别对待；在我前途迷茫，苦于找寻去向的时候，他向芬兰图尔库大学的杨宝茹教授热情引荐了我，为我提供了十分难得的出国留学机会；实验受挫，他第一时间为我点明了多快好省的方向……例子是永远举不完的，我很想发自肺腑地说，遇到两位老师是我一生的幸运！"

"我更感谢我实验室的给予我帮助的其他老师们和学长学姐们。我虽然不是食品系的学生,但他们却给了我不求回报的帮助。实验期间,鸿飞老师为我提供了无尽的微生物专业指导,是我最有力的外援;俊峰老师帮我毫不犹豫地写了推荐信;欧阳老师和丰俊老师在我实验忙不过来时,给予我使用他们自己仪器的便利……"

"我感谢树勋,更感谢骁宇、顾盼、任杰、冠绅、航宇、顾盼、雅冉、春晓、斯屿还有许多实验室学长学姐的帮助。感谢我的父母和亲人为我提供了物质和精神的保障,在大学四年里让我生活无忧,能将全身心投入我梦想的奋斗中。"

"感谢国家留学基金委为我的出国留学提供经济上的支持。我一定不负祖国希望,用祖国对我的投入创造出更大的价值,回报祖国。"

说着说着,我们和他告别了。临行前一周,他还在处理本科毕业设计的数据为了下一篇待发表的文章。

现在的绍阳

绍阳到澳大利亚后,在国外导师的帮助下再次向澳大利亚葡萄酒管理局申请经费。同年 12 月命中,他有了自己的科研经费和更加丰厚的奖学金。

在澳大利亚的第五个月,他的本科毕业论文被世界知名食品期刊 Food Research International 接收。这是他提交基金委申请后继续在我们实验室工作的成果。这篇文章揭示了一个非常前瞻的发现,为葡萄酒工业提供了一条通过苹乳发酵来保护葡萄酒颜色的新思路。鉴于此,我们课题组决定继续在该基础上开展研究。

同年 12 月,又是在他生日的前一天,国际葡萄与葡萄酒组织(OIV)发来贺信,祝贺他向该组织申请的一个跨国的消费者实验项目成功获得了经费。

据我所知,绍阳在 4 个月前得知有这个奖项,就不断发邮件问 OIV 他是否够资格申请。他的案例很特殊,同样找不到任何成功先例与模板来复制。他发动家人帮他找证件翻译;麻烦他导师写推荐信;他自己则对着申请书改了不下十遍。他说,在一个没有加班理念的工作国度一个人奋战到深夜是很难的。但这也可能是中国学生、中国老师、一切中国劳动人民最引以自豪的特点吧。在他的西方同事看来,努力工作可谈不上是什么优点。但他没有听任何人的。他说:"我不会游泳,也没车,周末也没人陪我去沙滩晒太阳。"

绍阳的鸡汤

仔细看来,绍阳的科研和出国根本不是一帆风顺。他大一一年荒废了;他英语的前三次考试、项目的第一次申请、奖学金的第一次申请都失败了。但他没有放弃尝试,他珍惜自己的梦想,不惜为梦想牺牲点什么。他最后还是把自己的经历煮成了鸡汤:

"好多事情没有模板可以复制,更不知道结果是好是坏。有了好奇心,为何不试一试?"

"'听君一席话,胜读十年书'。因为有些信息真的是独一无二的,书中、网上都没有。"

"人要努力,更要学会选择。在一个更少人尝试的方向上努力,很大概率会找到更大的蛋糕。当然风险是有的,也会比大多数人大,但不见大得很多。选择比努力更重要。"

"做每件事前,最好总是多考虑半步。"

"如果你知道做一些事总会成功,并且确实需要这种成功,那就一直做这些事。代价有时会很大,但对于年轻人来说,大多还是可以承受的。别怕承受。"

这就是绍阳的失败学鸡汤。

附：

绍阳本科参与的科研项目以及学术成果

科研项目

- 乳酸菌发酵对蓝莓酒品质的影响
  本科生科技创新专项计划　北京林业大学　生物科学与技术学院　2015 年
  主持人：顾　盼　王绍阳　李程洁　胡嘉琪　何欢　封晓茹
  指导教师：朱保庆

- 植物乳杆菌与酒球菌苹乳发酵对蛇龙珠葡萄酒品质的影响
  本科毕业设计　北京林业大学　生物科学与技术学院　2017 年
  指导教师：朱保庆

学术成果

发表文章

- Wang, S., Li, S., Zhao, H., Gu, P., Chen, Y., Zhang, B. & Zhu, B. (2018) Acetaldehyde released by *Lactobacillus plantarum* enhances accumulation of pyranoanthocyanins in wine during malolactic fermentation. *Food Research International*. 108, 254–263.

- Wang, S., Li, Y., Li, T., Yang, H., Ren, J., & Zhang, B., et al. (2017). Dibasic ammonium phosphate application enhances aromatic compound concentration in bog bilberry syrup wine. *Molecules*, 22, 1–19.

- Wang, S., Li, Y., Gu, P., Liu, Y., Li, T., Liu, S., Zhang, B., & Zhu, B. (2018) Comparison on evolution of volatile compounds and aroma attributes in different pH adjusted fermented bog bilberry syrup wine during bottle-aging Period. *Food Bioscience*. 22, 121–128.

- Wei, M., Wang, S., Gu, P., Ouyang, X., Liu, S., & Li, Y. et al. (2018) Comparison of physicochemical indexes, amino acids, phenolic compounds and volatile compounds in bog bilberry juice fermented by *Lactobacillus plantarum* under different pH conditions. *Journal of Food Science and Technology*. 55 (6), 2240–2250.

- Liu, Y., Wang, S., Ren, J., Yuan, G., Li, Y., Zhang, B. et al. (2018) Comparison of free and bound volatile profiles in six cultivars of *Ribes nigrum* L. currant grown in horticultural experimental station at Northeast Agricultural University of China. *Food Research International*. 103, 301–315.

- Ren, J., Wang, S., Ning, Y., Wang, M., Wang, L., Zhang, B. et al. The impact of over-maturation on the sensory and nutritional quality of Gouqi (Chinese wolfberry) wine. *Journal of the Institute of Brewing*. 124, (1), 57–67.

- Liu, S., Wang, S., Yuan, G., Ouyang, X. Liu, Y., & Zhu, B. et al. (2016). Effect of oak chips on evolution of phenolic compounds and color attributes of bog bilberry syrup wine during bottle-aging. *Journal of Food Science*, 81 (11), C2697–C2707.

- Ouyang, X., Wang, S., Yuan, G., Liu, Y., Gu, P., & Zhang, B. et al. (2017). Comparison of amino acids, biogenic amines, and ammonium ion of wines made of different types of fruits. *International Journal of Food Science & Technology*. 52 (2), 448–456.

- Li, Y., Gu, P., Wang, L., Wang, S., Yang, H., & Zhang, B., et al. (2016).

Comparison of amino acid profile in the juice of six pomegranate cultivars from two cultivation regions in China. *Journal of Food Processing and Preservation*, 41 (5), e13197.
- Chen, C., Liu, S., Wang, S., Liu, Y., Li, S., & Zhang, B., et al. (2017) Influence of different conditions on the color and phenolics contents of blueberry wines stored in PET bottle storage. *Science & Technology of Food Industry*. DOI: 10.13386/j. issn1002-0306. 2017. 01. 057.
- 刘树勋, 杨航宇, 王绍阳, 欧阳骁宇, 张柏林, 朱保庆 (2016). 野生蓝莓酒皮渣花色苷及其抗氧化活性研究. 中国酿造, 35, 115-118. DOI: 10.11882/j. issn. 0254-5071. 2016. 02. 026.
- 刘树勋, 刘恩超, 陈晨, 王绍阳, 欧阳骁宇, 张柏林, 朱保庆 (2016). 橡木片对笃斯越橘果酒颜色和酚类物质含量的影响. 食品工业科技, 37, 150-154. DOI: 10.13386 /j. issn1002-0306. 2016. 09. 021.
- 魏铭, 赵莱昱, 杨航宇, 吴玉文, 李腾, 王绍阳, 朱保庆, 张柏林 (2018) 不同酵母和氮源对笃斯越橘果酒香气的影响. 食品科学, 39 (10), 257-262.

参与专利
- 一种利用植物乳杆菌发酵提升野生蓝莓果汁风味品质的方法. 专利号: CN105581218A; 申请人: 北京林业大学; 发明人: 朱保庆, 张柏林, 刘树勋, 魏铭, 欧阳骁宇, 吴玉文, 王绍阳. 公开日: 2016. 05. 18.

Shaoyang's Failogical chicken soup

Shaoyang Wang, Hangyu Yang, Baoqing Zhu

(College of Biological Sciences and Biotechnology, Beijing Forestry University, Beijing 100083)

Abstract This third-person narration depicts the ups and downs of a BJFU undergraduate student (Shaoyang) on his research training and the way to studying abroad. Instead of following the tread of hardworking-success, this narration emphasisesShaoyang's persistence over his trials and failures, adjustment of mentality, as well as how the rational decisions were made that ultimately led to the achievement of his goal.

Keywords Undergraduate Innovation and Entrepreneurship, undergraduate research training, studying abroad, scholarship application, China Scholarship Council

源于大创　凝为产品

——北京林业大学绿像素工作室育人模式的探索与实践

韩静华　王巨文　尹思源

（北京林业大学艺术设计学院，北京　100083）

摘要：如何提高大学生的创新意识和实践能力，培养出符合时代要求和社会需求的高素质创新型人才，是高等教育中的核心和关键问题。结合多年指导大学创新创业训练项目的经验，从创意为先、执行为本、产教融合和多方共赢四个方面总结北林绿像素工作室育人模式。

关键词：大创项目；育人模式；北京林业大学绿像素工作室

北京林业大学绿像素设计工作室成立于2010年，在近10年的时间共完成10项大创项目，其中国家级6项、校级4项，8项以优秀结题，项目成果受学校推荐参加全国大学生创新创业年会3次、北京市大学生创新创业教育成果展示会1次[1]。团队多次在中国互联网+大学生创新创业大赛、中国大学生计算机设计大赛、华北五省（自治区、直辖市）暨港澳台大学生计算机应用大赛、北京市大学生动漫设计竞赛、北京高校大学生数字媒体设计大赛中获大奖。成果应用到中央党校、人民日报社、北京林业大学等多家单位。受到《人民日报》《中国绿色时报》《中国花卉报》《北京日报》、北京卫视等多家媒体报道。北京林业大学绿像素目前已形成一套较为成熟的育人模式，笔者将其总结为"源于大创，凝为产品"，具体体现在"创意为先，执行为本，产教融合，多方共赢"四个方面。

一、创意为先——北京林业大学特色

团队成立之初就定位于新媒体植物科普作品设计，因此团队所有自主选题的大创项目均是围绕这一核心进行，突出北京林业大学特色。大创项目的选题非常重要，不仅决定了项目申报的成功与否也直接关系着项目的训练效果。学生的创意经常会出现太大、空洞等问题，笔者在这一阶段往往会花费大量时间和学生一起确立选题，思考好什么是"值得做、没人做、我能做"的选题。大创项目一般只有一年执行期，我们建议"小而实""小题精做"，忌讳"大而全""无所不做"[1]。

在选题阶段，团队特别注重以下几方面。

（一）源于生活

从生活中观察，在观察中创作，鼓励学生留心观察现实生活中存在的困难和亟待解决的问题提出解决方案[2]。以2013年立项的校级项目"基于二维码技术的植物科普系统设计"为例，项目的核心理念是在传统树牌上增加一个二维码标记，用户通过手机扫描树牌

作者简介：韩静华，北京市海淀区清华东路35号北京林业大学艺术设计学院，教授，hanjing013@126.com；
　　　　　王巨文，北京市海淀区清华东路35号北京林业大学艺术设计学院，研究生，1393849676@qq.com；
　　　　　尹思源，北京市海淀区清华东路35号北京林业大学艺术设计学院，研究生，603632343@qq.com。
资助项目：北京林业大学教育教学研究项目"数字媒体艺术专业2018版人才培养方案研究与制定"（BJFU2018JY110）。

上的二维码,即可连接到科普平台上,进而可以浏览到丰富有趣的植物资讯。这个项目创意来源于作为非植物类专业出身北京林业大学师生经常会被人问到"这是什么树""那是什么花"的情景,大家认为每个北京林业大学人都应该很懂植物,但事实并非如此。因此,我们希望能借助于新媒体形式方便大家更好地了解植物。

(二) 扬长避短

团队提倡扬长避短,根据每个学生或每个团队特长量身设计选题。有的同学擅长手绘、有的擅长三维模型、有的擅长摄影、有的喜欢开发,作为指导教师要善于发现学生的长处,并为之设计出合适的选题和专业发展规划,从而激发出学生创造性和主动性。依然以"基于二维码技术的植物科普系统设计"项目为例,其实最初的设想是通过拍照就可以识别出是哪种植物,但是经过调研,迅速发现这一创意有两个短时间内无法实现的难题:一是以设计专业师生主的团队不具备计算机图像识别开发能力,二是没有海量植物照片做支撑。团队经过评估,决定采用"二维码+数字科普内容"作为主要形式,尽量发挥设计的优势,使得项目到现在,即使过去了几年时间,又有拍照片识花成熟产品出现的情况下,依然具有强劲的生命力。

(三) 以小见大

团队将新媒体植物科普设计作为主要创作方向,从小处来说,它可以解决人们的实际需求;从大处来讲,它符合国家宏观战略。笔者认为植物是大众视阈中生态文明最直接最生活化的体现。植物不仅承载了生态文明美丽中国的国家战略;也传承了数千年的中国传统文化,从诗经楚辞到唐诗宋词,从汉字到成语,从衣食到住行,可以说植物塑造了我们中华文明。团队今年有幸参与了学校重点扶贫项目,以植物科普设计服务于国家脱贫攻坚战略。以小见大的选题创意,增强了团队师生的使命感、责任感和担当意识,在一个个具体的实践中实现立德树人和家国情怀的培养。

二、 执行为本—— 一个像素都不能错

好的创意是一个大创项目的良好开端,必须通过执行才能完美落实。目前仍有不少项目存在"重立项轻执行""虎头蛇尾"的现象[3-4],我们的经验是重视每一个项目的执行过程,重视项目每一个阶段的执行过程,做到精益求精,一个像素都不能错。一个像素有多大?以 iPhone8 手机为例,它的屏幕一共有 1334 * 750 个像素,在手掌大的屏幕上就有 100 多万个像素,一个像素有多小可想而知。团队要求一个像素都不能错,既训练了学生感知一个像素微妙差别的专业能力,同时也塑造了团队对设计的严谨要求和追求完美的精神。

在《北京花开》图书创作过程中,为保证所呈现的植物信息准确无误,团队对每一个植物词条都进行多次验证,逐字逐句逐图请植物学专家审核。在《AR 奇幻植物园》科普绘本设计阶段,为表现出正确的月季形态并与玫瑰区分开来,月季的植物手绘图九易其稿,大到花朵,小至尖刺,每一个细节都不能疏忽。北京林业大学的中国风二维码树牌自 2015 年上线以来,深受北京林业大学师生和社会各界高度好评,市场上随之出现不少仿版,但没有一个能够超越北京林业大学,究其原因在于绿像素团队对每一个像素的严格控制,树牌虽然不大,信息不多,但字体、字号、间距、二维码大小、材质和厚度、户外耐久性,所有这些稍有不同,整体视觉效果就会差别很大。

除了设计,团队对于大创项目的文本撰写、PPT 制作和答辩讲稿都要求很高,答辩PPT 一般需要反复修改几次,才能达到思路清晰、简明扼要、美观大方的效果。大创项目不仅可以提升学生的设计能力,还可以完善学生沟通、表达、团队合作、反馈等方面的综合素质。

大创项目使师生之间形成了深厚的友谊,在长期推进项目的过程中,指导教师的言行

深刻影响着学生,这种友谊和情感是仅在课堂上通过教师讲课学生听课而达不到的,丰富了育人形式[1]。

三、产教融合——从作品到产品

在 2012 年之前,团队热衷于将大创成果参加各种学科竞赛,并在很多比赛中战胜了清华大学、北京大学、中国传媒大学这些数媒和动画强校,获得了各类大赛一等奖的优异成绩。从 2012 年开始,团队希望有所突破,那就是把作品变成产品。作品和产品只有一字之差,但是跨度的难度很大。作品可以是任性的,但是产品不行;作品可以有很多 BUG,但是产品不可以;作品可以孤芳自赏,但是产品必须服务实际需求;作品可以只有一件,但产品必须便于复制。

团队为大创选题设定了不同阶段目标。第一阶段主要是大创阶段,借助于大创项目,检验创意的可行性,并设计出产品的 DEMO 版。如果可行,那进入第二阶段,申报科研项目获取更多经费支持,将 DEMO 版开发成真正产品。笔者目前已在 2 项国家级大创项目"儿童植物主题数字绘本研究与设计""基于 AR 技术的儿童植物科普产品设计与开发"的基础上,成功申请到北京市科普专项 2 项(省部级纵向课题),设计出品了《AR 奇幻植物园》和《红松林之歌》等新媒体植物绘本,受到专家和读者好评。

以校级项目"基于二维码技术的植物科普系统设计"为例,后续在此基础上先后获得北京高等学校青年英才计划项目 1 项、北京市科普专项 1 项、横向项目 5 项、校级项目 2 项,产生的主要产品有《植视界——基于二维码的植物科普项目》《北京花开:写给大家看的植物书》,受到《人民日报》《中国绿色时报》《中国花卉报》等多家媒体报道,获梁希科普奖和北京发明创新大赛等奖项。

从作品到产品是一个不断迭代完善的过程,以《植视界》为例,单就树牌设计就花费了两年时间经历了几十稿方案,很多人在赞叹北京林业大学树牌很美很文化,但是大家可能不知道的是树牌设计其实不到植视界整个项目工作量的 1%,数字内容才是团队更加呕心沥血的地方,植视界背后有历时 6 年 7 万多张照片的支持、有 40 多万文字资料的收集和整理,设计更加精益求精。从 1.0 版只有 5 种植物,到 2.0 版的 26 种植物,再到 3.0 版的 200 多种植物,才逐渐从一个作品变成产品。2018 年 10 月上市的《AR 奇幻植物园》同样如此,在大创资助下,完成了 4 个植物安卓版某一款机型的开发,这只能称为一个作品;在北京科委资助下,最终产品包括了 39 个植物 iPhone/iPad/安卓三个 App 设计开发,而且兼容各种机型。

目前团队已经形成科研和教学的良好互动模式,较好地解决了科研与教学"两张皮"问题,提高了教师对指导大创项目积极性和责任心,促使项目高水准完成。

四、多方共赢——团队建设

(一)品牌建设

绿像素团队在 2012 年确定了团队 LOGO 和团队愿景,即致力于新媒体植物科普作品研发设计,在大众层面传播植物知识、生态文明理念和北京林业大学绿色文化。团队名称非常有特色,包含了四重含义:(1)身为北林做植物科普的团队,绿色是团队愿景最好的体现;(2)团队成员主要由数字媒体艺术和动画专业组成,最初的设计无论是手机游戏还是动画,都是在屏幕上呈现的,而像素是屏幕画面的最小显示单位;(3)像素极其微小,一个像素都不能错体现了团队对设计的严谨要求和追求完美的精神;(4)无数个微小的像素可以组合出千变万化的图像,蕴含了每个同学的无数可能性和团队的力量。

团队鲜明的名称、LOGO 和愿景成为团队的文化不可或缺的一部分。2018 年 8 月 28 日

《人民日报》正刊文化版头条，以"二维码树牌、动画、App……北京林业大学'绿像素'设计工作室——帮你读懂身边的植物"为标题，分为"创新植物知识的传播途径、在趣味性和学术性间找平衡、以做科研的精神做科普"三部分对团队工作进行了团队报道，被人民网和新华网等媒体全文转载，产生了强烈的社会反响。

（二）精神理念

笔者在指导团队中注重引导学生关注大众对植物的实际需求，在实践中培养学生的社会责任感和使命感，树立大家对生态文明与美丽中国建设的决心与信心，在实践中实现立德树人和家国情怀的培养，家国情怀的养成又成为学生持续前进的内生动力和力量源泉。

团队打造了一种互相欣赏彼此成就的和谐师生关系。既具活泼氛围，又有严谨科研态度；鼓励发挥个人特色，又提倡团队协作；既埋头雕琢符合大众需求的设计作品，又昂首仰望祖国赋予我们的时代使命。

（三）团队成果

1. 人才培养方面

大创项目通过实施过程中的学生自主学习、自主实践，培养学生发现问题、解决问题的能力，增强学生实践动手能力，提高了学生在保研、考研、出国留学、就业中的竞争力，切实提高了人才培养质量。团队各项成果共获各类学科竞赛奖项60余项，其中省部级学科竞赛奖项40余项。以10个项目负责人为例，其中4人出国留学、2人保送中国传媒大学研究生、2人保送本校研究生、1个考取本校研究生、1人就业。

2. 教师培养方面

大创项目为指导教师提供了科研或创作助手。2010年笔者为讲师，苦于没有研究生，大创项目在一定程度上弥补这一不足。在指导大创的过程中，笔者的创意、团队建设、执行等方面能力有显著提高，为后续科研工作打下了坚实基础。笔者先后获得2次梁希科普奖作品类、2次北京林业大学科技之星、梁希青年论文奖和校级优秀青年学术论文奖等荣誉，这都与绿像素团队多年的积累是密不可分的。

3. 专业学科建设方面

通过团队多年实践，开创了"新媒体设计+自然科普"的交叉学科研究方向，使其成为我校数字媒体艺术专业和学科的鲜明特色。笔者受邀在2019年首届国际媒体教育国际大会上做"新媒体环境下的植物科普作品设计"专题报告，受到国内众多设有数字媒体专业的高校好评；2018年受邀在中国大学植物网联盟第二届研讨会做"源于大创，凝于产品"专题报告，引起参会的北京大学、浙江大学、同济大学等20多所高校植物学教师的强烈反响。我校数字媒体艺术的办学特色受到数字媒体和植物学两方面专家的肯定。

五、关于绿像素未来的几点思考

（1）缺少固定工作空间。团队学生的创作主要在宿舍完成，工作空间的缺失在很大程度上影响了设计的有效沟通和进度，以及互相学习的机会。

（2）重设计轻宣传推广。一个作品或产品的设计开发完成，只能说是完成了一部分工作，后续的宣传在当下尤为重要，目前团队在此方面所做工作较少，主要靠自然而然的发展，这是非常不够的。

（3）适当扩大团队规模。目前团队仅有一名指导教师和数名学生，在适当的时候可以扩大指导教师和学生数量，培养更多具有北林情怀的社会主义建设者和接班人。

六、结语

北京林业大学绿像素设计工作室在学校的大力支持下，经过多年的发展，已形成一套较为成熟的操作方法，指导老师和参与学生都投入了大量精力，对培养大学生的创新实践能力起到了积极促进作用，在实践中探索出立德树人和家国情怀的培养模式。

参考文献

[1] 韩静华. 创意为先、执行为本、产教融合、多方共赢——大学生创新创业训练项目指导体会 [J]. 2017年北京林业大学教育教学研究优秀论文选编，2017：50-54.

[2] 于斌，颜贤斌. "大学生创新创业训练计划"项目管理探索与实践 [J]. 实验技术与管理，2015，32 (9)：30-33.

[3] 徐春秀，武穆清. 改革培养机制 提高创新能力 [J]. 实验技术与管理，2013，30 (6)：226-229.

[4] 许景波，刘泊，王丽杰. 基于创新训练项目的大学生创新能力培养路径 [J]. 黑龙江教育，2016，(1)：75-76.

Fromstudents innovation and entrepreneurship training programs, achieving products：Exploration and practice of education mode of BFU Green Pixel Studio

Han Jinghua

(School of Art and Design, Beijing Forestry University, Beijing 100083)

Abstract How to improve university students' innovative consciousness and practice ability, and cultivate high quality innovative talents meeting the requirements of the times and social needs, is the core and key problem of higher education. Combined with years of experience of instructing Students Innovation and Entrepreneurship Training Programs, this paper summaries education mode of BFU Green Pixel Studio into creative first, implementation oriented, industry-education Integration and win-win situation.

Keywords Students Innovation and Entrepreneurship Training Programs, education model, BFU Green Pixel Studio

创·理念：敢为人先

2020

北京林业大学关于进一步深化创新创业教育改革的若干意见

深化创新创业教育改革，是提高学校人才培养质量，促进学生全面发展的重要路径，当前，我国高等教育已经进入了大力发展创新创业教育的新阶段。为全面贯彻落实党的十九大精神特别是习近平新时代中国特色社会主义思想，贯彻落实《国务院办公厅关于深化高等学校创新创业教育改革的实施意见》《北京林业大学深化本科教育教学改革总体方案》等文件精神，立足我校实际，现就进一步深化创新创业教育改革，提出如下意见。

一、 充分认识创新创业教育改革的重要意义

深化创新创业教育是高校综合改革的关键抓手，是教育教学改革的突破口，是推动高校毕业生更高质量就业创业的重要举措。作为具有鲜明特色的行业高校，进一步深化创新创业教育改革，是学校响应国家号召，贯彻落实党的教育方针，加强产学研合作，服务经济社会发展的实践要求。

从我校实际看，深化创新创业教育改革是学校开展"双一流"建设，落实教育教学综合改革，实现学校建设"扎根中国大地的世界一流林业大学"的迫切需要；是培养一流拔尖创新人才的重要途径；是连接第一、第二、第三课堂，增强学生动手与实践能力，培养创新精神的主要抓手；是学校高水平人才培养体系的重要组成部分。

各单位和全体教职工要提高政治站位，深刻领会和准确把握深化创新创业教育改革的重大意义，特别是全面认识创新创业教育在学校整个人才培养工作中的地位、意义和必要性，切实改变对创新创业教育认识不充分、理解有偏差的状况。各单位要充分结合自身优势和特色，把推动大学生创新创业教育摆在事业发展的重要位置，统筹规划，多点突破，共同推动创新创业教育改革向纵深发展，不断提高人才培养能力和质量，为建设创新型国家做出北林贡献。

二、 全面构建创新创业教育体制机制

加强对创新创业教育的统一领导，统筹推进创新创业教育改革，把创新创业教育纳入学校改革发展重要议事日程和考评体系；建立教务处牵头，多部门与学院齐抓共管的创新创业教育工作机制。集聚创新创业教育要素与资源，汇聚合力，协同推进，形成全校上下关心支持创新创业教育和学生创新创业的良好生态环境。

全面深化人才培养模式和教育教学方法改革，推动专业教育与创新创业教育有机融合，积极探索产教协同、科教协同、校企协同等育人模式，构建开放的育人环境，实现学生、教师和课程的全覆盖。

出台相关制度，对大学生休学创业、学分转换等做出明确的有利于学生发展的政策规定。完善教学和学籍管理办法，优化学业指导和管理，建立创新创业学分认定、积累与转换机制，实施弹性学制。把教师指导学生创新创业计入教师工作量，对做出突出贡献者进行奖励，形成大学生创新创业的政策与制度保障。

积极整合校内外多方资源，搭建创新创业实践平台、创新实验室、创客空间和创客工场，进一步强化实习实训等实践工作，为更好地培养和提升学生的创新创业能力提供有力

支撑。

加大经费投入，完善创新创业资金支持和政策保障体系。单列创新创业教育经费，纳入学校年度财务预算，并逐年增加，确保创新创业工作顺利开展；设立大学生创新创业教育基金，促进创新创业教育可持续发展；多渠道筹措社会资金，支持创新创业教育教学及实践活动。

创新引领创业，创业带动就业。进一步强化创新创业实践、健全创新创业服务、建设创新创业条件、完善创新创业指导；改进学生创业指导服务，实行持续帮扶、全程指导、一站式服务，为大学生创新创业清障搭台，营造有利于青年学生创新创业的体制，完善大学生创业政策支持体系，培育出一批高科技含量的创新型创业企业。

三、着力加强创新创业教育的顶层设计

把大学生创新创业教育作为培养创新型、应用型、复合型人才的必然要求，作为我校教育教学综合改革的突破口，将创新创业教育与实践纳入人才培养全过程、融入人才培养体系，不断增加创新创业教育课程和创业实践，做好创业就业指导，激发和保护学生学习兴趣，引导学生自主学习，注重学生的创新精神、创业意识和创新创业能力方面的培养，提升学生的人格品质、头脑思维和能力水平，培养一批具有企业家精神的高水平创新型人才。

坚持立德树人，以"林业+"绿色创新创业教育为特色，以学生成长成才为中心，以完善政策和条件保障为支撑，建立"三层次"金字塔式创新创业教育人才培养模式，即面向全体学生开设"广谱式"创新创业课程、面向已有创新创业构思的学生开展"融入式"大学生创新创业训练活动、面向具有创业实践意愿的学生进行"精准式"定向扶持、促进成果转化；打造"教育-实践-孵化"的"三阶段"创新创业教育生态系统。形成分层次培养、分阶段实施，集课堂教学、自主学习、结合实践、指导帮扶、文化引领为一体的创新创业教育工作格局。

加强创新创业教育的教师队伍建设。打造一支熟悉创业理念、掌握创新方法、热心创新创业教育的专业教师队伍，切实加强教师创新创业教育教学能力建设。遴选一支具有丰富一线经验、专兼结合的创新创业实训指导教师团队，给予学生丰富的指导。

四、合理设计创新创业教育的主要内容

创新创业教育的核心是学生的创新能力提升。围绕创新创业教育工作顶层设计，坚持立德树人的根本任务，坚定不移走"质量引领、内涵发展"之路。突破传统观念和惯性思维，在专业教育基础上，进一步更新创新创业教育理念、教育目标、教学方案、教学内容和课程设置；坚持通识教育与专业教育的有机统一，全程化激发和培养学生的创新精神、创业意识和创新创业能力；坚持课堂教学和实践训练的相辅相成，实现知识传授和实践应用的有机结合；坚持创新和创业的互为促进，明确创新是创业的动力，创业是创新的实践；着眼学生的终身职业发展，从教学、实践、竞赛等方面综合用力，把创新创业教育做新、做活，提高学生的创新创业能力。

不断完善人才培养质量标准，深耕第一课堂，建设满足大学生创新创业需求的人才培养体系，加快修订完善人才培养方案；创新人才培养机制，设立"人才培养特区"，加强创新创业研究；健全创新创业教育课程体系，面向全体学生开发开设研究方法、学科前沿、创业基础、就业创业指导等方面的必修课和选修课，纳入学分管理；改革教学方法和考核方式，扩大小班化授课；强化创新创业实践，建立创新创业实践平台，鼓励学生参与创新创业项目、课外科技竞赛、学科竞赛等创新创业活动，搭建创新创业孵化体系，建设多功

能创客空间和多层次创业孵化基地；加强教师创新创业教育教学能力建设，明确教育责任。

五、 建立健全创新创业教育协作模式

创新创业教育要面向全体学生，引导全体教师参与，融入人才培养全过程，推进课程体系、培养机制、教法创新、实践训练、教师队伍等重点领域和关键环节改革。

在学校统一领导下，按照创新创业教育、实践、孵化等工作的特点，教务、研究生、学生工作、人事、财务、资产、实验室、科技园等部门要深入研究创新创业教育工作，丰富创新创业工作内容，强化工作内涵；同时，要为创新创业教育工作的开展，在教学管理、第二课堂、就业创业、实践指导、基金支持、经费使用、教师培训、实验室开放、创业孵化等方面提供配套制度和服务体系支撑，形成合力，保证学校创新创业教育改革的顺利进行。

特别是对创新创业教育中的重点环节，要形成清晰的分工协作，教务处、研究生院重点做好拔尖创新人才培养和创新创业教育；招生就业处、研工部重点做好创业就业指导与实践；校团委重点做好"挑战杯"、"创青春"、"梁希杯"等大赛指导与实践；科技园重点做好项目孵化及运行指导；校友会和财务处重点做好基金与经费支持。各学院要在学校创新创业教育的大框架下，积极主动开展工作，实质性探索和推进创新创业教育改革与深化。

六、 全力推进创新创业教育分段实施

通过努力，初步形成全校创新创业教育的新局面，学生对创新创业的认识更加清楚，创新创业的知识储备更加丰富；学生在中国"互联网+"大学生创新创业大赛等比赛中取得更好成绩；创新创业的形式与内容得到发展，更多的资源支持创新创业，在更大范围、更高层次、更深程度上推动"大众创业、万众创新"，有力支持学校争创全国深化创新创业教育改革示范高校。

为确保创新创业教育工作落到实处，要按年度规划具体工作举措，明确责任单位，分段实施。到2020年，学校要基本形成科学先进、广泛认同、具有我校特色的创新创业教育理念和体系；形成一批可复制可推广的制度成果；实现创新创业教育与思想政治教育、专业教育有机结合、创新成果与创业服务无缝对接、学校与社会资源紧密协同。建立起人才培养、科学研究、成果转化、创业孵化各环节有机结合的创新创业人才培养生态链。

当前，全国上下正处于全面深入学习宣传贯彻党的十九大精神重要时期，深化学校创新创业教育改革是深入贯彻落实党的十九大精神、有效提升学校人才培养能力和质量的重要举措。各单位和全体教师要进一步提高认识，按照学校统一部署，积极主动推进工作，创新工作举措，落实工作任务，凝练工作特色，注重工作成效，推动创新创业教育改革不断深入，把创新创业教育落实到人才培养全过程。

北京林业大学关于进一步深化创新创业教育改革实施方案（2018—2020）

为深入推进学校创新创业教育，根据《北京林业大学关于进一步深化创新创业教育改革的若干意见》精神，结合学校综合改革和创新创业教育工作实际，制定本方案。

一、指导思想

全面贯彻党的教育方针，落实立德树人根本任务，遵循教育教学规律和高素质拔尖创新人才成长规律，围绕学校"扎根中国大地的世界一流林业大学"的发展目标，突出能力培养，以学生发展为中心，以创新人才培养机制为重点，以完善条件和政策保障为支撑，探索形成比较完整的创新创业教育体系和创新创业人才培养生态链，将深化创新创业教育改革作为推进学校综合改革的突破口，不断提高人才培养质量，开创学校创新创业教育新局面。

二、改革目标

全面深化创新创业教育改革，不断拓展创新创业资源，形成科学先进、广泛认同、具有北林特色的创新创业教育理念和体系；形成一批可复制可推广的教育成果；实现创新创业教育与思想政治教育、专业教育有机结合、创新成果与创业服务无缝对接、学校与社会资源紧密协同。建立起人才培养、科学研究、成果转化、创业孵化各环节有机结合的创新创业人才培养生态链；着力建成全国深化创新创业教育改革示范高校。

三、改革任务和措施

（一）构建创新创业教育体系

1. 创新人才培养机制。紧抓产教融合契机，以卓越农林人才培养计划为依托，建立"人才培养特区"；以梁希班、理科基地班、创新班、中加合作办学项目等为载体，进一步研究探索适应新时代要求的办学模式，以"政产学研用"办学模式的"双循环"机制，激发实验班学生的学术潜能和实践能力，扩大实验班辐射效应；增加创新创业类课程，强化实践教学，突出能力培养，造就具有高尚道德、突出科研和动手能力的学术创新型人才；开办并完善"创业教育大课堂"，构建"通识教育+专业教育+创新创业教育"三位一体的人才培养新模式，加强创新创业型人才培养；探索建立学院协调合作机制，联合培养跨专业的交叉复合型专业创新人才，共同建设和培养创新创业团队。

时间安排：2018—2020 年
主责单位：教务处
责任单位：教务处、研究生院、国际交流与合作处、各学院

2. 完善人才培养方案。全面贯彻落实党的十九大精神、全国高校思想政治工作会议精神和习近平总书记给第三届中国"互联网+"大学生创新创业大赛"青年红色筑梦之旅"大学生重要回信精神，结合创新创业教育目标和学校办学定位，将创新创业教育融入人才培养全过程，不断完善人才培养方案，强化实践教学和创新创业训练，将人才培养重心由知识传授向能力培养转变，建立相关课程与创新创业能力之间的支撑关系，支持学生根据

自身特点和兴趣自主选择多样化的学习和成长路径。

  时间安排：2018—2019 年

  主责单位：教务处、研究生院

  责任单位：教务处、研究生院、各学院

  3. 设立创新创业类专业。进一步研究、探索设立"创新创业与企业经营"双学位或辅修专业，搭建学习实践平台，汇聚融合正在或有志于创新创业的同学，有针对性加强创业投资与企业经营教育，探索多样化创新创业人才培养途径，解决创新创业人才培养中存在的难题。

  时间安排：2019 年

  主责单位：经管学院

  责任单位：经管学院、教务处

  4. 健全创新创业课程体系。深耕第一课堂，构建以创新创业通识必修课为根基、富有特色的创新创业专业选修课程为主干、全校公共选修课程为延伸，基于人才培养全过程的创新创业教育课程体系；设立创新创业教育课程改革或培育项目，促进创新创业教育理念落实在专业的每一门具体课程上；改革就业创业指导课程，改进创业指导教学内容；将创业教育教学纳入本科人才培养体系，统筹创业教育，强化创业教育教学，以教授创业知识为基础，以锻炼创业能力为关键，以培养创业精神为核心，面向全体学生开设"创业基础"必修课等课程，分类开展创业教育相关报告、讲座；开发3-5门具有学校特色的创新创业课程；支持教师开发创新创业类慕课、视频公开课等在线开放课程；立项资助创新创业类教材建设，开发3-5本创新创业优秀教材。

  时间安排：2018—2020 年

  主责单位：教务处、研究生院

  责任单位：教务处、研究生院、招生就业处、信息中心、各学院

  5. 加强创新创业教学研究。设立"发展与创新教研室"，挂靠教务处，加强创新创业教学研究，推广创新创业教育教学成果；改革教学方法和考核方式；优化学业指导管理。

  时间安排：2018 年—2019 年

  主责单位：教务处

  责任单位：教务处、各学院

  6. 建立创新创业导师库。实施创新创业"百名导师"计划，培训校院两级创新创业导师，大力发展校外创新创业导师；鼓励校内创新创业导师到校外挂职锻炼；聘请优秀校外人士到学校担任创新创业导师；联系校友提供导师、创业课程、讲座、培训支持。建立专兼结合、结构合理、数量充足、业务精湛、相对稳定的高素质创新创业导师库。

  时间安排：2018—2020 年

  主责单位：教务处

  责任单位：组织部、教务处、人事处、招生就业处、研工部、教师工作部、校友会、教评中心、各学院

  （二）**强化创新创业实践体系**

  7. 提升大学生创新创业训练计划实施成效。强化对大学生创新创业训练计划项目过程指导与管理力度，完善《大学生创新创新创业训练项目工作手册》，规范管理项目实施；制定《北京林业大学大学生创新创业训练计划项目经费使用管理办法》，确保项目支出科学合理、报销及时，保证项目正常运转；提升项目实施成效，遴选有应用和开发前景的项目进行重点培育和成果凝练，作为创新创业大赛、毕业设计（论文）、创业项目的培育池进行重点培育；定期举办大学生创新创业成果展示与经验交流会，促进经验交流。

时间安排：2018—2020 年

主责单位：教务处

责任单位：教务处、财务处、实验室管理处、各学院

8. 支持大学生学科竞赛活动。推进"以赛促教，以赛促学，赛教一体，课赛融合"，充分发挥教师在创新创业教育中的作用；设立大学生学科竞赛专项基金，资助"互联网+"大学生创新创业大赛等国家和省部级教育行政部门支持的大学生学科竞赛；把学生参与学科竞赛获奖情况尤其是高层次奖项纳入推免研究生、评优表彰的体系中，激励学生参与学科竞赛热情，让更多学生参与到大学生学科竞赛中；开展多主体、多渠道的广泛交流，使竞赛创新成果在校内、校际、校企间得到推广应用，促进创新实践成果转化；面向参赛学生开办创新创业特训营，深入开展创新创业教育，持续提升学生创新创业能力。

时间安排：2018—2020 年

主责单位：教务处

责任单位：教务处、财务处、学生处、校团委、科技园、各学院

9. 开展多样化的创新创业实践活动。通过开展"挑战杯"、"创青春"、"梁希杯"、"北京地区高校大学生优秀创业团队评选"等大赛，促进创新创业模拟训练与有关实践活动；举办学生"三创"作品集市、优秀创新创业团队成果展、创新创业体验周活动，整合优质社会资源，为创新创业项目模拟体验、创新创业团队实习实践等工作提供支持，着力培养青年学生创新精神，强化创业意识，提升创新创业能力；举办就业创业学校、创业训练营，对有创新创业意向的学生进行系统培训；组建暑期大学生创新创业实践团，引导大学生创新创业团队基于本团队创新创业项目，开展社会调查、市场调研、实践研究等，构建"三赛一营一团"的创新创业实践模式；努力营造创新创业校园文化氛围，做好创业知识宣传，支持学生成立创新创业协会、创业俱乐部等社团，对创新创业类学生社团进行重点培育。

时间安排：2018—2020 年每年一次

主责单位：校团委、招生就业处

责任单位：校团委、招生就业处、研工部、各学院

10. 做好系统化的就业创业指导。进一步完善学生就业创业指导体系，优化学生就业创业精准化服务，为学生职业生涯发展提供个性化咨询指导；积极开展创业政策、创办企业流程、税务、法律等方面的咨询和指导工作；做好科技园内企业与学生实践的对接工作，做好园区内学生企业的管理服务工作，深化就业创业社会化服务模式，为学生就业创业提供持续帮扶、全程指导、一站式服务。

时间安排：2018—2020 年

主责单位：招生就业处、科技园

责任单位：招生就业处、科技园、研工部、研究生院、各学院

11. 完善创新创业实践教育平台。加大投入，分类建设校内创新创业实践教学平台，开放各类实验室及研究基地；进一步完善学校实验林场、教学实习苗圃、博物馆等受益面大的校内教学实习基地建设，挖掘创新创业实践内容和资源；加强校企合作，协同创新，联合培养人才，共建大学生校外实践教育基地、就业创业实习基地；把科技园纳入创新创业教育重要环节和平台，做好学生创业企业孵化、运行相关事宜，通过整合、优化、新建等方式，建设校内校外、课内课外融合贯通、相互补充的创新创业实践教育基地，建设"平台+项目+竞赛+创业"的创新创业教育和成果培育平台，为大学生创新创业能力培养、科技成果转化、种子期创业项目提供实践场所。在现有基础上培育出 2-3 个校企创新创业联合育人基地。

时间安排：2018—2020 年

主责单位：教务处

责任单位：教务处、招生就业处、科技园、科技处、实验室管理处、国有资产管理处、林场、苗圃、博物馆、各学院

（三）健全创新创业孵化体系

12. 建设多功能创客空间。充分利用学校现有资源，结合周边环境，建设涵盖讲座、辅导、展示、创新工作坊、创业研讨室、团队群体活动等多功能一体化的创客空间，支持优秀的大学生创新创业项目入驻空间，为科技成果转化、大学生创业提供便利条件。鼓励各相关学院为创新创业活动提供必要的场所支持。

时间安排：2018—2020 年

主责单位：科技园

责任单位：科技园、国有资产管理处、教务处、招生就业处、校团委、各学院

13. 健全多层次创业孵化基地。推进大学生创新创业成果转化，健全"大学生创业苗圃-创业企业孵化器基地-企业加速器基地"的多层次创业孵化基地，完成孵化器、创业环境改造建设工作。创业苗圃针对未能注册成立法人实体的大学生种子期创业项目，要进一步做好前期创业辅导、技术支持工作；创业企业孵化器基地针对已经注册成为法人实体，要进一步加强一体化的创业企业孵化服务；企业加速器基地针对吸引孵化期满，已实现正常营收，市场稳定，发展前景广阔的中小企业，助力加速企业发展。

时间安排：2018—2020 年

主责单位：科技园、招生就业处

责任单位：科技园、招生就业处、科技处

（四）强化创新创业保障体系

14. 强化创新创业学分和工作量管理。建立创新创业学分认定、积累与转换机制，对学生修读创新创业课程、开展创新创业活动及产生的创新创业类成果认定学分，体现价值；把教师指导学生创新创业计入教师工作量，列为职称评审条件，纳入教学单位聘期工作任务，激发广大教师投入创新创业教育的积极性。

时间安排：2018—2019 年

主责单位：教务处、人事处

责任单位：教务处、人事处、各学院

15. 推进学籍管理制度改革。实施弹性学制，对申请创业的学生放宽修业年限，允许学生调整学业进程，保留学籍休学创业；优先支持参与创新创业的学生转入相关专业学习和推荐免试攻读研究生，激发学生学习兴趣。

时间安排：2018—2020 年

主责单位：教务处、研究生院、研工部

责任单位：教务处、研究生院、研工部、各学院

16. 建立大学生创新创业教育基金。将创新创业教育所需经费纳入学校年度预算，单列创新创业教育专项经费，并逐年增加；同时，完善和推进"校校合作、校企合作、校地合作"，通过学校投入、社会捐助、个人支持等渠道，设立大学生创新创业教育基金，建设大学生创新创业实践园区（工作室、活动基地），支持大学生创新创业。

时间安排：2018—2020 年

主责单位：财务处

责任单位：财务处、教务处、招生就业处、校团委、科技园、校友会、各学院

17. 加强宣传引导。学校、各有关单位要定期总结、推广经验。树立创新创业典型，弘扬创新创业正能量，激发学生创新创业热情，营造崇尚创新、支持创业的良好校园文化

氛围。

时间安排：2018—2020 年

主责单位：宣传部、教务处、校团委、招生就业处

责任单位：宣传部、教务处、校团委、招生就业处、研工部、科技园、校友会、各学院

四、工作要求

深化创新创业教育是党中央、国务院对创新创业人才培养做出的重要部署。推进创新创业教育是学校响应国家号召，回应社会关切，服务经济社会发展，加强产学研合作，开展"双一流"建设，推进教育教学综合改革，提升人才培养能力，实现学校建设"扎根中国大地的世界一流林业大学"的迫切需要和重要举措。

全校上下要提高对创新创业教育的认识，高度重视深化学校创新创业教育，把创新创业教育作为一项重要任务，提上议事日程，加强组织领导，积极推动落实；要在创新创业教育工作领导小组的领导下，分工协作、齐抓共管、形成合力，切实保证大学生创新创业教育的顺利进行；有关部门要根据学校总体实施方案，将目标任务和各项措施细化分解并落实到位。

创·智汇：敢想敢为

2020

北京林业大学大学生科技创新学分管理办法（修订）

为鼓励大学生积极参加科学研究、学科竞赛、发明创造等活动，培养学生的创新精神与创新能力，促进学生个性发展，提高学生综合素质，学校决定设立科技创新学分，特制定本办法。

一、科技创新学分的认定范围

凡在教务处认定范围内的各类学科竞赛（见附件1，学科竞赛种类每两年修订一次）、学术论文、科学研究、发明创造等方面取得突出成绩或成果的学生，均可申请创新学分。

二、科技创新学分的认定标准

（一）学科竞赛

1. 国际级第1名或一等奖及以上5学分，2-3名或二等奖4学分，4-5名或三等奖3学分，三等奖以下不记学分。
2. 国家级第1名或一等奖及以上4学分，2-3名或二等奖3学分，4-5名或三等奖2学分，优胜奖、鼓励奖或参赛奖1学分。
3. 省部级第1名或一等奖及以上3学分，2-3名或二等奖2学分，4-5名或三等奖1学分，优胜奖、鼓励奖或参赛奖0.5学分。
4. 校级第1名或一等奖及以上2学分，2-3名或二等奖1.5学分，4-5名或三等奖1学分，优胜奖、鼓励奖或参赛奖0.5学分。
5. 协会等非官方机构主办的学科竞赛，视具体情况给予0.5—2学分的认定。
6. 获得由教务处（或授权）组织的校内各类科技竞赛参赛培训资格并完成培训可获得0.5学分。

（二）科学研究

1. 主持课题且完成结题，按课题级别分：
国家级4学分，省部级3学分，校级2学分。
2. 参与课题研究且结题，按课题级别分：
国家级2学分，省部级1学分，校级0.5学分。

（三）研究成果

1. 学术论文（指导教师是第一作者的，学生是第二作者的视为第一作者）
（1）被SCI、SSCI、EI检索4学分。
（2）国内核心期刊2学分。
核心期刊名录以中国科学引文数据库（CSCD）核心库和中文社会科学引文索引（CSSCI）公布的当年最新数据为准。
（3）其它学术刊物1学分。
（4）正式学术出版物，校级及以上学术论文集0.5学分（校优秀毕业论文集除外）。
2. 通过鉴定或获得奖项的科研成果，按鉴定结果或获奖级别分：
（1）鉴定结果：国际级5学分，国家级4学分，省部级3学分。

（2）获奖级别：国家级一等奖 4 学分，二等奖 3 学分，三等奖 2 学分；省部级一等奖 3 学分，二等奖 2 学分，三等奖 1 学分；校级一等奖 2 学分，二等奖 1.5 学分，三等奖 1 学分。

（四）发明创造

取得发明专利 4 学分，取得实用新型专利、外观设计专利、软件著作权等 3 学分。

（五）关于认定标准的一些解释

1. 不分排名的集体奖项参与个人均记相应等级的满分。

2. 涉及排名的奖项、成果或论文，第一获得者或作者按相应等级记分，第二、三名分别按相应等级学分的 50% 和 30% 记分，第四名及以后的人员均按相应等级学分的 10% 记分。1 学分以下（不含 1 学分）记 0.5 学分，1 学分至 1.5 学分（不含 1.5 学分）记 1 学分，1.5 学分至 2 学分（不含 2 学分）记 1.5 学分，以此类推。

3. 同一成果多次获奖的、集体奖项与个人奖项有重复的只取最高值计分，不重复记分。

4. 在认定标准中未涉及情况可参照相近条款。

5. 以下几种情况不能取得创新学分：

（1）第一作者单位非北京林业大学的作品、成果或奖励；

（2）非大学在读期间完成的作品、成果或奖励

（3）证明材料不全的；

（4）论文或其他各类作品有录取通知书，但未正式发表的。

三、科技创新学分的认定程序

1. 学生申请。在校本科生可在大三下学期填写《北京林业大学大学生科技创新学分申请表》（附件2），并附相关支撑材料，提交至所在学院。

2. 学院审核。经学生所在学院审核公示后，报教务处。

3. 学校审核。教务处对全校报送材料进行审核并公示，以书面形式将认定结果通知学生所在学院。

4. 学分认定。经学校认定的创新学分，由各学院负责登记成绩并录入教务系统。

5. 在科技创新学分认定上有争议时，学生个人或相关部门可向教务处提出复议申请，由校学术委员会进行认定。

四、科技创新学分的应用

1. 科技创新学分累计超过 3 学分的，超出部分可冲抵公共选修课学分，冲抵总分不超过 3 学分。

2. 科技创新学分可记入学生个人成绩档案，课程名称记载为"科技创新——xxx 类"，成绩一律记为"良好"。

五、附则

1. 本办法由教务处负责解释。

2. 本办法自公布之日起实施。

附件：

1. 教务处认定范围内的各类学科竞赛

2. 北京林业大学大学生科技创新学分申请表

北京林业大学"大学生创新创业训练计划"项目管理办法（修订）

第一章 总则

第一条 为深入贯彻党的十九大精神和习近平新时代中国特色社会主义思想，积极落实《国务院办公厅关于深化高等学校创新创业教育改革的实施意见》（国办发【2015】36号）文件要求，进一步深化学校创新创业教育改革，增强学生创新精神、创业意识和创新创业能力，培养适应国家建设需要的高水平创新人才，特制订本办法。

第二条 "大学生创新创业训练计划"是本科生团队在导师指导下，自主完成创新创业课题选题立项、方案设计、项目实施、报告撰写、成果交流和展示等所开展的工作。实施"大学生创新创业训练计划"旨在促进高等学校转变教育思想观念，改革人才培养模式，强化创新创业能力训练，营造良好的创新创业教育氛围，不断提升我校创新创业教育整体水平。

第三条 "大学生创新创业训练计划"内容包括创新训练项目、创业训练项目和创业实践项目三类：

1. 创新训练项目是本科生个人或团队，在导师指导下，自主完成创新性研究项目设计、研究条件准备和项目实施、研究报告撰写、成果（学术）交流等工作。
2. 创业训练项目是本科生团队，在导师指导下，团队中每个学生在项目实施过程中扮演一个或多个具体的角色，通过编制商业计划书、开展可行性研究、模拟企业运行、参加企业实践、撰写创业报告等工作。
3. 创业实践项目是学生团队，在学校导师和企业导师共同指导下，采用前期创新训练项目（或创新性实验）的成果，提出一项具有市场前景的创新性产品或者服务，以此为基础开展创业实践活动。

第四条 北京林业大学"大学生创新创业训练计划"由学校统一组织实施，按照"自主选题、自由申报、择优资助、规范管理"的程序和遵循"兴趣驱动、自主实践、注重过程"的原则，重点资助思路新颖、目标明确、具有创新性和探索性、研究方案及技术路线可行、实施条件可靠的项目。

第二章 组织机构与管理体系

第五条 成立北京林业大学大学生创新创业训练计划领导小组（以下简称"领导小组"），由主管教学的副校长任组长，教务处处长、招生就业处处长任副组长，财务处、人事处、北林大资产经营有限公司、学生处、科技处、实验室与设备管理处、团委等部门负责人为小组成员，领导小组在教务处设立大学生创新创业训练计划管理办公室（以下简称"管理办公室"）。"领导小组"负责协调落实"制度建设、经费保障、政策支持、资源利用、项目合作"等相关内容，统筹规划大学生创新创业训练计划工作。"管理办公室"在领导小组的指导下开展各项具体工作，负责项目申报、评审、检查、验收、成果评比、展示、评奖的协调与组织、指导教师工作量认定、学生学分的认定等工作，负责监督项目经费使用情况，负责协调解决项目实施过程中遇到的各种困难。

第六条 学校聘请专家成立专家组，负责项目的评审、中期评估、结题验收和评优等工作，指导大学生创新创业训练计划的相关工作，对学校有关政策提出意见和建议。

第七条 各学院成立大学生创新创业训练计划指导小组（以下简称"院工作组"），由主管教学的副院长任组长，教研室主任、实验教学中心主任、团总支书记及教师代表为小组成员。院工作组全面负责计划的组织与宣传、参评项目的评审与推荐、指导教师配备、资源调配、项目运行过程管理与监督等工作，制定各学院的具体实施办法，协调解决项目在实施过程中遇到的各种困难。

第三章 项目申报

第八条 北京林业大学"大学生创新创业训练计划"项目立项申报每年组织一次，具体时间根据上级部门每年下达项目指标的进程而定。学校将面向全校本科生开展项目申报宣传工作，申报信息将以正式通知下发到各学院，并在教务处网站、校内主要媒体发布相关信息。

第九条 项目申报主要面向我校全日制本科二至三年级学生。学有余力，对科学研究、发明创造或创业活动有浓厚兴趣的学生可以以个人或团队自由进行申报，项目须在主持人毕业前完成，立项学生需充分利用寒暑假及课余时间完成项目研究计划。其中，创新训练项目学生可以个人或团队进行申报，团队人数≤5人，项目实施时间1-3年；创业训练项目须以团队进行申报，3人≤团队人数≤5人，项目实施时间1-2年；创业实践项目须以团队进行申报，4人≤团队人数≤7人，项目实施时间2-4年。鼓励跨年级、跨专业、跨学科组建团队申报项目。

第十条 每个学生同期只能参加1个项目，之前有未结题项目（包括国家级、北京市级和校级）的项目组学生不得以主持人身份再次申报项目。每个项目的主持人限1人，往年有项目未通过结题验收或项目终止的学生不得再参加项目。

第十一条 申报项目需配备指导教师，指导教师可由项目主持人所在学院推荐，也可由项目主持人直接聘请。原则上创新训练项目和创业训练项目聘请1名校内指导教师，创业实践项目除聘请1名校内指导教师外，还必须聘请1名企业导师。同一指导教师同时指导的项目数不得超过3项（含在研项目）。指导教师应具有中级以上（含中级）职称，具有项目研究、实践所需的业务水平和相应的科学研究能力，有可靠的时间保证和相应的实践条件，在保证学生自主开展项目的大原则下负责全过程指导学生进行项目研究和实践。

第十二条 学生在导师指导下自主选题。项目选题要求思路新颖、目标明确，具有创新性、探索性和可行性。选题来源包括学生自主创作、设计、项目开发设定的研究课题；企业需要的研究课题；教师在教学、科研、生产、管理等方面的研究课题指南；各类竞赛的前期研究内容；以及其他有价值的研究与实践课题。

第十三条 在充分了解北京林业大学"大学生创新创业训练计划"的各项政策后，项目主持人需按要求填写《北京林业大学"大学生创新创业训练计划"项目申请书》，打印并经项目组成员和指导教师签署意见后提交至项目指导教师所在学院。

第四章 项目评审

第十四条 校级项目立项。各"院工作组"根据学校"领导小组"分配的校级推荐名额，组织专家对学生申报项目进行评审，按创新训练项目、创业训练项目和创业实践项目三类确定具体推荐项目及推荐排序，形成校级拟立项名单，并将经院主管领导签字盖章后的学生项目申请书及推荐项目有关信息汇总表格报送学校"管理办公室"。

第十五条 国家级、北京市级项目立项。国家级及北京市级项目将根据上级通知适时开展，原则上，国家级及北京市级项目将本年度已立项的校级项目中遴选产生。"院工作组"重点考察校级项目的选题质量、前期进展和阶段成效，完成评审推荐，形成国家级、北京市级拟立项名单，并将相关材料报送学校"管理办公室"。

第十六条 学校公示认定。"管理办公室"审核拟立项名单并公示，公示无异议报"领导小组"批准，确定北京林业大学"大学生创新创业训练计划"资助项目与资助经费额度，并将立项项目报上级部门备案。公示期内如有异议，由"管理办公室"组织专家进行复议。

第五章 项目运行

第十七条 签订项目合同。项目主持人在接到批准立项通知与"管理办公室"签订项目任务书，不按时签订任务书者视为自动放弃。任务书签订后，项目成员即可在指导教师指导下开展工作，自主使用项目经费，及时做好项目手册记录。

第十八条 项目定期报告。项目主持人每月至少组织1次项目组成员交流会，讨论项目进展情况、总结阶段成果和交流心得体会，研讨项目实施过程中重点、难点问题及改进措施。项目启动后每半年，项目主持人要将经指导教师签字后的项目进度报告上报至"院工作组"，定期报告工作进展。

第十九条 项目指导。在项目运行过程中，指导教师要切实履行指导职责，严谨细致、认真负责，及时指导和跟踪项目研究，审查项目研究原始数据、工作论文、进度报告和成果总结等。每月至少组织一次项目检查，对项目实施提出意见及建议。

第二十条 中期检查。每个项目实施时间过半时，都要进行中期检查。项目主持人将经指导教师签署意见的中期进度报告提交至"院工作组"，报告应详细说明是否按计划要求完成工作任务、困难和问题、经费开支情况、下一步工作计划等内容。"院工作组"组织专家对中期进度报告进行审核并上报"管理小组"，"管理小组"在全校范围内公布审核结果。

第二十一条 对于不按时提交项目进度报告的项目和未通过中期检查的项目，将要求其限期整改。限期整改合格前，将停止其经费使用。

第二十二条 在实施北京林业大学"大学生创新创业训练计划"过程中，"领导小组"将通过各种形式定期组织学生交流，开展项目评优及表彰，展示项目成果，及时总结学生在项目实施过程中取得的成绩和存在的问题，帮助学生解决困难。

第六章 项目变更及终止

第二十三条 项目变更包括项目名称变更、项目主持人变更、指导教师变更、项目组成员变更、项目内容变更、项目结题时间变更。原则上，项目一经确定，不允许变更（创业实践项目主持人毕业后可根据情况更换主持人，或是在能继续履行项目主持人职责的情况下，以大学生自主创业者的身份继续担任项目主持人）。如确有客观原因需作项目变更的，项目主持人应在阶段检查前提出书面申请，说明变更原因及变更后项目组成员的职责与义务，经项目组全体成员、指导教师、阶段检查专家组及学院主管领导签字后报"管理办公室"。"管理办公室"将审核结果通知项目主持人，同时将变更申请登记备案。

第二十四条 项目结题时间变更包括提前结题和延期结题两种，凡涉及项目结题时间变更，项目主持人应至少提前一个月提出书面申请。其中，对于项目延期结题分两种情况，延期时间均不得超过6个月：

1. 因客观原因不能在规定期限内完成的项目，项目主持人可申请延期结题，同时须汇报项目业已开展的情况。

2. 结题验收"不合格"的项目，被要求限期整改。

第二十五条　项目终止。对项目申报、实施过程中弄虚作假、工作无明显进展的项目，"管理办公室"将及时予以终止。被终止的项目，将停止其经费使用，项目组成员不得再申请项目，也不能取得相应学分。同时，学校将在一定范围内予以通报，并追回项目组学生由此获得的一切加分及荣誉。

第七章　项目结题

第二十六条　项目完成后，项目主持人需填写《北京林业大学大学生创新创业训练计划结题报告书》（包括项目实施基本情况表、项目总结报告、项目成果材料三部分内容），经项目组全体成员、指导教师及学院主管领导签字后报"管理办公室"，提出结题验收申请。同时提交的还有项目手册、不少于5张项目实施过程电子照片及项目相关材料等。另外，项目实施过程中所购买的各类仪器设备、书籍资料等物品，在项目完成后要一并交还学校，由教务处统筹安置，任何个人不得截留，私自占用。

第二十七条　项目成果可采用学术论文、设计、软硬件研发制作、专利、报告等多种形式，学校鼓励学生公开发表研究论文。通过本计划形成的各类研究成果归学校所有，成果发布时须注明：北京林业大学"大学生创新创业训练计划"资助，以及项目批准号及指导教师。

第二十八条　创业实践项目结束时，要按照有关法律法规和政策妥善处理好各项事物。

第二十九条　"院工作组"组织专家对提出结题申请的项目材料进行审议，听取项目主持人答辩，观看实物现场操作演示，并依据结题验收情况评定等级，并将结题验收结果上报"管理小组"。经"管理小组"审核后对通过结题答辩的项目将颁发结题证书。

第三十条　结题验收"不合格"的项目，将被要求限期整改和暂停经费使用，如仍不认真开展工作，限期整改不合格，学校将在一定范围内予以通报，并追回项目组学生由此获得的一切加分及荣誉。

第三十一条　项目结题后，"管理办公室"按照《北京林业大学大学生创新创业训练计划项目存档材料清单》要求做好项目材料归档工作，归档材料保存期为三年。同时，将项目验收结果及项目总结报告、相关支撑材料报上级部门备案。

第八章　经费管理

第三十二条　学校根据上级部门文件要求批准北京林业大学"大学生创新创业训练计划"专项经费。具体资助经费将根据申报项目类别及具体情况而定。

第三十三条　学校财务处建立专门账号统一管理上级下拨经费和学校配套经费，保证专款专用。经费管理和使用严格按照财政部、教育部专项资金管理办法及《北京林业大学财务管理办法》、《北京林业大学用款及报销有关规定》等执行，并接受学校财务、审计部门的检查与监督。

第三十四条　项目经费由承担项目的学生在预算框架下自主使用，教师不得使用学生项目经费，学校不得截留和挪用，不得提取管理费。

第三十五条　项目报销时票据由项目主持人、指导教师签字后，报"管理办公室"审核签字和登记，最后凭相应发票到学校财务处报销。经费报销后，项目主持人应及时记录好项目经费使用明细。项目经费主要用于研究所必要的材料费、设备费、测试化验加工费、租赁费、咨询费、评审鉴定费、出版/文献/信息传播/知识产权事务费、调研差旅费、交通费、学术交流会议费等，不得挪作他用。

第三十六条　项目结题，经费报销立即停止。如确因发表论文、发表作品、申请专利、申请软件著作权等原因需延期报账的，可在项目结题后半年内持公开发表的项目相关论文、作品、知识产权申请、受理凭证及相关发票进行报销。

第三十七条 项目有下列情况之一者，视情节轻重给予暂停或停止经费使用处理：

1. 弄虚作假、违背科学道德。
2. 项目执行不力，未开展实质性工作。
3. 未按要求上报项目进度报告。
4. 无故不接受检查、监督与审计。
5. 未通过中期检查。
6. 结题验收不合格。
7. 经费使用不符合有关财政、财务制度的规定或其他违反项目规定与管理办法的行为。

第九章　政策支持

第三十八条 学校、学院、各类实验室为项目组提供场地、设备方面的支持，全校各教学实验室、科研实验室、重点实验室向执行项目的学生免费开放，优先安排项目研究所需的实验设备。

第三十九条 学校将大学生创新创业训练计划列入本科专业人才培养方案和教学计划，将创新创业训练项目作为选修课，通过结题验收的项目可取得学分并纳入创新学分体系。创新学分由教务处认定，具体申请及认定事宜见《北京林业大学大学生科技创新学分管理办法》。同时，学校将建设并开设与创新训练及创业训练有关的选修课程，指导学生开展项目研究及实践。

第四十条 参加大学生创新创业训练计划的项目组成员在学校评优及免试推荐硕士研究生时可获得加分。参加项目研究且取得突出成果的学生，可直接申请参加"推荐特殊学术专长或具有突出培养潜质学生免试攻读硕士研究生"评选。

第四十一条 项目达到毕业论文（设计）标准，经学生本人申请，指导教师和学院同意并报教务处备案，可按毕业论文（设计）要求进行修改，修改完善后作为本科生的毕业论文（设计）向学院答辩委员会提交答辩，按毕业论文（设计）要求进行成绩评定计入学生个人成绩档案。

第四十二条 学校对学院开展大学生创新创业训练计划的成效进行评价，对表现优秀的学院给予表彰，并在来年立项时予以适当倾斜。

第四十三条 学校搭建平台定期开展项目交流，总结经验及成果；组织开展优秀项目、优秀指导教师评选，表彰与奖励优秀项目团队和指导教师。

第四十四条 学校鼓励推荐大学生创新创业计划项目参加高水平的学科竞赛，优先选拔大学生创新创业计划项目成果和作品参加互联网+等创新创业类、科技作品类竞赛以及"青年红色筑梦之旅"等社会服务活动，以此促进项目质量提升。

第十章　附　则

第四十五条 本管理办法自发布之日起施行，由北京林业大学大学生创新创业训练计划管理办公室负责解释。

北京林业大学

二〇二〇年三月

北京林业大学大学生创新创业训练计划项目经费管理办法（修订）

第一章 总则

第一条 为规范大学生创新创业训练计划项目经费的管理，提高创新创业训练计划实施效果，根据《北京林业大学"大学生创新创业训练计划"项目管理办法》和财务管理的有关规定，特制定本办法。

第二条 本办法所指的"大学生创新创业训练计划"包括国家级大学生创新创业训练计划、北京市级大学生创新创业训练计划、校级大学生创新创业训练计划。

第三条 学校财务处建立专门账号统一管理上级下拨经费和学校配套经费，保证专款专用。经费管理和使用严格按照财政部、教育部专项资金管理办法及《北京林业大学财务管理办法》、《北京林业大学用款及报销有关规定》等执行，并接受学校财务、审计部门的检查与监督。

第四条 项目经费由承担项目的学生在预算框架下自主使用，学校、学院以及指导教师不得截留和挪用，不得提取管理费。

第二章 使用类别及要点

第五条 经费使用类别包括项目实施过程中必备的实验材料费、设备费、图书资料购置费、项目办公费、打印制作费、测试化验加工费、论文发表费、文献及信息检索费、知识产权事务费、京外差旅费、市内调研公共交通费、项目研究成果参赛费及其他费用等。项目经费不得用于与研究无关的软硬件的购买、任何餐费、任何通讯费等，以及其他被认定为不合理的费用。

（一）实验材料费：主要包括在项目实施过程中，项目开发、试验所需的原材料、辅助材料、低值易耗品、零配件的购置费用以及为此发生的运杂包装费用。

（二）设备费：在项目研究过程中购置或试制专用仪器设备，对现有仪器设备进行升级改造，以及租赁外单位仪器设备而发生的费用。通用办公设备原则上不允许列入设备预算，如电脑、相机、打印机、复印机等。

（三）图书资料购置费：购买与项目研究相关的纸质、电子类图书资料。

（四）项目办公费：项目研究需要购置的相关记录本、笔、文件夹、档案袋、光盘、电池等物品购置费，邮费等。原则上不得购置办公耗材，如硒鼓、墨盒、复印纸、光盘、优盘、接线板等。原则上不超过200元。

（五）打印制作费：项目研究中产生的打印、复印以及相关作品制作费用。原则上不超过500元。

（六）测试化验加工费：项目研究过程中检验、测试、化验及加工等费用。

（七）论文发表费：学生通过创新创业训练计划项目研究，为第一作者发表的论文、专著所产生的版面费等，应标注"北京林业大学大学生创新创业训练计划项目资助"。

（八）文献及信息检索费：检索创新创业训练计划项目相关文献及信息所产生的费用。

（九）知识产权事务费：学生以项目为基础申请的专利、软件著作权等产生的各项费用。应标注"北京林业大学大学生创新创业训练计划项目资助",专利知识产权归学校所有,主要发明人应为项目组成员。

(十)京外差旅费:学生在项目研究过程中开展科学实验(试验)、科学考察、学术交流等所发生的外埠差旅费用等。原则上不超过项目总经费的30%。有特殊需求的,需在项目申请时做出说明。

(十一)市内调研公共交通费:学生乘坐公共交通工具开展调研产生的费用。原则上不超过500元。

(十二)项目研究成果参赛费:项目研究成果参加相关学科竞赛产生的报名费等。

(十三)专家咨询费:项目实施过程中发生的专家咨询报酬和成果鉴定等费用。

(十四)劳务费:指在项目实施过程中临时聘用项目组以外人员等产生的劳务性费用。

第三章 审批与报销

第六条 项目经费报销流程:项目组应严格遵守学校财务制度,先按要求粘贴好票据。填写《大学生创新创业训练计划项目经费报账申请表》,附经费使用明细及项目进度报告,报教务处审批后,由项目组成员持原始票据到财务处报销(网络报销全面推行后,按网报流程报销)。

第七条 购买1000元以上仪器设备,需提交《北京林业大学仪器设备采购申请表》,审批、签字后,交学校设备采购部门备案采购。按照学校资产管理有关规定办理财产登记入库手续,购置的设备在项目结题后须交还学校,处置权归教务处。

第八条 报销资料购置、项目办公费,发票需开具所购明细(含名称、数量、单价、金额等),如确实无法开明细,须同时附上电脑小票或者出售部门出具的清单。购置的图书资料,项目结题后可在学校指导下由项目组自行处理。

第九条 报销论文发表费,必须提供论文刊登的杂志或编辑部盖章的正式录用通知。

第十条 报销专家咨询费标准:以会议形式组织的咨询,专家咨询费标准为:高级职称800元/人天,其他500元/人天;超过2天的。第3天开始分别为400元/人天和300元/人天。专家咨询费不能支付给本校在职人员。报销时需填写《大学生创新创业训练计划项目专家咨询费审批表》。

第十一条 报销劳务费标准:在校生劳务费用每人每月不超过1000元,研究生不得超过10个月,本科生不得超过5个月。报销时需填写《大学生创新创业训练计划项目劳务费发放申请表》。

第十二条 报销差旅费应填写《北京林业大学外地差旅报销单》或《市内交通报销单》,差旅费的开支标准要严格按照国家和北京市的相关规定、标准编制和执行。学生须按学校财务规定的标准选乘交通工具,原则上不乘坐飞机。差旅报销者原则上必须为项目组成员,非项目组成员不得报销差旅费,特殊情况需作出说明。

第十三条 成果类费用(论文发表费、知识产权事务费等)经费不足,优先支出项目剩余经费,如仍需补充经费,可申请成果类费用经费追加。报销时须填写《大学生创新创业计划项目经费追加申请表》。

第四章 其他说明

第十四条 经费支出应与项目任务书中列支的内容和额度基本保持一致。如需进行经费预算变更,需在阶段检查中提出变更申请,未经阶段检查专家组审核同意,私自变更的经费教务处不予报销。

第十五条 以下经费调整可由项目组自主统筹,但须向学校提交变更备案:

（一）鼓励将经费往成果产出即论文发表费及知识产权事务费科目调整，调整金额不设限。

（二）实验材料费、测试化验加工费和图书资料购置费三项可以调剂使用，不得突破三项支出预算总额。

第十六条 项目结题，经费使用立即停止。如确因发表论文、发表作品、申请专利、申请软件著作权等原因需延期报账的，可在项目结题后半年内持公开发表的项目相关论文、作品、知识产权申请、受理凭证及相关发票进行报销。

第十七条 项目经费原则上需在立项当年使用完毕，未使用经费将由学校统一收回。

第十八条 项目有下列情况之一者，视情节轻重给予暂停或停止经费使用处理，学校将追回违规使用的经费，并追究相关人员责任：

（一）弄虚作假、违背科学道德。

（二）项目执行不力，未开展实质性工作。

（三）未按要求上报项目进度报告。

（四）无故不接受检查、监督与审计。

（五）未通过阶段检查，且限期整改不合格。

（六）结题验收不合格。

（七）经费使用不符合有关财政、财务制度的规定或其他违反项目规定与管理办法的行为。

第五章 附则

第十九条 项目经费形成的资产属国有资产，其使用权和经营权归学校。资产的处置按照国家及学校的有关规定执行。

第二十条 本办法自公布之日起实施。解释权在教务处。

北京林业大学教务处
2019 年 4 月

北京林业大学大学生科技创新学分申请表

申请人姓名		学院		学号		专业班级		
科技创新成果内容						科技创新成果类别	竞赛获奖 [ ]	
							项目结题 [ ]	
成果公开发表（或获奖）日期							取得专利 [ ]	
成果等级							发表论文 [ ]	
共同参与研究的人员及排名	① ② ③						成果获奖 [ ]	
	④ ⑤						其 它 [ ]	
指导教师（或教练/领队）								
申请创新学分数			冲抵公共选修课学分数					
申请"创新学分"的理由：（应较为详细、准确地叙述清楚科技创新成果的水平、质量、应用情况；发表论文或科研结题成果、竞赛获奖、实践活动获奖等的级别等；并附上有关证明材料原件、成果复印件等）								

（此页不够，可自行另加附页）

申请人（签字）： 　　　　　　　　　　　　　填表日期：

学院审核意见：

教学院长签字（公章）：   日期：

教务处审批意见：

负责人签字（公章）：   日期：

此表 A4 纸双面打印。